全国教育科学"十五"规划重点课题项目成果

中山大学"985工程"二期、"211工程"三期项目资助

RUJIA YU JIDUJIAO
LITAZHUYI BIJIAO YANJIU

儒家与基督教
利他主义比较研究

林滨 著

人民出版社

导　论
儒家与基督教利他主义比较的视阈

从伦理道德而言，任何一个国家的伦理道德必然植根于本国特定的社会历史进程及其文化传统，在此基础上形成自身的发展历史、典型特征与发展趋势，探讨历史与文化传统对伦理道德的影响及其深层的制约性对该学科的研究无疑具有理论研究的价值与意义。从比较研究而言，儒家文化和基督教文化是中西文化中最具典型的两大体系，在伦理道德层面分别长期担当着引领中西方社会的道德世界与人格塑造的历史使命。因而，以儒家与基督教两大文化体系对同一个伦理道德问题的分析作为研究对象，也就具有比较文化与道德研究的典型意义。不过，本书以儒家与基督教两种利他主义的比较与分析作为研究对象，除上述的考量外，更是基于一个更加宏大的视野，即从全球化之下的文化发展、中国现代化之中的伦理变迁与社会和人的和谐发展的三大纬度出发的：

一、全球化语境之下的文化发展所然

人类文化的发展始终与人类社会的发展相伴相随，呈现出不断丰富与进步的态势，这是社会发展的规律所致。在人类历史发展每一个特定阶段的文化也必然打上时代所特有的烙印，也是毋庸质疑。可以说，我们现在所处的时代与以往时代最显著的不同就在于全球化的发生与形成，它以经济全球化为主体，以信息网络化为手段，既对当代社会生活的众多方面产生巨大影响，也构成当代文化发展与比较研究的时代语境。

从全球化与文化的关系来看，它呈现出两个基本纬度：一方面全球化型塑着当代文化的基本风貌。因为全球化是一个多维与动态的历史进程，它"可以从多种角度来理解：从经济上说，全球化意味着跨国公司、国际资本、全球贸易，即生产和流通过程的国际化；从政治上来说，则是原有的民族国家不再是自明的分析单位，跨国家、跨地区的国际组织在全球事务的作用日益重要；从文化角度说，则是全球化的文化市场的形成（包括国际资本介入各民族国家内的文化市场，对其投资和制约，国内文化制作与国际性的文化消费市场的关系），消费主义的全球性蔓延。而全球化的步骤则由经济与金融界扩散到了文化界，由西方波及到东方。"[1] 全球化不是一维的发展，并不仅仅局限在经济领域，而是呈现出向人类社会生活的众多领域延伸，从经济到政治、文化等领域；全球化也不局限于有限的地域范围，而是从西方到东方的不断扩展，在一定意义上形成了文化全球化的态势，由此产生了文化的全球化与文化的本土化、文化

---

① 刘登阁：《全球化与文化风暴》，中国社会科学出版社 2000 年版，第48 页。

的冲突与文化的融合、文化的中心论与文化的边缘化的时代特征。可以说，不了解全球化的特征，也就无以把握当代文化的发展特质，二者紧密相连。正如英国著名的学者约翰·汤姆林森在其名著《全球化与文化》一书中所指出的："全球化（globalization）处于现代文化的中心地位；文化实践（culturalpractice）处于全球化的中心地位。"①

　　另一方面，文化又构成全球化的一个纬度，"我们这个时代所经历的、由全球化所描绘的巨大的转型式进程，除非从文化的概念性词汇去着手，否则就很难得到恰如其分的理解；同样，这些转型所改变的恰恰就是文化体验的构造。"② 全球化虽然通过经济全球化而发轫，但对于人类生活的影响却并不仅仅停留在物质产品的生产、流通与消费方面，也不仅仅表现为通过文化的产业化带来的文化商品的雷同性与生活场景的趋同性，而是在一定程度上逐渐深入到人类精神的内在结构，直抵人们生存与发展的意义的重新建构。因为，文化从其本质而言，它不仅仅是以产品满足我们的消费需要，更主要的在于文化为人类存在与发展提供一种意义的建构与解释，"文化乃是提供了'个人的意义'的感受共存的。"③ 人类通过文化建构生命存在的意义。因此，"当我们以此种观点去切入复杂的联结时，我们所关心的问题就是，全球化是如何改变了意义构成的语境的：它是怎样影响人们的认同感、对地方的体验以及自我与地方的关系的；它是怎样影响人们所有的、完全是在地方定位的生活中发展而来的共享的理解力、价值欲望、神话、希望与恐惧的，所以，文化的跨

---

　　① 【英】约翰·汤姆林森著，郭英剑译：《全球化与文化》，南京大学出版社 2000 年版，第 1 页。

　　② 【英】约翰·汤姆林森著，郭英剑译：《全球化与文化》，南京大学出版社 2000 年版，第 1 页。

　　③ 【英】约翰·汤姆林森著，郭英剑译：《全球化与文化》，南京大学出版社 2000 年版，第 26 页。

度跨越了安托尼·吉登斯所说的全球化的'外在性'与'内在性'的关系"①，这才是全球化与文化关联的本质所在。

　　既然全球化最本质、最深层的变化是文化所决定的人的意义建构的问题，那么，在文化体系中占据主导地位的文化对于人的意义建构的重要作用也是毋庸置疑。对于中国文化的发展而言，回眸人类历史的发展历程，它曾是人类文化体系中最古老、最灿烂之一。卡尔·雅斯贝斯指出中国、印度、古希腊、以色列等这些地区在经历了史前文明和古代文明时代之后，在公元前500年左右的时期内，和公元前800—200年的精神过程中"共同构成了人类历史上的奇迹'轴心时代'的灿烂图景。"② 促成轴心时代结束了几千年的古代文明，形成人类自我觉醒的意识与对历史反思的精神的是中国、印度、古希腊等人类历史上最早的文化和中国的孔子、老子等、印度的佛陀、古希腊的柏拉图等贤哲以及以色列的先知等一批影响人类精神发展的伟大人物，正是在轴心时代这些文化和伟大人物的思想引领下，轴心时期孕育形成了人类反思与超越的力量，由此成为直至近代一直推动人类文明不断发展的精神动力。"人类一直靠轴心时代所产生的思考和创造的一切而生存，每一次新的飞跃都回顾这一时期，并被它重燃火焰，自那以后，情况就是这样，轴心期潜力的苏醒和对轴心期潜力的回归，或者说复兴，总是提供了精神的动力。"③ 这些人类历史上最早的文化则在意识到人类自身的有限性，在对超越存在的探询中，开始从文化的原始阶段跃迁至高级阶段，各自形成特殊的文化传统。

――――――――――

　　① 【英】约翰·汤姆林森著，郭英剑译：《全球化与文化》，南京大学出版社2000年版，第27页。

　　② 陈来：《古代宗教与伦理——儒家思想的根源》，三联书店1996年版，第2页。

　　③ 【德】卡尔·雅斯贝斯，魏楚雄等译：《历史的起源与目标》，华夏出版社1989年版，第8页。

作为人类历史上最古老灿烂的中华文化与其他文化一起促成了人类思想轴心时代的第一次辉煌，而在其之后，中国文化沿着中华文明发展的路径自身随历史的发展而不断发展，在这一过程中，儒家思想以其在中国传统文化中的主脉地位，长期以来一直引领着中国文化发展的方向，期间虽然有与其他民族与国家的文化冲突与文化交流，但儒家文化的地位始终是未曾改变的，几千年来一直对中国人的道德世界与人生意义的建构起着重大型塑作用。但是近代历史风云的巨大变幻从西方列强的炮火征服与西方文化的思想侵蚀开始，揭开了中华民族被凌辱的惨痛历史，开始了中华文化无奈被迫的思想阵痛。中国传统文化的核心"天人合一"的宇宙观和"三纲五常"的价值观在遭遇西方文化的冲击下开始逐渐失落；长期担当中国人安身立命的精神支撑的儒家学说已经无法庇护饱受蹂躏的心灵，精神意义的危机窒息着文化的发展；文化认同方面的矛盾又以两难的状态折磨着当时中国的知识分子，随着国家存亡危机的产生，传统的华夏中心观念的失效，迫使中国知识分子带着无可奈何花落去的凄凉重新认识以西方霸权为主的新世界，审视中国在这个新世界中相对与其他国家的位置，促使他们怀着深切的忧患意识对中国传统的文化进行反思。20 世纪 20 年代轰动中国的"科玄之争"既是中国文化与西方文化冲突的反映，又是中国知识分子救国图强两难选择的折射，一边喊打倒帝国主义，另一边又要读西方的书，学习西方的知识、科学与民主，这种两难处境造成出中国知识分子一种情绪上的扭曲，一种爱与恨、羡慕与愤怒交织的"情意结"。于是，在思想上主观坚持"中学为体，西学为用"的知识分子，却在中国社会现代化的客观历史进程中看到了传统中华文化发展的艰难处境。中国文化发展的这一段历史一方面昭示着中国文化：一个封闭的文化也许可以在自身的保护圈里发展，但这种发展也难于是质的飞跃，因为没有异质文化的介入，没有文化的冲突与融合，文化的发展也大都呈现出同质的量的缓慢积累，尤其是在中国社会存在长期同质性的状况下，作为社会存在反映的文化也就更难于获得新质的发展，文化自身的生命力在一定程度上难免孱弱，因而在西方文化的侵略面前易于陷入危机。另一方面也警醒着中国文化：文化的封闭随着近代社会经济交往的不断发展，各种利益的不断驱动是不可能自我保有的，与其被动地应对，不如主动地开放，兼收并蓄，才能发展自身，这是近代中国历史的惨痛代价得来的经验教训，更是在全球化的语境之下，中国文化发展的自身诉求。

全球化将文化的发展带入一个更加开放与挑战更强的时代氛围中，全球化的语境对于中国文化的发展具有两方面的影响：一方面，全球化时代文化冲突凸显关联到中国文化安全的重大问题，当代中国文化必须具有清醒的认识，明确认识到价值观、意识形态、认同感等是任何一个文化最核心的部分，一种文化的价值观、意识形态、认同感等被西方文化同化或取代之时，也就是这个文化消亡之时。对于一个国家而言，文化的消亡与国家的存亡是休戚与共的，因为文化是维系一个国家的精神纽带，是一个国家民众的重要认同之所在，如果一个国家丧失了自己的民族文化特点，那么它就失去了其全部的智慧和文明，失去了这个民族真正的根基。因此，在全球化的冲突语境下如何保有中华民族悠久灿烂的中国文化质的内涵与底蕴就尤为重要，在当代对中国传统文化尤其是儒家文化进行现代的价值转换便是当代中国文化的使命。另一方面，全球化又为中国文化提供了一个自身发展的大好契机。历史的辩证法告诉我们，文化冲突必然伴随着文化的融合，从而为原有的文化注入新的因素。在全球化时代，正是因为文化冲突的特质，从而也为文化融合创造了新的条件与可能。汤因比先生在《历史研究》一书中明确提出任何一种文明或文化的发展都要接受挑战，文明或文化只有在挑战中才能发展，文化冲突不失为挑战的一种，而全球化时代的文化冲突已

经深入到文化最核心的部分，触及到关乎文化存亡的最关键的保护性的硬核，在这样的文化冲突面前，任何文化都必须吸收其他文化的长处与精华，并保存自身的质，兼收并蓄，才能够存在与发展，因而文化融合就成为必然的选择。正是在此意义上，我们说"文化的融合，只有在文化的相互冲突中，才能真正实现。"① 对于当代中国文化而言，在全球化的语境下，必须具有一种清醒而客观的态度，一种自觉反省提高的意识，它清醒地认识到，它既是惟一，因其自身而独有的质的规定性而具有存在的价值和意义；但它又不是全部，因而必然不完美，由此向前不断进步与发展就是自身的自觉要求。可以说，在全球化的时代，当文化冲突成为一大特征之时，文化融合也就成为现在的时代文化发展的一般方式。不过，现时代的文化融合，并不是形式上的简单相加，也非粗暴地吞并，而是有机地融合，文化融合并不是使文化形式的单一化，"文化融合的最终结果，并不是形成一种取代所有现存文化形态的全新文化形态，而是形成了一种可以包容原来若干文化形式的主要特征的东西。这种文化形态不可能完全取代原来的不同文化形态，恰恰相反，这种新的文化形态使得文化的表现方式比以前更加丰富多样。"② 当代中国文化必须一改近代被迫面对西方文化入侵而陷于两难处境的被动状况，迎接挑战、抓住机遇，对其他文化兼收并蓄，融合扬弃，从而丰富自身、壮大发展自己。

在全球化的语境下，对儒家文化与基督教文化进行比较分析，是当代中国文化从传统中汲取营养，从借鉴西方文化中提取精华，从而丰富自身发展自己的一种时代应对与自觉诉求，也是为了在人类文化即将到来的第二次轴心时代共创人类文化辉煌的使命所然。

---

① 李伟东：《全球化与文化整合》，湖南人民出版社 2003 年版，第93 页。
② 李伟东：《全球化与文化整合》，湖南人民出版社 2003 年版，第61 页。

不过，由于儒家文化与基督教自身文化的发展也是一个漫长而动态变化的过程，存在儒家与儒教之分，基督教有《旧约》与《新约》之别，儒家思想存在着从先秦到明清的漫长嬗变过程，而基督教思想也经历着从《旧约》到《新约》到经院神学家阐释的不断发展过程，但我们在本书中则主要是以儒家与基督教文化中最具基本特征与占主导地位与最广影响的内容作为我们我们文化比较的对象与背景。

二、中国现代化之中的伦理变迁所致

对于正在进行的社会主义现代化建设而言，它是中国历史上正在进行的一场伟大变革，以计划经济到市场经济的巨大转变为启端，开始引发当代中国社会全方位的变化与转型："现代化也不仅仅是生产方式的转变或工艺技术的进步，它是一个民族在其历史变迁过程中文明结构的重新塑造，是包括经济、社会、政治、文化诸层面在内的全方位的转型。"① 根据历史唯物主义的原理，社会存在的变化必然促使反映社会存在的社会意识的变化，中国现代化的伟大进程是从经济改革开始，从原有的计划经济体制到现代市场经济的变化，也必然引起社会意识与人的思想的发展变化相伴相随：

其一，主体意识得到发展。"主体意识是现代社会的最基本精神。……是作为主体存在的自我意识、自主精神与自由意志的精神历史类型。"② 与主奴意识相对应，主体意识是人的现代发展的表征，伴随市场经济的发展而产生与发展的。对于中国人的发展而言，"改革开放、市场经济建设，以一种难以抗拒的物质力量使人们成为相对独立的利益主体，并以极其明快的方式使人们认识到自我的存

---

① 许纪霖、陈达凯主编：《中国现代化史（第一卷1800—1949）》，上海三联书店出版社1995年版，第2页。

② 高兆明：《社会失范论》，江苏人民出版社2000年版，第180页。

在，认识到自我的自由、权利、利益、尊严、责任、发现风险等等。改革实践以生活及其利益这一最简洁、最有力的杠杆，直接唤醒了人们的主体意识。"① 市场经济的这些特征必然要求与之相适应的人的主体性的发展，社会主义市场经济体制为主体性的发展提供了制度和机制上的条件，在公正、公平、合理、合法的原则下，个体开始努力争取自己的权利，满足自身的利益与需要。

其二，实利精神开始形成凸显。"实利精神是现代社会的另一基本特征。它是伴随着人本主义精神而出现的一种价值精神，是人类近代以来所获得的最重要的思想财富之一。"② 它是一种讲究实际利益、注重行为结果的效用性的精神，直接关注的是现实此岸世界，是人类近代以来贯注于市场经济的一种社会精神。"市场经济遵循的是一种平等交换的市场法则，它通过人们对自身利益的关注与追求的内在机制使社会充满活力，并以一种难以抗拒的力量将人们的视野引向自身的现实利益。……它将价值合理性基础安顿于现实的实际利益之中，并以此作为善恶判断与行为选择的依据。"③ 实利精神引发现代社会中的人们对自身利益的关注与追求是不可避免的。

其三，理性精神得以培育。理性精神也是现代性之一。按照马克斯·韦伯的看法，理性精神是近代资本主义兴起的秘密之所在，而托克维尔则将理性精神作为诠释年轻的美利坚民族富有生机的活力的关键。启蒙时代的理性精神既包括反封建的人本主义精神，也包括科学实证精神，故在启蒙时代的理性精神之下，包含了价值理性与工具理性的两个基本方面。而市场经济的特征就是追求利润，追求以最小的代价获得最大化的利益。出于这样的目的与需要，在市场经济条件下，竞争是十分激烈的，竞争意味着风险，风险意味

---

① 　高兆明：《社会失范论》，江苏人民出版社2000年版，第183页。
② 　高兆明：《社会失范论》，江苏人民出版社2000年版，第191页。
③ 　高兆明：《社会失范论》，江苏人民出版社2000年版，第192—193页。

着有可能的失败。因此，在竞争的机制下，在利润的操纵下，如何规避风险、获得利益的需要便促使了工具理性的极大发展。它以理性的严谨谋求最大利润的获得；它以对事物发展规律性的把握尽可能规避风险或失利；它以对自身利益的维护为重，小心翼翼地处理着与他人的利益关系。可以说，工具理性的成熟离不开市场经济的温床，但市场经济的有序同样需要工具理性的支撑，两者是相依相存、共生共长。

当人的主体意识逐渐形成、实利精神开始凸现、理性精神得以培育之时，社会伦理道德的变迁也就势在必然。现代化不仅仅是经济的现代化，更是人的现代化，社会的价值范式、伦理道德观念等必然随着现代化的进程而发生改变。由于中国现代化进程伦理变迁的基本向度是"个体与群体关系的变迁"与"义利关系变迁"，而这两个向度的变迁实际上必然导致人己关系的重大改变，开始对个人利益与他人利益、群体利益、社会利益等众多价值关系进行重新思考与价值选择。在现代化进程中，被学界认为由于社会转型而产生的道德滑坡或道德危机便是指在人与己、自我利益与社会利益两个关系向度的价值判断与价值选择中出现了唯利主义、极端个人主义与利己主义的倾向，虽然尚未形成普遍态势，但却不可掉以轻心。因为道德的本质就是调节人己关系与利益关系的行为规范，如果一个社会利己主义流行，自我利益与他人利益、群体利益、社会利益的关系必然失衡，那么社会的道德危机也就不可避免，也必然给社会的有序发展与人的健康发展带来严重危害。人类社会存在与发展的历史表明，没有利他主义，社会生活将无以为继。"利他主义注定不会成为我们生活中的一种装饰，相反，它恰恰是社会生活的根本基础。在现实生活中，我们怎能离得开利他主义呢？人类如果不能谋求一致，就无法共同生活，人类如果不能相互作出牺牲，就无法求得一致，他们之间必须结成稳固而又持久的关系。每个社会都是

道德社会。"① 因此，对利他主义的研究在一定程度上是中国现代化进程中伦理变迁的要求与反映，是面对社会道德危机的警醒与反思。当代西方社会在对利己主义价值观反思的基础上，也开始从经济、心理等层面研究利他主义，这实际上也是在市场经济体制下人类共同的境遇与共同的反思所致。

三、现代道德教育建构的文化向度与人性关怀所求

社会的存在与发展离不开伦理道德的调节，人的健康而全面的发展也离不开正确的伦理价值观的引领。但正确的伦理道德原则要能真正深入人心，社会需要的道德规范能够真正做到，显然仅仅通过道德教育将价值观的灌输与规范的说教传递给学生是远远不够的，因为道德的特性在于自律，仅仅从道德规范的要求与命令是不足以达成自律的。道德规范在一定意义上是来自于社会的外在要求，它要求人们做到，但又不同于法律的绝对命令性和服从性，因此要提高道德行为的自觉性或自律性，就必须从高于规范的层面提升至形而上的高度，必须将它放在更大的视野中，"所谓道德的义务和法则，其价值并非存在于义务或法则本身，相反是基于大的要求而产生的。"② 这种更大的视野就是文化的视野。

文化担负着型塑人的心灵与价值世界的职责。在一定意义上，人就是文化的存在物，每一个人就是他所生长于斯的文化的产物，文化是人的生命之根；是人的思想之根；也是人的意义之根。从横向的角度，文化从一个更加广阔的视野在对人性与本能、对社会秩序的存在与人的发展、对人的现实需要与意义追寻等的探究与思考

---

① 【法】埃米尔·涂尔干著，渠东译：《社会分工论》，三联书店 2000 年版，第 185 页。

② 【日】西田几多郎著，何倩译：《善的研究》，商务印书馆 1965 年版，第 108 页。

中型塑着人的思想与观念的发展，建构着人的道德世界与意义世界，反观折射出道德为社会的需要与道德为人自我完善的双重特性。由此，在一定意义上离开文化的视野是无法对伦理道德价值的产生给予本质的分析；从纵向的角度，文化以观念的形态、思想的方式反映着人类文明发展的路径及其历史发展的过程，揭示与折射出社会存在与社会意识相互作用过程中形成的伦理道德价值的变迁轨迹与变化机制，这就是为什么全球化对人类的影响必须从文化的视野加以诠释，为什么中国现代化的进程"会根本性地改变或转换我们世世代代的传统道德规范与价值秩序"的原因所在。可以说，现代道德教育仅仅从规范说教的层次，还只是停留在外在的强制程度，不足以提高道德教育的有效性；现代道德教育的建构如果仅仅局限于伦理道德的领域，也未免显示其根基的浅显，不足以深刻揭示道德的本质与具有超前的把握价值流变的前瞻意识，而回归文化母体，才是解决问题的正确选择与出路所在；以生命本体为重，才是道德教育生命力的源泉所在。由于中国的道德教育在儒家文化传统的型塑下在相当长的时期道德与政治过于密切，在一定程度上夭折了道德对于人发展的终极意义，道德的过于现实性遮蔽了道德的终极性，道德很多时候仅仅是一种外在的需要，一种服务的工具，难于真正做到道德的真正自律。因此，在现代社会，让道德回归社会与人便是现代道德教育的内在诉求，也是当今时代社会与人发展的真正需要。

可以说，聚焦"利他主义"的研究正是为了解决利己主义产生的现实道德问题；对儒家利他主义进行探讨，是出于中国现代化进程中传统文化的现代价值转化之需要；而将儒家与基督教两种利他主义进行比较，则是在全球化的语境之下中国文化在冲突与融合中的时代发展之所需。本书意在通过对儒家与基督教两种利他主义的比较与分析，既力图揭示中西文明路径与中西文化的差异在伦理道

德方面的预制，反映儒家文化与基督教文化对中西社会存在与社会意识发展的重大影响，也力图阐释儒家与基督教两种利他主义各自的弊端单靠自身的文化往往并不能够克服，需要文化的互补，才有张力在世俗与神圣之间建构当代道德教育。

本书拟解决的主要问题为：（1）儒家与基督教利他主义的不同何在？中西文明历程与文化传统的预制作用如何体现？（2）儒家与基督教利他主义的哲学基础与内在逻辑是什么？分别对中西方社会与伦理道德产生哪些重大影响？（3）道德教育与政治、宗教是何种关系？应为何关系？是什么原因预制形成了儒家道德与政治、基督教宗教与道德两种利他主义的理论核心的根本不同？（4）道德教育的本质功能是应关切世俗规矩满足现实需要还是注重人性的终极关怀达成超越的追求？或是两者皆而有之，缺一不可？道德教育本身是否具有担当的可能性。如何从利他主义原则的方面，说明在道德教育方面只有从文化向度与人性关怀的角度，才能建立符合社会和人发展的道德教育的模式？

围绕着这些核心问题的研究与探讨，本书的理论基础是以马克思主义理论作为指导思想，从马克思主义历史唯物论的基本立场、观点和方法出发，以社会存在与社会意识的辩证关系原理，分析把握儒家与基督教两种利他主义的历史与文化预制的探讨；以马克思的关于宗教的理论，把握基督教的本质与社会的功能分析；以马克思对于利他主义与利己主义的理论，作为评价利他主义的基本尺度。本书的基本立论是：（1）人类社会的存在与发展离不开道德，"利他"精神是社会道德所倡导的精神，作为长期在中西方文化发展上占据主脉地位的儒家与基督教两大文化体系中内含利他主义的伦理思想，这是儒家与基督教两大文化何以各自长期引领中西方人的道德世界的原因所在。不过，由于中西文明路径以及在此基础上形成的中西文化传统的不同，在一定程度上预制了儒家与基督教利他主义产生的性质不同、预制了对人性的界定不同，在此基础上也形成了儒家与基督教两种利他主义的人之本与神之本的本质不同。本书从多维视角，根据儒家与基督教两大体系本身的内容对此进行历史的诠释与现代的解构。（2）以秩序为视角，从人的存在本体论出发，指出儒家与基督教两种利他主义的理论核心的根本不同在于儒家的道德与政治的联姻和基督教的宗教与道德的密合，这一差异的形成既是缘于历史与文化的预制，又有学理的关联，更是儒家与基督教两大体系自身发展的产物。由于道德本身具有形而上和形而下的两个层面，因此，道德教育有可能并应当同时担当对人性的终极关切与规范现实伦理行为之双重功能，而儒家与基督教的伦理道德思想虽各存弊端，但却分别从现实性和神圣性不同方面为现代道德教育建构提供了文化的视角和资源。（3）21 世纪我国道德教育建构的文化向度与人性的双重关怀。主要观点是：中国正在由政治国家向公民社会转型，道德教育的建构必须审慎处理与政治、与宗教的关系。当道德教育与政治过于紧密时容易失去理想性和终极性，当道德教育与宗教过于紧密与政治过于对立时，容易失去现实性与实践性；道德教育必须高度关切人的双重需要，即道德的形而上：人性的终极关怀，以及道德的形而下：人性的现实关怀，使道德真正成为人可持续发展的内在动力和精神平台，使人的平衡发展成为道德教育的最高关怀。

本书的研究方法是力图站在历史与文化的大视野，注重揭示儒家与基督教利他主义伦理思想体系本身的逻辑发展过程，反观现代伦理道德建构的现实问题的思考。在此研究过程中，采用文献研究、比较研究等方法，对儒家与基督教的"利他主义"哲学基础、伦理思想的本质进行历史与文化的诠释和分析。采用历史分析与逻辑分析有机结合的方法，对中国政治伦理的传统与基督教宗教伦理的传统进行历史与现代的解构，揭示文化传统对伦理道德的影响及深层

的制约性；采用理论架构的方法，对 21 世纪道德教育的建构提出文化向度与实现人性双重关怀的追求。

本书各章节的主要内容如下：

第一章、依据中西权威辞典与相关著作中对利他主义的定义，概括出界定利他主义的基本原则，并据此对儒家与基督教两种利他主义进行界定，从而为两种利他主义的比较研究提供前提与搭建平台。本章认为，儒家与基督教伦理道德思想虽然呈现出丰富的内容，但依据利他主义伦理原则的基本原则，我们从道德主体论、道德本体论、道德价值论三个向度对儒家与基督教两大体系中的人际原则、利益原则和价值原则的理性审视，认为儒家与基督教在处理人与己、自我利益与社会利益（或他人利益）的关系上是体现出与利他主义的契合，但儒家的利他主义具有现实性的性质，将利他的源头归于人；基督教的利他主义带有虚幻性，将利他的源头归于神，这是两者最显著的根本区别，因而必须探究形成这一根本区别的中西历史与文化的预制作用。

第二章、在对儒家与基督教利他主义界定的基础上，围绕着利他主义界定的三个基本条件，通过对儒家与基督教两种利他主义伦理思想产生的历史与文化的预制，说明儒家与基督教两种利他主义伦理思想产生的"此在性"与"彼岸性"的性质差异。本章认为，正是中国"亚细亚"与西方的"古典的古代"的中西文明路径之差异，形成血缘关系与契约关系、农业经济与商品经济、道德优位与理性优位的中西社会与文化的三大向度的不同。儒家的利他主义伦理思想在中国保有血缘关系、以自然经济为主，在注重道德优位的人伦文化母体里易于自发产生，由其在一定程度上也预制了儒家对人性为善的界定；基督教利他主义产生的社会与文化传统则与之不同，契约关系、商品经济与理性优位则在一定程度上预制了其产生的外在性，即利他主义不易于从西方此在世界中自然产生，就只能归于来自彼岸世界的上帝的命令，也在逻辑上预制了基督教对人性之恶的界定。

第三章、通过对儒家与基督教人性学说的分析，意在说明儒家有基督教对人性的截然不同的界定型塑着两种利他主义伦理思想的不同风貌。本章认为人性理论是伦理道德思想的出发点，儒家与基督教对人性的界定之所以呈现出根本不同，一方面固然是由于儒家有基督教利他主义产生的此在性与彼岸性的性质制约，但另一方面也是囿于两种人性论产生的指向不同。儒家的人性论的产生是缘于西周的"礼崩乐坏"的社会秩序遭受破坏的社会危机，因而人性论的出发点是如何建立合理、有效的统治秩序这一现实指向。基督教的人性论的产生却是缘于人们心灵的需要，即反映的是犹太民族的苦难、西罗马帝国的精神空虚，关注的是人如何赎罪获救进入天堂的彼岸指向，儒家与基督教两种人性论的不同指向实际上已经隐含着对此在世界与人的肯定与否定的不同，并由此决定了两种人性理论架构方法的不同，即儒家的时间先构与基督教的逻辑先构两种思维方法之差异，从而导致儒家对人性的肯定与基督教对人性的否定，并由此出发决定了两种利他主义伦理思想的根本不同：儒家着重于说明善何以是人本心所固有，基督教则通过原罪说意在解释人的罪的本体论意义；儒家确定养性存心从善，人之为善走的向内依靠自己自足的心性道路，基督教却指出只能借助神的救赎，承蒙神的恩赐的对外求神的途径；儒家通过善何以可能说明道德教育的重要性，基督教则通过解释恶何以产生强调道德教育的重要性。

第四章、通过儒家与基督教两种利他主义伦理思想的出发点、方法与目标的比较分析，意在反映与揭示儒家人之本与基督教神之本的两种利他主义伦理思想的本质区别。本章认为人之本与神之本的根本不同，即受人性之善与人性之恶的不同人性理论的预制，又是儒家与基督教两种利他主义伦理思想自身合乎逻辑的发展结果，

它们主要通过儒家的仁之人性与基督教的爱之神性、儒家的修身在己与基督教的救赎在神、儒家的内圣外王与基督教的天堂永生的三大方面反映出来，儒家与基督教两种利他主义伦理思想这一本质的不同，实际上预制了儒家伦理宗教与基督教宗教伦理的理论形态之不同，由此也预制了两种利他主义思想所蕴含的理论核心之不同。

第五章、通过对儒家与基督教两种利他主义伦理思想所蕴含的不同理论核心问题的分析，意在指出儒家的道德与政治的联姻与基督教的宗教与道德的密合各有原因也各存弊端。本章从人的存在本体论的高度出发，认为秩序对于人而言，其本质在于消弭人的生存的紧张感，人类社会的发展力图在人与自然、人与社会、人与自身三大关系领域建构宇宙秩序、社会秩序与心灵秩序，而秩序的建构方式则历经本能建构、文化建构与政治建构三种方式的发展，儒家的道德与政治的联姻与基督教的宗教与道德的密合皆属于文化建构方式，只不过儒家着重于社会秩序的层面，基督教则侧重于心灵秩序的向度，儒家的道德与政治的联姻有其学理、历史与现实的原因，而基督教的宗教与道德的密合也缘于宗教与道德的历史渊源及二者社会功能一定契合所然，更是基督教思想指向彼岸世界建构意义世界所需。对于伦理道德而言，儒家的道德与政治过于紧密，虽凸显现实规范性，但却易于夭折道德教育对人的终极关怀；基督教的宗教与道德的密合虽赋予道德教育以神圣性之价值，但却具有忽略道德教育的现实功能，两者各执道德的现实性与神圣性的一极，各自的片面性与局限性也就在所难免。

第六章、从现代伦理道德服务于建立"和谐"社会的目标出发，指出要建立与市场经济相适应、与现代社会相匹配及与公民道德诉求相契合的伦理原则，对中西传统伦理道德进行反思与现代价值的转换不失为一种途径，儒家与基督教两种利他主义既各自具有肯定与借鉴之处，也存在各自的局限与弊端，本章从建构人与人和谐、人与自身和谐、人与社会和谐的三大向度，在揭示儒家与基督教人际原则、利益原则、价值原则本身的矛盾性的反思借鉴的基础上，对两种利他主义思想中所包含的合理之处给予了现代价值的转化，从而表明，我们在现代伦理道德建构之时，必须从文化重构出发，以生命本体为重，努力达成道德的"他律"与"自律"的有机统一，从而使现代道德教育真正满足社会发展与人的发展的双重需要。

本书研究的理论意义在于：（1）通过对两种利他主义的深入的研究阐释与比较分析，其目的不仅可以深入了解两种利他主义的特质与异同，更深刻的理论意义是探讨隐藏其后的基督教文化传统与儒家文化传统对道德观的不同预制，探讨文化传统对伦理道德的影响及深层的制约性。（2）有助于在全球化视野下，既在理论的层面对道德与政治、道德与宗教、道德与人等关系做深度的研究与探讨，为道德教育的目的、本质等的界定提供元理论的支撑，又为中西文化的互补融合进行尝试。（3）有助于对利他主义进行更广更深的理论探讨，并以此为线索探讨中西伦理观与文化的变化轨迹，以便阐明当代伦理道德教育发展与重构的方向与趋势。本书研究的现实意义在于一方面，通过强调人的存在与社会的存在皆离不开"利他"精神，既反对利己主义的伦理价值观，又为市场经济条件下中国坚持集体主义、"利他"精神提供理论的支持，促使"利他"从道德的规范转为个体内心的原则。另一方面也为21世纪中国伦理道德教育的发展与建构提供理性的思考，通过强调道德的现实性与终极性，道德的社会需要与人发展的自身需要，为中国市场经济条件下道德教育的发展提供文化建设的新理念，为中国人的德性的完善、人的发展提供与之适应的终极关怀和现实关怀，为"和谐"社会的发展贡献力量。

第一章

儒家的"人之始"与基督教的"神之始"

——两种利他主义之界定

在伦理学上，利他主义是与利己主义相对立的伦理原则。那么，什么是利他主义？儒家与基督教作为中西两大文化体系的主脉部分，它们的伦理原则是否是利他主义？这是与本书研究密切相关的两个重要问题。就第一个问题而言，明确利他主义伦理原则的特点是我们回答第二个问题的前提；就第二个问题而言，对此回答的肯定与否则切身关系到本书的研究是否成立的关键。固然，本书的研究意图是在于从儒家与基督教两种文化的比较中探讨历史、文化、理论体系等对伦理道德思想的深层制约性，但因比较是置于利他主义的视阈，故对儒家与基督教伦理原则是否是利他主义的界定就成为本研究的前提与平台，也就理所当然地成为本书开篇第一章的内容。

如何界定利他主义？本书采用的方法是在依据中西多种权威性

辞典与多本著名的伦理学著作中对利他主义界定的基础上①，在与利己主义相对照中概括出利他主义的特点。所谓"利他主义"是指不计较个人的利益，无私地为他人服务，能够为他人利益而牺牲自己利益的一种道德原则。所谓"利己主义"是指那种主张个人利益高于他人和整体利益，把个人利益看作是一切行动的出发点和归宿的道德原则。利己主义与利他主义的根本区别在于利他主义是以他人利益为重，利己主义则以自我利益为先。从这一根本点出发，我们将利他主义与利己主义进一步从以下三个方面②加以具体区别：在人际原则上，利他主义认为每个人的行为目的都能够达到无私利他，主张对他人仁爱与同情，他人为先；而利己主义则认为每个人的行为目的只能利己、不能利他，人人都是自私为我的，自我为先；在利益原则上，利他主义主张有利于社会和他人，有利于自我品德的完善，才是道德和善的，道德就是利他抑己，道德高于利益。而利己主义则把"个人利益作为判断人的行为善恶与否的根本价值尺度"；③ 在价值原则上，利他主义主张他人或社会利益为重；而利己主义则把社会整体利益和他人利益作为实现个人利益的手段和工具。鉴于这三个向度背后内隐的是道德主体论、道德本体论与道德价值论，由此，我们拟分别从道德主体论、道德本体论与道德价值论三大向度，依据利他主义在人际、利益与价值的基本原则，对儒家与基督教伦理原则是否为利他主义进行判断与界定。

---

① 辞典与著作中关于利他主义的定义我们分别在人际、利益、价值原则的界定中分别引用，以做概括的依据。

② 关于利他主义与利己主义三个方面的区别参看了王海明的《伦理学原理》，北京大学出版社 2003 年版，第 178—187 页，但没有完全沿用。

③ 罗国杰主编：《伦理学》，人民出版社 2004 年版，第 173 页。

第一节　从道德主体论向度，
对儒家与基督教人际原则之审视

"伦理原则也称之为伦理的基本原则或根本原则。它是处理人与人、人与社会、社会与社会利益关系的伦理准则，是调整人们相互关系的各种道德规范要求的最基本的出发点和指导原则。"[①] 在伦理原则的构成中，关系、利益与原则是三个不可缺少的构成要素，其中关系是前提、利益是核心，原则是处理伦理关系与利益的一种应然的标尺。

就关系而言，依据马克思主义的基本原理，人是社会性的存在，在实践活动基础上形成的社会关系构成人的本质，"人的本质不是单个人所固有的抽象物，在其现实性上，它是一切社会关系的总和。"[②] 在丰富多样的社会关系中，人与己的关系则是人际关系中最基本的向度，个人与集体、个人与社会的关系不过是人与己关系的放大。人际原则中应遵循什么样的道德原则，取决于道德主体的道德选择与利益取舍，反映出道德主体对人际关系的基本判断，成为道德主体应该遵守的行为准则。

利他主义伦理原则在人际原则向度的主要特征是主张对他人的泛爱与同情。1992年谭鑫田等主编的《西方哲学词典》："利他主义：……有两种表现形式，即仁爱的利他主义和利己的利他主义。仁爱的利他主义是宣扬对他人的泛爱，无私地去促进人类的共同福

---

① 倪愫襄编著：《伦理学导论》，武汉大学出版社2002年版，第59页。
② 《马克思恩格斯选集》第1卷，人民出版社1995年版，第60页。

利，……利己的利他主义建立在利己的基础上。如孔德认为人类既
有利己的冲动，又有利他的'爱'和'敬'的天赋情感，所谓道
德，就是使前者从属于后者。"① 2001 年人民出版社出版的尼古拉斯
布宁、余纪元编著的《西方哲学英汉对照辞典》指出："利他主
义……指涉的是对他人的无私心或仁慈的关心。"② 2002 年上海辞书
出版社的《伦理学大词典》："利他主义（altruism,）是与利己主义
相对应的道德原则和学说。……英国思想家昆布兰、莎夫茨伯利、
哈奇生等提出仁爱的利他主义。休谟、边沁、穆勒等则提出利己的
利他主义，认为人的本性是利己的，但人又有同情心（休谟），或有
与人类成为一体的社会情感（穆勒），普遍的爱、普遍的同情使人的
思想行为服从利他主义，并使个人利益更有保障。"③ 可见，在人际
原则上，仁爱之心与同情之心皆是促成人采取利他行为的前提。所
以，与利己主义认为"人与人像狼一样"的观点不同，利他主义在
人际原则上主张仁爱与同情。据此，我们对儒家与基督教的人际道
德原则进行审视，看其原则是否契合或反映利他主义的这一特性，
以此作为界定儒家与基督教是否为利他主义的一个向度的依据。

一、儒家的"仁爱"原则

"仁"是儒家学说的核心范畴，也是中国古代伦理学的基本范
畴。"仁"字最初的含义，根据学者臧克和所著的《中国文字与儒
学思想》一书中所言："按马叙论疏证'仁'字结构意义，用心密
察……马氏所考'以仁为亲昵'，除了所引文献个别书证尚待讨论

① 谭鑫田等主编：《西方哲学词典》，山东人民出版社 1992 年版，第
296 页。
② 尼古拉斯布宁、余纪元编著：《西方哲学英汉对照辞典》，人民出版社
2001 年版，第 36—37 页。
③ 朱贻庭主编：《伦理学大词典》，上海辞书出版社 2002 年版，第656 页。

外，其稽考过程，大体是可靠的。"① 仁最初是表示人际关系亲密之意，"仁，亲也，从人从二。"（《说文·八部》）且已经有不自私的思想之端倪，如《春秋元命苞》所云："仁字二人为仁，言不专于己，人亦施于也。"在宋希仁主编的《伦理学大辞典》中对"仁"是这样解释的："仁：中国古代伦理学的基本范畴。最早由孔子提出，并作了多方面的规定。'仁'的基本涵义就是'爱'、'忠恕'、'克己复礼'。'爱人'就是要求人对同类、同胞有人道的自觉，既要把自己当人，也要把别人当人；人与人之间要讲人道，互爱、互助。'忠恕'就是要求人对人应该体谅、同情，做到'己所不欲，勿施于人'、'己欲立而立人，己欲达而达人'、'我不欲人之加诸我者，吾亦欲无加诸人'。为仁的基本方法就是'近取譬'，即从自己的切身体验出发，去理解、同情别人，设身处地，将心比心，善意待人。'仁'作为道德要求，对个人要求克己，重义轻利，直至杀身成仁；克己的标准就是'复礼'，即符合国家的礼制规定、符合道德原则和规范的要求。"② 现有的辞典如中国大百科全书出版的《中国哲学小百科全书》、中州古籍出版社出版的《儒家文化辞典》、上海辞书出版社出版的《孔子大辞典》、四川人民出版社出版的《诸子百家大辞典》等也提出了大致类似的界定。可以说，儒家思想的核心范畴"仁"是中国传统文化对人际关系处理与协调的基本原则，"仁"在人际关系方面的体现与要求就是"爱人"，仁爱之心；"仁"在利益关系方面的体现就是无私利他，朱熹说"公而无私便是仁"（《朱字语类·第三卷》）因此，"仁"可以说是中国传统仁爱精神的起点，仁爱的原则为儒家利他主义伦理原则的形成创造了条件。具

① 臧克和：《中国文字与儒学思想》，广西教育出版社1999年版，第61—62页。

② 宋希仁主编：《伦理学大辞典》，吉林人民出版社1989年版，第167页。

体说来，体现为三个方面①：

1．"仁者爱人"

伦理学的核心问题之一是如何处理个人与他人、个人与社会的关系问题，而"仁者爱人"（《论语·颜渊》）便是儒家处理人际关系的尺度与道德要求，它是"孔孟对仁的内容的基本规定。《论语·颜渊》：'樊迟问仁。子曰：爱人。'（孟子·离娄下）：'仁者爱人。'仁是仁者对他人发自内心的尊重和关切的感情。'人'泛指一般人，包括民在内。"②"爱人"原则上内隐他人与我价值相同的人本主义思想，它集中体现在儒家的"仁者爱人"、"亲亲之伦"和"泛爱万物"的道德理念。

其一，"仁者爱人"。在儒家学说中，仁与爱是密切相关的，"仁者，爱之理；爱者，仁之事。"（《朱子语类》卷二十），即仁是爱之依据，爱是仁的表现，"爱人不以理，适是害人；恶人不以理，适是害己。"（魏际瑞《伯子文集》卷八）仁爱是为人处事之道，"人君之道，务在博爱。"（《孟子·离娄下》）；仁爱也是达成人际关系协调的原则与方法，"爱人者，人恒爱之。"（《孟子·离娄下》）儒家认为如果在人与群体的关系上，做不到仁爱，就无法达至生存，"不仁爱则不能群，不能群则不胜物，不胜物则不能养不足。"（《汉书·刑法志》）由此，在人与己的关系上，儒家主张仁者爱人，这为儒家在公与私的关系上主张无私利他提供了情感基础。

其二，"亲亲之伦"。儒家思想是以"血缘感情"为人伦之道的出发点，孔子就指出："孝弟也者，其为仁之本与！"（《论语·雍

---

① 本章关于儒家思想的部分主要内容是参看唐凯麟、张怀承著的《成人与成圣——儒家伦理道德精粹》，湖南大学出版社1999年版。

② 徐兴海、刘建丽主编：《儒家文化辞典》，中州古籍出版社2000年版，第96页。

也》），"仁者人也，亲亲为大"（《中庸》）。孟子则提出"仁之实，事亲是也。"（《孟子·离娄下》）在父子关系上，儒家强调父慈子孝，"父子一体，天性自然。"（《后汉书·王帝传》）即一方面，父子关系在父母则为爱，"父母对子女的爱是一种无私的天然之爱，是人类最质朴的自然感情"①，"夫为人父者，必怀仁慈之爱，以畜养其子，抚循饮食以全其身。及其有识也，也必居正言以先导之；及其束发也，授明师以成其技。"（《韩诗外传》）"父母之于子，人伦之极也。"（《栾城集》卷二十五），另一方面，父子的关系在子女则为孝，儒家把孝为道德的出发点和基础，"万恶淫为首，百善孝当先。"（《孝经》）孝的含义就是"善事父母者"，包括赡养父母，尊敬父母，服从父母等；在夫妻关系中，儒家认为"夫妻是家庭的核心关系，是一切家庭关系的原点，有夫妻然后才有父子兄弟"②，所以《中庸》说："君子之道，造端于夫妇。得其极也，察乎天地。"儒家把夫妻关系列为三纲之首，强调夫义妇顺，主张伉俪和谐，同甘共苦，相敬如宾；在兄弟关系中，由于血缘的天然联系，使得血脉相连，手足相亲，儒家主张同居共财，长爱幼敬，团结御侮等，③由此形成了儒家"笃亲众"的血缘伦理特点，并在此基础上形成了儒家伦理的"三纲五常"，形成了温、良、恭、俭、让等基本的行为规范与人伦之道。

　　其三，"泛爱万物"。儒家的"亲亲之伦"虽然有血缘等差之爱的特点，但也不可否认在儒家思想中也一直不乏"博爱之谓仁"（《原道》韩愈）的精神且源远流长。在孔子那里，已经提出了"泛

---

　　① 唐凯麟、张怀承：《成人与成圣——儒家伦理道德精粹》，湖南大学出版社1999年版，第218页。

　　② 唐凯麟、张怀承：《成人与成圣——儒家伦理道德精粹》，湖南大学出版社1999年版，第226页。

　　③ 唐凯麟、张怀承：《成人与成圣——儒家伦理道德精粹》，湖南大学出版社1999年版，第226—242页。

爱众"的思想："弟子入则孝，出则帝，谨而信，泛爱众，而亲仁。"（《论语·学而》)，而孟子则提出"君子之于物也，爱之而弗仁；于民也，仁之而弗亲，亲亲而仁民，仁民而爱物"（《孟子·尽心上》)，由亲亲推致于仁民，老吾老以及人之老，幼吾幼以及人之幼；由仁民而进于爱物，天地之大德曰生，故应禀天地生生之德而利万物之生。"显然，在孟子的思想中已经含有想超越血缘之亲而为仁爱寻找本体基础的倾向。宋儒学派在此基础上开始作了本体论的进一步提升与论证。"他们主张，人与万物同生于天，天地间只一气充周，而理寓于其中。天地生人生物、一气赋其形，一理定其性，物物禀气有异，各有一理，而总天地万物又只有一个理，因此，人与天地万物因此具有共同的本质，差异只是'理一分殊'的不同而已。"① 人与人的差别就更是无异。北宋张载总结了在他之前"仁爱"的学说，在历史上著名《西铭》中给予了经典的表达，提出了民胞物与、泛爱万物的理论依据。张载指出由于天地是人的父母，万物的本原，人生天地之间，与天地万物共处宇宙之中，是天地所生的万物中渺小的一物而已，而人与万物都由天地之气化生而成，因而，人与万物皆具有共同的本性，皆为天地之子女，属于同类的存在，因此，人不仅要爱人，而且应泛爱万物，视人为自己的兄弟，视物为自己的同伴，仁民爱物。② 这里，可以看出张载的思想，一方面他从本体论上说明人应该爱一切人、一切物；另一方面，从行为要求上则主张，由亲亲而仁民、由仁民而爱物，维护社会的等级秩序。总之，儒家学说中的民胞物与、泛爱万物的思想要求已经具有哲学本体论的基础，最为集中地体现了儒家厚德载物的仁爱精神。

---

① 唐凯麟、张怀承：《成人与成圣——儒家伦理道德精粹》，湖南大学出版社 1999 年版，第 164 页。
② 唐凯麟、张怀承：《成人与成圣——儒家伦理道德精粹》，湖南大学出版社 1999 年版，第 161—163 页。

2."由人推己"

"仁是一种内在的道德情感,爱人则是这种情感的外显,它必须通过现实的行为表现出来。因而,通过什么方式、怎样去爱人,就成为仁德的具体行为规范。"① 儒家提出了取譬于己,推及于人,也就是儒家的忠恕之道。在儒家的仁爱伦理思想中,可以说,"仁者爱人"是总原则,"由人推己"的忠恕之道则使从"仁"的善端出发的利他主义成为可能。这样的方法实际上与西方利他主义伦理学家通过"同情"以达至利他是有着相似的情感机制即"设身置地"。

所谓"忠"就是孔子所言的"夫仁者,己欲立而立人,己欲达而达人。"(《论语·雍也》) 自己想要立位,须使别人也能立位;自己希望显达,须使别人也能显达,自己所追求的、希望得到的东西,应当积极使别人也同样得到,"君子己善,亦乐人之善也;己能,亦乐人之能也。"(《大戴礼记·曾子立事》) 一言以蔽之,凡是自己想要的,必须允许别人也能得到。因而,儒家要求人们从自己的利益和需要出发,主动地关心人、帮助人,反对一事当前只替自己打算,而不顾别人,这就是"爱人"的积极方面。所谓"恕",就是孔子说言:"己所不欲,勿施于人。"(《论语·颜渊》),即自己不想要的、不希望的,也不要强给别人或要别人接受,故《中庸》所道:"施诸己而不愿,亦勿施于人。"显然,儒家的"恕"体现着"宽恕"、"容人"的精神,即孔子所提倡的"以直抱怨,以德报德"(《宪问》)的宽容品德。可以说,一忠一恕构成了"仁者爱人"原则的积极和消极的两种表现方式,"忠"者,有诚恳为人之心也。"恕"者,无丝毫害人之意也。这两个方面的结合就是孔子的仁

---

① 唐凯麟、张怀承:《成人与成圣——儒家伦理道德精粹》,湖南大学出版社 1999 年版,第 171 页。

道。"① 也是朱熹所讲的"尽己之谓忠,推及之谓恕。"(《论语集注》卷二)

3. "克己复礼"

儒家认为要想实现"仁者爱人"和贯彻"忠恕之道"则必须"正己"。"仁远乎哉?我欲仁,斯仁至矣。"(《论语·述而》)为此,孔子提出了"正己"的具体方式便是"克己复礼为仁"。所谓"礼",在儒家那里,是"由上古圣人根据天意制定的",是指体现人与人、人与神等级尊卑关系的、社会上层人物的行为规范,是治国安天下的根本;是道德水准衡量的标志。可以说,"儒学所说的道德,就是对礼制遵守的优劣。模范遵守礼制,被认为是最高的美德:仁德。"②《论语·泰伯》中记载了孔子对"礼"的作用的阐述:"恭而无礼则劳,慎而无礼则葸,勇而无礼则乱,直而无礼则绞。"故,对个人而言,就必须克己以遵守社会道德,维护社会秩序,做到"非礼勿视,非礼勿听,非礼勿言,非礼勿动。"(《论语·颜渊》),只有这样才能维持社会安定,人与人和睦相处。"礼之用,和为贵。先王之道斯为美,小大由之。有所不行,知和而和,不以礼节之,亦不可行也。"(《学而》)故"克己复礼为仁,一日克己复礼,天下归仁焉。"(《论语·颜渊》)显然,"克己复礼"的道德诉求既是调节人与人关系和谐、社会秩序稳定的重要方式,又是儒家的"仁"得以实现的途径。"克己"体现了儒家的仁爱精神,"复礼"则反映了儒家伦理差序之别的等级特征。

客观而言,从儒家思想的基本核心范畴"仁"三个方面的内容体现来看,"仁者爱人"是处理人与人之间关系的总的原则,"忠恕

① 张岱年主编:《孔子大辞典》,上海辞书出版社 1993 年版,第 211 页。
② 王德有主编:《中国哲学小百科》,中国大百科全书出版社 2001 年版,第 572 页。

之道"则是实现"仁爱"的途径与方式,"克己复礼"则是仁爱原则在处理人与人的关系、人与国家或社会的关系上的进一步的要求。三方面可谓从不同向度既体现反映了儒家"仁"的主要内容,也反映了易于利他主义伦理原则产生的性质,利他意识的存在在一定程度上是不可置疑的,因为"仁者对他人之同情关切与爱护奉献均是以他人为趋向的纯粹道德情感和意识。'仁者爱人'之他人意识之所以在道德上是纯粹的、高尚的,就在于它是至诚内发之情感。……'仁者爱人'作为一种利他意识,其道德性质是显而易见的"①,而且在儒家思想中,也正是因为"仁爱",才能利他,"公而无私"便是仁。

二、基督教的"爱人"原则

"爱"是基督教的核心范畴,在基督教的信、望、爱三个基本的道德原则中,"爱"居三德之首,"如今常存的有信、望、爱;这三样,其中最大的是爱。"(《歌林多前书》13:13)2001年由上海辞书出版社出版的《基督教小辞典》在"爱"的词条是这样解释的:"爱:agape 希腊文中有几个不同的字,英文都译成爱(Love),其中有一个词(Agape)是代表一种甘愿以他人为中心的爱,神的爱就是这种爱。而《圣经》也规劝基督徒要用这种爱来爱神并彼此相爱。(马太福音22:37—40)"② 与儒家的"仁"是出于人自身不同,基督教的"爱"则是来自上帝,在基督教那里,"爱人如己"不是由人自身所制定出来的人际道德原则,而是来自上帝的命令,是由上帝制定出来要求人必须遵行的道德律法,是对神之爱的无私奉献的回应,具体来说:

---

① 肖群忠:《道德与人性》,河南人民出版社2003年版,第67页。
② 卓新平主编:《基督教小辞典》,上海辞书出版社2001年版,第1页。

1. 神之爱的无私奉献

基督教的爱是通过神之爱与人之爱两个向度阐述与体现的，其中，神之爱包括上帝之爱与基督之爱，人之爱则包括人对上帝之爱及对他人之爱。在神之爱与人之爱的关系中，神之爱处于爱的源头之地位，是爱之根本，而人之爱则是对神之爱的回报与回应。

其一，上帝的创世之恩。神之爱首先体现为上帝的创造之恩。在基督教的教义中，上帝是万神之神，万主之主，万物的生命均得自上帝，它以大爱创造天地万物和人类，赐予人类生命之身，世界万物因上帝的爱而产生，栖息在上帝的荫蔽下，上帝"从亘古到永远"，世世代代是"我们的居所。"（《诗篇》90：1）为此，基督教的教义始终洋溢着对上帝创世之恩的赞美与感谢，"诸天述说，神的荣耀，穹苍传扬他的手段。"（《诗篇》19：2）"耶和华我们的主啊，你的名在全地何其美！你将你的荣耀彰显于天。"（《诗篇》8：1）[①]世界万物之所以产生，是出自上帝的博大之爱。

其二，上帝叫子替人类去死。在基督教的教义中，上帝之爱的无私利他最淋漓尽致地表现在"不爱惜自己的儿子为我们众人舍了"（《罗马书》8：32），"神爱世人，甚至将他的独生子赐给他们"（《约翰福音》3：16）。"因为耶和华你们的神，他是万神之神，万主之主，至大的神，大而可畏"（《申命记》10：17）"他为孤儿寡妇伸冤，又怜爱寄居的，赐给他衣食。"（《申命记》10：18）。上帝一方面不忍心看到人类充满罪恶，从而遭受永罚和注定一死的命运，因为罪不受罚不合公义原则。另一方面他又深知人类罪孽深重又力量弱小，靠自身力量无力摆脱从始祖亚当那里继承下来的原罪，于

---

① 本书中关于基督教的教义均引自中国基督教协会印发的《新旧约全书》，南京，1989 年版。

是为使人类从原罪中得到救赎，上帝不惜派自己爱子耶稣下凡，代人赎罪，从而显示上帝对人类无私与无尽的爱。① "神差他独生子到世间来，使我们藉着他生，神爱我们的心在此就显明了。"（《约翰一书》4：9）"神就是爱；住在爱里面的，就是住在神里面。"（《约翰一书》4：16）

其三，耶稣基督为人类去死赎罪。耶稣基督的爱则体现在为人类赎罪，甘愿化成肉身，在尘世受诸般苦直至上十字架，用自己的鲜血和生命代人赎罪。如果说，上帝的爱在派爱子替人类受难赎罪中彰显的话，那么耶稣基督的爱则表现在亲自替人类去死的实践行为中，两者的爱本质上是相同的，因为作为上帝与作为上帝之子本为一体，只不过上帝因其太崇高、太完美、太超脱，凡人是难于把握的，耶稣基督则是神与人的中介，是我们认识上帝和把握上帝的惟一途径，比上帝离我们更近一些。② 可以说，耶稣基督的爱是无私利他的典范，因为"他本与圣父同等、同荣、同权，却舍弃一切属天的尊荣，取人的样式和奴仆的形象，甘心服侍人，'自己卑微，存心顺服，以至于死，且死在十字架上。'"③ 通过耶稣基督，一方面表达了上帝拯救人的无私之大爱；另一方面，也为基督徒起到了信仰与道德的感召作用，"亲爱的弟兄啊，我们应当彼此相爱，因为爱是从上帝来的。凡有爱心的，都是由神而生，并且认识神。没有爱心的，就不认识神，因为神就是爱。神差他独生子到世间来，使我们藉着他得生，神爱我们的心，在此就显明了。不是我们爱神，乃是神爱我们，差他的儿子为我们的罪作了挽回祭，这就是爱了。"（《约翰一书》4：7—11）正是来自对上帝之爱的感知与回报，耶稣

---

① 陈刚：《西方精神史》（上），江苏人民出版社2000年版，第368—369页。
② 陈刚：《西方精神史》（上），江苏人民出版社2000年版，第369页。
③ 梁工主编：《圣经百科辞典》，辽宁人民出版社1996年版，第15页。

基督对基督徒宣布了"爱上帝爱人"的最大诫命,"爱神的,也当爱兄弟,这是我们从神所受的命令。"(《约翰一书》4:21)基督教的人之爱油然而生。

2. 人之爱的"爱人如己"

在基督教中,人之爱分为人对上帝之爱和对他人之爱。二者因都是对上帝无私之爱的回应,也具有了利他性质。

其一,人对上帝的爱。在基督教中,人的爱不是来自自身,而是来自上帝,是对上帝之爱的回报,也是属灵之爱,是纯全圣洁之爱,它是"从上帝生发出来的爱,是圣灵将上帝之爱浇灌在信徒心中结出的果子。'我们的爱,因为神先爱我。'(《约翰一书》4:19)上帝的爱是根本,是源头,信徒则是接受爱的器皿,流通爱的管道,反射爱的镜子。信徒只能接受、流通、反射上帝的局部的爱。"① 基督徒对上帝的爱,一方面是对于上帝之爱的回报与耶稣基督诫命的遵守,另一方面也藉此爱而成为教徒,从而得以救赎。故,耶稣说道:"你们若有彼此相爱的心,众人因此就认出你们是我的门徒了。"也如《圣经》所言:"亲爱的弟兄啊,神既是这样爱我们、我们也应当彼此相爱。从来没有人见过神,我们若彼此相爱,神就住在我们里面,爱他的心在我们里面得以完全了……神就是爱,住在爱里面的,就是住在神里面,神也住在他里面。这样,爱在我们里面得以完全,我们就可以在审判的日子里坦然无惧。因为他如何,我们在这世上也如何。爱既完全,就把惧怕除去,因为惧怕里含着刑罚。"(《约翰一书》4:11—17)可见,对人对上帝的爱是来自上帝,是对上帝之爱的回应,也是人达成救赎的手段。

---

① 梁工主编:《圣经百科辞典》,辽宁人民出版社1996年版,第14页。

其二,"爱人如己"。人之爱是人对上帝之爱的行动之表现,上帝是居于彼岸的,我们无法接近,只有遵照耶稣教诲"爱人如己",才能表现出对上帝的爱,"爱人成了爱上帝的落实处,从而获得了一种神圣的意义,它超越人们之间普通的相互敬爱,而与终极的价值关怀联系在一起。"凡信耶稣是基督的、都是从神而生,凡爱生他之神的,也必爱从神生的。我们若爱神、又遵守他的诫命、从此就知道我们是爱神的儿女。"(《约翰一书》5:1)正是在此理念的基础上,耶稣宣布最大的诫命就是"爱人如己",《新约》中就明确指出"因为全律法都包在'爱人如己'这一句话之内了。"(加拉太书:5:14)要求"爱上帝爱人","我们爱,因为神先爱我们。人若说,'我爱神',却恨他的弟兄,就是说谎话的;不爱他所看见的弟兄、就不能爱没有看见的神。爱神的、也当爱弟兄,这是我们从神所受的命令。"(《约翰一书》4:19—21)在人之爱中,基督教始终贯穿着"爱人如己"的要求与精神,基督教的律法明言"要尽心、尽性、尽力,爱主你的上帝,又要爱邻居如同自己"。"爱人如己"具体体现在基督教对各种人际关系的具体要求与规定上:在夫妻之爱上,它要求"你们作丈夫的,要爱你们的妻子,正如基督爱教会,为教会舍己。"(《以弗所书》5:25)因为"人要离开父母,与妻子连合,二人成为一体"(《以弗所书》5:31);在长幼之爱上,应当尊老爱幼,儿女"当孝敬父母"(《出埃及记》20:12);在恋人之爱上,应当"爱情如死之坚强"(《雅歌》8:6);在兄弟之爱上,"主为我们舍命,我们从此就知道何为爱,我们也应当为弟兄舍命"。(《约翰一书》3:16)在众人之爱上,"有了爱兄弟的心,又要加上爱众人的心";在仇敌之爱上,《圣经》有专门"论爱仇敌"的篇目,"只是我告诉你们这听道的人,你们的仇敌,要爱他;恨你们的,要待他好;诅咒你们的,要为他祝福;凌辱你们的,要为他祷告。有人打你这边的脸,连那边的脸也由他打。有人夺你的外衣、连里衣也由他拿去。凡求你的，就给他，有人夺你的东西，不用再要回来。你们愿意人怎样待你们，你们也要怎样待人。你们若单爱那爱你们的人，有什么可酬谢的呢？就是罪人也爱那爱他们的人……你们倒要爱仇敌，也要善待他们，并要借给人不指望偿还，你们的赏赐就必大了，你们也必做至高者的儿子。"（《路加福音》6：27—34）。

　　基督教的爱"不是自私之爱，单纯地爱自己、爱亲人之爱，这种狭隘的爱连动物都有，何况人乎？爱的伟大就在于超越了只关心自己的自私之爱，超越自爱自保自利的偏狭意识，把爱扩展到他人，乃至天下之人。"① 正如《圣经》将爱界定的那样："爱是恒久忍耐，又有恩慈；爱是不嫉妒，爱是不自夸，不张狂，不作害羞的事，不求自己的益处，不轻易发怒，不计算人的恶，不喜欢不义，只喜欢真理；凡事包容，凡事相信，凡是盼望，凡事忍耐；爱是永不止息。"（《歌林多前书》13：4—8）可见，基督教的爱不容否认体现出仁爱利他的性质，"凡事都不可亏欠人，惟有彼此相爱，要常以为亏欠，因为爱人的就完全了律法。"（《罗马书》13：8）所以，《简明基督教全书》"仁爱"词条的解释为："charity（仁爱），代表舍己，以他人为中心的爱"②，基督教"爱"的本质就是无私利他。

　　由上，从人际原则的视角，对儒家与基督教"仁爱"原则与"爱人"原则的理性审视，我们不难看出二个原则在处理人际关系时皆契合了利他主义的人际原则，儒家表现为"仁爱"原则，而基督教则反映为"爱人如己"，儒家的"仁"与基督教的"爱"都具有无私利他性质，这是二者的共同点。不过，儒家与基督教两种利他主义在人际原则方面所体现的利他主义虽是不可否认，但也必须指

---

① 陈刚：《西方精神史》（上），江苏人民出版社 2000 年版，第 367 页。
② 【美】泰勒编写，李云路等译：《简明基督教全书》，中国社会科学出版社 1999 年版，第 245 页。

出儒家的"仁者爱人"与基督教的"爱人如己"也都存在着原则与现实的矛盾，儒家是缘于它的现实性而无法超越血缘关系，"仁爱"往往局限于血亲熟人范围；基督教则是出于它的虚幻性而无法在现实中真正做到，"爱人"也常常囿于教徒之间，且儒家的"仁爱"原则在中国封建社会往往成为维持封建统治的人伦之道，基督教的"爱人"在西方社会则常常是出自对上帝的信仰与神圣诫命的遵从，成为达至彼岸天堂与永生的救赎之途。

第二节　从道德本体论向度，对儒家与基督教利益原则之审视

在伦理原则的构成要素中，利益之所以是核心，是由于人与己关系的存在，必然会产生人与他人、人与社会之间存在的利益关系因利益主体的不同引起的冲突发生，而冲突则有可能导致社会秩序的混乱，从而危及人的存在与社会的存在，所以，伦理原则本质上是对人与己利益关系的一种协调，其目的是达至社会秩序的稳定。利益问题如何处理决定了伦理原则的性质，它涉及到道德本体论的问题，因为"道德是一种调节人际关系的特殊行为规范，它告诉人们在处理个人与他人、个人与社会的利益关系时什么样的行为是应该的、正当的，什么样的行为上不应该的、不正当的。应该正当的行为称之善，不应该、不正当的行为称之为恶。"① 善与恶的问题是属于道德本体论的问题。

---

① 唐凯麟、张怀承：《成人与成圣——儒家伦理道德精粹》，湖南大学出版社1999年版，第176页。

在道德本体论的向度，在利益原则上，利他主义是不考虑自我利益的，认为那样是不道德的，并将是否有利于社会和他人作为道德与善恶的判断标准。1992年上海译文出版社出版的安东尼·弗卢主编的《新哲学词典》（《ADICTIONARYOFPHILOSOPHY》）："作为一个哲学术语，'利他主义'可以被最有用地看作与（伦理学上的）'利己主义'相对立。利己主义建立在这样的假设上：道德最终能够按照自我的利益——尽管是所谓开明的自我利益——来解释。对利己主义者来说，道德的要求和个人私利的要求之间的明显冲突仅仅是我们的自我利益的不同方面之间的——间接的与直接的，长期的与短期的——冲突。……利他主义的中心观点是否定性的：对道德的解释不能归结为自我利益。"① 罗国杰主编的《伦理学》2004年最新版："在伦理学中，利他主义作为利己主义的直接对立面，它不是以个人利益为确定善的标准，而是强调他人利益，颂扬为他人作出牺牲的精神，并以此作为善的标准。"② 倪愫襄编著的21世纪高等院校通选课教材《伦理学导论》："利他主义原则是与利己主义相对立的伦理原则。利他主义认为凡有利于社会和他人的行为就是道德的、善的；反之则是不道德的、恶的。强调他人利益至上，鼓励为他人和社会利益作出牺牲，并以此作为道德的标准。"③ 学者王海明的著作《伦理学原理》："利他主义便是把无私利他奉为评价行为善恶的惟一准则的伦理观，便是把无私利他奉为道德总原则的伦理观。"④ 显然，与利己主义把自我利益的获得放在第一位的主张不同，利他主义是依照道德要求利他，而不是从自身利益出发的。据此，我们

---

① 【英】安东尼·弗卢主编：《新哲学词典》，上海译文出版社1992年版，第16页。

② 罗国杰主编：《伦理学》，人民出版社2004年版，第174页。

③ 倪愫襄编著：《伦理学导论》，武汉大学出版社2002年版，第81页。

④ 王海明：《伦理学原理》，北京大学出版社2001年版，第180页。

以道德本体论向度，以利他主义对待利益与道德的原则，来对儒家与基督教的利益原则进行审视，以判断其原则是否契合利他主义的这一特性。

一、儒家的"义大于利"原则

义与利的关系是儒家人与己、自我利益与社会利益的集中反映，如何处理则表现其道德本体论的原则。在道德与利益的关系上，儒家提出"义大于利"的原则是"把道德完善作为人的本质要求，以道德为最高价值，要求人们自觉地用道德约束、规范自己的行为，以道德制约利益，作为利益取舍的标准。"[①] 并以"天下国家的利益为最高价值和判断行为善恶的根本标准，个人利益必须符合和服从这一标准，从而形成了道义论的传统。"[②] 具体表现为三方面：

1. 重义轻利

固然儒家并不一般地否定利，孔子即说"富与贵是人之所欲"，"若得之有道，则执鞭之世亦可为之。"（《论语·里仁》）孟子也主张制民之产，满足其物质生活需要，使百姓安居乐业，然后申之以孝悌之义。但是，他们认为，和利相比较，道德具有更高的价值。在他们看来"衡量客体对人的价值大小的标准，即在它满足人的需要的程度。而在人的所有需要中，物质利益与需要是低层次的，道德才处于最高的层次。因而，道德是价值体系中的最高价值，它是人之所以为人的根据，是人的发展与完善的核心内容。"[③] 故，道德

---

① 唐凯麟、张怀承：《成人与成圣——儒家伦理道德静粹》，湖南大学出版社1999年版，第121页。

② 唐凯麟、张怀承：《成人与成圣——儒家伦理道德精粹》，湖南大学出版社1999年版，第114页。

③ 唐凯麟、张怀承：《成人与成圣——儒家伦理道德精粹》，湖南大学出版社1999年版，第117页。

的需要是人最本质的、最高的需要。因此，在义与利的价值判断上，儒家是重义轻利，孔子以义利作为君子与小人的分野，认为"君子喻于义，小人喻于利。"（《论语·里仁》）。

2. 贵义贱利

孟子则在孔子重义轻利的基础上进一步提出贵义贱利，认为圣人与大盗的区别即在于求义与求利，"鸡鸣而起，孳孳为善者，舜之徒也；鸡鸣而起，孳孳为利者，跖之徒也。欲知舜与跖之分，利与善之间也。"（《孟子·尽心上》）孟子认为如果人人以利为出发点和目的，以自己的利益为重，整个社会便会因逐私利引发争斗与动荡不安。因此，他主张人们以仁义为行为的标准，摈弃私利之心，以此价值模式行事，就可以天下太平，实现仁政。"君臣、父子、兄弟去利，怀仁义以相接也。然而不王者，未之有也，何必曰利？"（《孟子·告子下》）其后的儒家继续发扬孔孟的这一价值取向，西汉董仲舒提出了在中国传统伦理道德中具有重大影响的著名命题："正其谊不谋其利，明其道不计其功。"（《汉书·董仲舒传》）典型地表现了道义至上的价值观。他固然承认人有道德和物质利益的双重需要，但认为从道德价值而言"义之养生人大于利"（《春秋繁露·身之养重于义》），并且利是妨害实现义的消极因素，"凡人之性，莫不善义。然而不能义者，利败之也。"（《春秋繁露·玉英》）宋代以后，儒者们对重义轻利的传统价值模式作了进一步的解释与发挥，他们把义利关系问题视为道德的核心和首要问题，程颢说："天下之事，惟义利而已。"（《河南程氏遗书》卷十一）朱熹也指出"义利之说，乃儒者第一义。"（《朱子文集》卷二十四》）这说明他

们已经认识到这一道德本体论的观点对道德规范、要求的重要意义。①

3. 以义制利

孔子认为在利益的追求中应该"见利思义"（《论语·究问》），即在利益获取时应先有一把衡量的尺子，看看这个利益的获取是否符合道义，合则取，不合则舍，绝不能见利忘义，主张"不义而富且贵，于我如浮云。"（《论语·述而》）程朱也认为只有顺理之利，才能够获取，"凡顺理无害处便是利，君子未尝不欲利。"（《河南称氏遗书》卷十九）"不论利害，惟看义当为与不当为。"（《河南称氏遗书》卷十七）朱熹特别强调"君子只知得个当做与不做"（《朱子语类》卷二十七），认为义就是利益取舍的正当性的标准。故，以义制利实质上体现为两个方面，一方面"要求见利思义，即用道德的标准评判利的正当性，从而决定自己的取舍，绝不能见利忘义；另一方面是要求以义作为行为的动机和目的，把义作为最高的价值追求，限制、牺牲一己之利。"② 以义将利规范在道德的要求之内，避免见利忘义。显然，儒家的重义轻利、以义制利的价值观将道德置于首位，无疑是与利他主义的道德本体论相契合的。

二、基督教的"禁欲主义"的思想

基督教思想因本身是宗教体系，宗教超越世俗性的特质决定了它不可能直接聚焦于现实的问题。但由于宗教学说的对象仍然是现实中的人，因此在宗教的外衣下，我们仍然可以从基督教的基本思

---

① 唐凯麟、张怀承：《成人与成圣——儒家伦理道德静粹》，湖南大学出版社 1999 年版，第 117—121 页。

② 唐凯麟、张怀承：《成人与成圣——儒家伦理道德静粹》，湖南大学出版社 1999 年版，第 121 页。

想即"禁欲主义"中看出它对物质利益问题的看法，并由此一窥其道德本体论的观点。

1. 精神高于物质

在欲望和利益问题上，基督教的教义基本主张是禁欲主义。"禁欲主义是基督教精神的一大特征……但总得来说，其观念，其教义，其基本的价值取向和大多数普通教徒的生活实践仍是禁欲主义的。"① 其基本原则便是提倡绝色、绝愿、绝财的禁欲主义。绝色就是禁除男女之欲；绝愿就是根除尘世的一切欲望如肉体的口腹之欲等；绝财就是明确提出对经济或物质利益追求的禁止。客观公正地说，最初基督教的禁欲观念并不强，在耶稣基督的思想中也只是有节制的禁欲，如在男女之道上，认为男女皆为上帝所造，不应分开。不过，他已经存在精神的追求高于物质需求的满足的思想，认为"人活着不是单靠食物，乃是靠上帝口里所出的一切话。"基督教只是到了修道主义传入西方后，修道苦行主义才开始彻底的禁欲主义。② 可以说，由于基督教用禁欲在对一切包括物质欲望与物质利益的追求进行杜绝后，实际上在一定程度上也消弭了俗世中因解决利益冲突而具有的道德与利益谁为第一性的道德本体论的视阈，但这并不表示基督教伦理道德思想中就不存在道德本体论。精神追求高于物质满足的思想，便是一种类似"道德高于利益"的道义论的思想，只不过这里的精神是指对上帝的信仰的至高无上性。如果说，在儒家那里"道德高于利益"的思想体现了道义论的思想的话，那么在基督教这里则转换为"精神高于物质"的思想，（这里的精神主要使指对上帝的信仰）对上帝的信仰与爱成为基督教徒行为的最

① 陈刚：《西方精神史》（上），江苏人民出版社 2000 年版，第 378 页。
② 陈刚：《西方精神史》（上），江苏人民出版社 2000 年版，第 378—385 页。

高标准，在道德的善与恶的标准上，基督教的善恶也非指以现实利益的如何取舍作为判断标准，而以是否遵从上帝的诫命与道德律法作为判断标准，对世俗中的利益尤其是物质利益基督教则持十分鄙视的态度，因为"一个人不能恃奉两主"（马太福音6：24）。即耶稣指出一个人不可能在崇拜金钱的同时，又寻求同神建立良好关系。在基督教看来，"贪财是万恶之根"（提前6：10），基督教认为"物质的东西是死的东西，原该从属于精神的，行动也都受精神的指引。"① 所以，在基督教教义中，则明确指出"有财富的人想进入天堂比骆驼穿过针尖更难。"这样，基督教因关注灵魂的拯救与进入彼岸天堂的永生，俗世中的道德本体论涉及的关系之维，便从道德与利益谁为第一性转化为宗教视阈中的信仰追求与物质利益谁为第一性的问题，这就是基督教禁欲主义原则之后隐藏的道德本体论问题，而信仰为第一性的思想也反映在基督教的灵魂高于肉体，彼岸高于尘世的理念中。

2. 灵魂高于肉体

基督教认为在灵魂与肉体的关系上，灵魂是高于肉体的，因为肉体是很难抵挡尘世间的各种诱惑与欲望的，而当人沉溺在对肉体欲望的满足之时，必然就沉湎于尘世的生活，由此妨碍或冲淡了对灵魂、对上帝的信仰，这是基督教所不能允许的。因此，为了不让俗世生活的人将这二者关系颠倒，基督教便实行禁欲主义，其主要目的还是为对上帝的虔诚与信仰服务，即对尘世、对肉体的贬低意在巩固对彼岸与精神的热情，对欲望的压抑与对利益追求的鞭挞则为专注于对上帝的爱与敬。正如基督教神学哲学家奥古斯丁在《忏悔录》中所言"清心寡欲可以收束我们的意马心猿，使之凝神与一。

---

① 陈刚：《西方精神史》（上），江苏人民出版社2000年版，第363页。

假使有人在爱你之外，同时为外物所诱，便不算充分爱你。我的天主，你是永燃不息的爱，请你燃烧我。你命我清心寡欲，便请将所命的赐与我，并依照你的所愿而命令我。"①

3. 彼岸高于尘世

在基督教思想中，尘世与彼岸的关系是和灵魂与肉体的关系密切相关的，因为肉体是生活在尘世世界的，是有形的物质实体，终究会死亡的，灵魂则是可以超越肉体的死亡而通过上帝的救赎进入彼岸的天堂永生的；尘世的生命是有限的，死亡消解了生命意义；彼岸世界是永生的，生命获得了永恒的存在意义；尘世充满了痛苦、战争、暴力、不幸，不公正等丑恶；彼岸世界是人人相亲相爱、平等、安宁的。由此，基督教认为彼岸高于尘世，为了达到彼岸，则必须信仰上帝。

学者在对基督教何以提倡禁欲主义有多维原因的分析，如伯恩斯与拉尔夫在《世界文明史》中从宗教虔诚与热情的宣泄来分析中世纪苦行主义流行的原因；而汤普逊则从信徒对教会腐败不满而避世苦修以表示对原始基督教纯洁理想的追求来加以分析等。这些解释实际上皆指出了对基督徒来说，信仰上帝是行为的最高准则。因此，基督教的禁欲主义背后实际上是"信仰高于物质"的道德本体论所然。此外，基督教的禁欲主义从另一个角度，客观上起到了为基督教所要求的"为他的"原则的实行与贯彻的目的。因为人总是生活在现实之中，人的生存必然需要一定物质生活条件的保障，基督徒作为活生生的人的现实的存在，也难于回避物质利益等世俗的诱惑。因此，为了基督徒能够尽可能地做到"为他"的原则，对物

---

① 转自陈刚：《西方精神史》（上），江苏人民出版社 2000 年版，第385 页。

质需要和物质利益的压抑便是顺乎必然，这便是撇开宗教的体系，我们发现在提倡利他主义的思想中几乎毫无例外地都以压抑欲望、贬低自身利益的追求作为实现利他的善的方式，儒家思想是如此，基督教思想也是如此。由此，我们可以合乎其然地推断出禁欲主义在客观上成为基督教用以消除利己之心，实现无私"为他"的手段与方法，而"为他"则是上帝的绝对命令与获得救赎的条件，"一切宗教性都包含着无私的奉献与执著的追求、屈从与反抗、感官的直接性与精神的抽象性等的某种独特混合；这样便形成了一定的情感张力，一种特别真诚和稳固的内在关系，一种面向更高秩序的主体立场——主体同时也把秩序当做是自身内的东西。"①

从利益原则的视角，对儒家与基督教"义大于利"原则与"信仰高于物质"思想的理性审视，我们可以发现二者在一定程度上与利他主义原则的契合，皆呈现出道义论的特点，只不过儒家强调道德为先是建立在道德是人与禽兽相区别的观点上，基督教主张信仰为高则是建立在善就是上帝的神圣道德诫命的服从的教义上；儒家从中得出"人的行为应该以义为出发点、目的和标准，而绝不能局限于一己之利"②的结论，基督教从中则要求富人将财产分给穷人，无疑二者思想皆有利于利他主义的实行。不过，儒家与基督教两种利他主义在利益原则方面所体现的利他主义虽是不可否认，但也必须指出儒家的"义大于利"与基督教的"精神高于物质"也都存在着原则与现实的矛盾性。儒家的"义大于利"与基督教的"信仰高于物质"都存在着原则与现实的矛盾，儒家是缘于它的现实性而往往难以超越利益关系，"义大于利"流变为"穷天理，灭人欲"；基

---

① 【德】西美尔著，曹卫东译：《现代人与宗教》，中国人民大学出版社2003年版，序第7页。

② 唐凯麟、张怀承：《成人与成圣——儒家伦理道德精粹》，湖南大学出版社1999年版，第119页。

督教则是出于它的虚幻性而常常难以在现实中真正做到，基督教会可能会堕落为以"信仰"之名疯狂敛财，且儒家的"义利"原则在中国封建社会往往成为维持封建统治的政治之道，基督教的"禁欲"主义也常常成为用来扼杀人性的工具。

第三节　从道德价值论向度，对儒家与基督教价值原则之审视

在伦理原则的构成要素中，原则是处理自我利益与社会利益时应该遵行的原则，这其实是伦理学基本问题的第二个方面所涉及的。即"另一方面，就是个人利益和社会整体利益的关系问题，即是个人利益服从社会整体利益，还是社会整体利益从属于个人利益的问题，整体利益和个人利益从属问题是各种道德体系确定原则和规范的前提，如何回答这个方面的问题，决定着各种道德体系的原则和规范，也决定着各种道德活动的标准、方向和方法。"[1] "应然"属于价值判断与选择，处理自我利益与社会利益的原则是道德价值论的反映，也是伦理原则构成三要素的落脚点。不同的价值判断与选择形成不同的伦理原则。

在道德价值论的向度，利他主义的价值原则是明确将社会利益或他人利益放在首位，即他人为先，他人或社会利益为重。在多本辞典中我们都可以看到对利他主义伦理原则这一特征的揭示：2000年牛津大学出版社出版的《牛津哲学辞典》（《*Oxford Dictionary of Philosophy*》）："利他主义；是将他人的福利的考虑置于自己的利益

---

① 倪愫襄编著：《伦理学导论》，武汉大学出版社2002年版，第28页。

之前。"① 1988 年出版的《韦伯新世界英语词典》(《*Webster's New-World Dictionary*》)中指出利他主义:"1. 无私地为他人利益考虑,不自私。2. 一种与利己主义相对立的伦理学说,认为社会的普遍利益是个人行为的标准。"② 1999 年出版的徐少锦、温克勤主编的《伦理百科辞典》:"利他主义:为他人利益着想的一种道德原则。"③ 可见,在伦理学界界定一种行为是否为利他主义,至关重要的标准是在人与己关系中所做出的价值选择能否以他人为重、他人利益为先,这既是利他主义原则质的规定性,也构成与利己主义的本质区别所在。因为所谓利己主义是:"一种以自我为中心,用个人利益作为思想行为准则的道德原则和道德学说。"④ "一种标准的伦理理论,即主张人们应当永远增进他们自己的利益。"⑤ "哲学上的一种主张追求自己利益就是善的伦理学理论。"⑥ 利他主义与利己主义二者本质的不同便是在人与己、他人利益与自我利益的两大关系中孰轻孰重,何者为先的不同的价值判断与价值选择的差异,他人利益与自我利益的价值选择成为利他主义与利己主义的分水岭,能否将他人利益置于自己利益之先考虑便成为判断是否是利他主义的基本依据。据此标准,我们从道德价值论的向度对儒家与基督教的价值原则进行审视。

---

①　Simon Blackburn 主编:《牛津哲学辞典》,牛津大学出版社 2000 年版,第 13 页。

②　Victoria Neufeldt 主编:《韦伯新世界英语词典》,纽约 1988 年版,第 41 页。

③　徐少锦、温克勤主编:《伦理百科辞典》,中国广播电视出版社 1999 年版,第 575 页。

④　朱贻庭主编:《伦理学大辞典》,上海辞书出版社 2002 年版,第 26 页。

⑤　《剑桥百科全书》,中国友谊出版公司 1996 年版,第 388 页。

⑥　《不列颠百科全书》第 1 册,中国大百科全书出版社 2002 年国际中文版,第 249 页。

一、儒家的"公大于私"原则

公与私的关系是社会利益与个人利益如何价值选择集中的体现，也是义与利何以取舍的直接反映，因为道德本体论决定着道德价值论。儒家思想家"二程"① 曾明确指出："义利云者，公与私之异也。"（《河南程氏粹言》）义并非纯粹的道德价值，在儒家那里，义指社会整体利益，为天理之公；利则指个人的一己之利益，为人欲之私。朱熹说："义者，天理之所宜，凡事只看道理之所宜为，不顾己私。"（《朱子语类》卷二十七）义即要求人们的行为不以一己之私为目的，而是从社会整体利益出发，维护社会整体利益。儒家的这一价值选择主要体现在儒家所宣扬的大公无私、先公后私的原则上。

1. 大公无私

儒家思想的这一主张最能体现利他主义的伦理原则，它集中体现在其所一贯倡导的为国家利益"报国忘身"的要求上，具体内容如下："第一，强调天下兴亡匹夫有责，要求全社会承担促进国家兴盛、挽救民族危亡的责任。明清之际顾炎武说'保天下者，匹夫之贱，与有责焉耳矣！'（《日知录》卷十三）要求人人以天下兴亡为己任，要求人人具有社会责任感。第二，儒家要求各级官吏都必须尽忠尽职，公而忘私'国尔忘家，公尔忘私'，以治国安邦、经世济民为己任，在公私利益、家国利益发生冲突时，要去私为公，国家民族利益为重。第三，儒家要求人们为了维护国家民族的利益不惜

---

① 程颢字伯淳，也称明道先生；程颐字正叔，也称伊川先生，两人并称"二程"。

牺牲自己的一切，关键的时刻应当舍身为国。"[1] 在儒家思想中，"孔子强调'杀身成仁'，孟子主张'舍生取义'。在儒家看来，生命固然可贵，但生命的价值不在于活着，而在于它所蕴涵的道德价值，生之所以可贵，就因为它能'载义'。为义而死，就死得其所，重于泰山，就实现了生命的价值，闪耀出生命的光辉。"[2] 因为"人生自古谁无死，留取丹心照汗青。"客观而言，儒家的这一思想虽然难免包含封建的因素，但无论如何却体现了社会、国家利益为重的价值取向，是与利他主义强调社会利益为重非常契合的。而且，这一伦理要求与精神在中国历史发展的客观进程中，长期成为中华民族得以延续发展与凝聚的精神力量之源泉。

2. 先公后私

当然，除了大公无私这样淋漓尽致地表现利他主义的价值选择外，儒家思想中也有先公后私的原则，要求人们在个人利益与社会利益发生冲突时，应该以个人利益服从社会整体利益，如孟子所言："公事毕，然后敢治私事。"（《孟子·藤文公上》）除了这两条原则外，儒家还提出了公私并举这种对一般社会成员来说的基本道德要求。

在公与私的关系上，儒家的道德诉求是有层次之分的。如果说大公无私是一种理想的道德境界的话，先公后私则是有德之士的行为方针，而公私并举则是对一般人的普遍要求。客观而言，这种区分丝毫不会有损于我们关于儒家存在利他主义思想的理论论证，因为三个层次都鲜明地体现出儒家反对先私后公与唯私无公的不道德

---

[1] 唐凯麟、张怀承：《成人与成圣——儒家伦理道德精粹》，湖南大学出版社 1999 年版，第 246—249 页。

[2] 唐凯麟、张怀承：《成人与成圣——儒家伦理道德精粹》，湖南大学出版社 1999 年版，第 248 页。

的自私行为，突出强调的是社会利益为重的思想，这显然是与利他主义的基本原则相契合的。且因其具有道德的层次之分，形成了从道德最高境界到道德基本底线的现实伦理的张力空间，在一定程度上促成了儒家利他主义得以长期存在与发展，发挥着价值引导与利益协调的积极作用。

二、基督教的"为他人"原则

从道德本体论的视角审视基督教，基督教囿于自身超越尘世的特点，在价值论上也没有直接给出处理自我利益与社会利益谁为重的价值应然原则，但这并不等于基督教文化没有道德价值论的基本原则，只不过需要转化罢了。我们认为，将现实世界的道德价值论经过宗教视阈的转化，能够体现基督教利他主义价值原则的则是基督教"为他人"的原则。"基督信仰需要个体，但不是为了个体自己，而是为了整体，所以基督徒存有的基本原则在'为……'这个介词中表达了出来。"[1] 具体体现在"个体为整体服务"与"为他"的二个方面，它们内隐或反映了基督教在人与社会、人与他人的价值选择与道德诉求。

1. "个体为整体服务"

在个体与整体的关系上，基督教认为："事实上并不存在一种纯粹的个体，恰恰相反，只有当人融入整体（人类、历史、宇宙）时，他才能成为一种个体，因为只有这种整体对人这个'精神而肉体'的存有才是合宜的。"[2] 就人而言，人是精神与肉体存在的统一体，

---

[1] 【德】约瑟夫·拉辛格著，静也译：《基督教导论》，上海三联书店2002年版，第209页。

[2] 【德】约瑟夫·拉辛格著，静也译：《基督教导论》，上海三联书店2002年版，第203页。

一方面，从人的肉体来看，人与他人相区别，就在于身体将人们彼此区别开来，身体作为一种"空间填充物和一种鲜明界定的形体，身体使人不能完全融入彼此；这道分界线象征着一种距离与限制"①；也正因此，人与人得以外在区分。另一方面，从人的精神而言，"人类以一种非常真实且非常复杂的意义生活于彼此之中，并相互依赖。"② 因而，"人是这样一种存在：只有通过别人，他才能'是'（存在）。"③ 人对自己能力、特性等的认知必须通过他者才能达成。

所以，在基督教的思想体系中，"人不管从哪个层面来看都是一个'伙伴人'，从原罪来说，每一个人都因始祖亚当的罪而带有原罪。基督教的'原罪'意味着这样一种事实；没有人能从零开始，而完全不受历史的影响。……每一个人都生活于一种作为其自我存有一部分的网络中。"④ 从复活来说，每一个人的复活也必须依赖于他人，因为"人的不朽只能存在于人们之间的伙伴关系……救赎的观念也只有在这个层面才能真正拥有一层意义；这个观念并不指向一种孤立的、个体的人生走向。"⑤ 而是人类整体，因此，"作一个基督徒首先不是一种个人的，而是一种社会性的风范。当基督徒的理由不是因为只有基督徒才能得救，当基督徒的理由是因为基督徒

---

① 【德】约瑟夫·拉辛格著，静也译：《基督教导论》，上海三联书店2002年版，第203页。

② 【德】约瑟夫·拉辛格著，静也译：《基督教导论》，上海三联书店2002年版，第203页。

③ 【德】约瑟夫·拉辛格著，静也译：《基督教导论》，上海三联书店2002年版，第204页。

④ 【德】约瑟夫·拉辛格著，静也译：《基督教导论》，上海三联书店2002年版，第207页。

⑤ 【德】约瑟夫·拉辛格著，静也译：《基督教导论》，上海三联书店2002年版，第207页。

的服务，在历史中有它的意义，并且是一种需要。"① 显然，基督教在个体与整体的关系上，是强调个体为整体的救赎服务与贡献的，"基督徒的基本抉择表达了一层意思：同意作一个基督徒，舍弃自我中心主义，认同耶稣基督的存有，特别是其对整体的重视。"② 这样的理念贯穿在基督教整个思想体系中，不难看出个体为整体服务的原则与利他主义价值取向是一致的。

2. "为他" 的原则

基督教的这一原则是与在个体与整体关系上强调个体为整体服务含义基本是一致的。《圣经》指出 "凡事都可行，但不都造就人，无论如何，不要求自己的益处，乃要求别人的益处。"（《歌林多前书》10：23）在基督教思想中，耶稣基督是 "为大家" 的典型范式，他被钉死在十字架一事实际上具有象征的意义，寓意深远：一是说明耶稣基督恰通过为他人而被钉死实现了自身的完满，"通过在十字架上的被刺穿（被打开、被开放）而得到实现与完满。这也就是为什么他可以如是说来宣布与解释他的死亡：'我去，但我还要回到你们这里来'（若 14：28），也就是说，通过我的离去，那限制我的存有之墙已被打破，这种事的发生正是我的真正回来，在此 '回来' 中，我会实现真正的自我：我把一切都吸入自己整合中的新存有；我不是限制于界线，我是一种统一，一种整合。"③ 二是耶稣基督被钉死在十字架不仅体现了救世主耶稣为基督徒的救赎甘于牺牲自我的利他精神，而且也是一种榜样的示范，是一种精神的召唤，

① 【德】约瑟夫·拉辛格著，静也译：《基督教导论》，上海三联书店 2002 年版，第 207 页。
② 【德】约瑟夫·拉辛格著，静也译：《基督教导论》，上海三联书店 2002 年版，第 210 页。
③ 【德】约瑟夫·拉辛格著，静也译：《基督教导论》，上海三联书店 2002 年版，第 209 页。

"召叫人们来跟随他，也就是说，如他一样地背负起自己的十字架，通过被钉而去征服世界，而为重塑历史作出贡献。正因为基督信仰想拥有'整部历史'，它的挑战从根本上是针对个体的；也正因乎此，它悬于'这个'个体，……所以个体不再只为自己而存在。"① 基督教的"十字苦路"可谓是一种人抛下自我，来跟随效法被钉的耶稣及为别人而存在的牺牲奉献之路。

　　基督教的这种"为大家"或"为他"的原则，在基督教思想中是具有宇宙本体论的支撑，因为它体现了宇宙造化本身的特点，"我实实在在告诉你们：一粒麦子如果不落在地里死了，仍只是一粒；如果死了，才结出许多子粒来"（若 12：24）。这样看来，即使在宇宙的层面，这个规律也是成立的："生命来自死亡，来自舍弃自我。"② 而在人类世界，耶稣基督则完美地体现了宇宙的进化规律，"通过拥抱一粒麦子的命运，通过经历被奉献的过程，他愿意将自己碾碎，愿意舍弃自我，从而他也就开拓了一条通向真生命的道路。宗教史方面的发现（这些发现与圣经的见证非常接近）也可以证明这个世界是依奉献与牺牲而存在的……宇宙只有通过自我牺牲才能继续存在，宇宙依赖于奉献与牺牲。"③ 由此，基督教认为"爱惜自己性命的，必要丧失性命；在现世憎恨自己性命的，必要保存性命入于永生。"（若 12：25）它教诲信徒：一个真正的基督徒，它是基督恩泽的受益人，所以"他自己应是一个给予者，就像一个乞讨者一样，对他所领受的应心存感激，并且会大方慷慨地将所领受恩泽

---

　　① 【德】约瑟夫·拉辛格著，静也译：《基督教导论》，上海三联书店 2002 年版，第 209 页。
　　② 【德】约瑟夫·拉辛格著，静也译：《基督教导论》，上海三联书店 2002 年版，第 211 页。
　　③ 【德】约瑟夫·拉辛格著，静也译：《基督教导论》，上海三联书店 2002 年版，第 211 页。

的一部分传给别人。"① 人的义德只有通过放弃自己的拥有及对人和天主慷慨才能获得。由此，"为他"的原则便构成基督教的伦理原则，成为基督教徒行为的伦理应然要求，而基督教伦理原则也恰因此而成为利他主义。

由上，从价值的视角，儒家与基督教两种利他主义皆具有共同的强调社会利益为先、整体为重的思想。儒家是体现在"大公无私，先公后私"的原则，基督教则反映在"为整体服务"和"为他人"的原则上，两者都与利他主义强调他人或社会利益为重的价值原则相契合。不过，儒家与基督教在利益原则方面所体现的利他主义虽是不可否认，但也必须指出儒家的"大公无私"与基督教的"为他人"都存在着原则与现实的矛盾，儒家是缘于它的现实性而无法超越宗族利益，"大公无私"往往局限于家族范围，而基督教则是出于它的虚幻性而无法在现实中真正做到，"为他人"也更多是囿于教徒之间，且儒家的"大公无私"原则在中国封建社会往往成为封建统治阶级谋取利益之道，而基督教的"为他"则是服务于社会共同体（教会）再构的方法。

概而言之，从道德主体论、道德本体论、道德价值论的三个向度，对儒家与基督教的人际原则、利益原则、价值原则审视中，我们不难发现儒家与基督教伦理原则契合利他主义的依据。不仅如此，很多伦理学辞典或著作中都肯定了儒家与基督教具有利他主义因素，或者将儒家与基督教作为利他主义的代表。如 2002 上海辞书出版社出版的《伦理学大词典》："在古代印度教徒的宗教道德和西方基督教道德中已有利他主义的因素，如基督教的'爱人如己'的道德训

---

① 【德】约瑟夫·拉辛格著，静也译：《基督教导论》，上海三联书店 2002 年版，第 217 页。

条。"① 1992 年谭鑫田等主编的《西方哲学词典》："仁爱的利他主义是宣扬对他人的泛爱，无私地去促进人类的共同福利，如基督教的道德说教等"②；1989 年宋希仁主编的《伦理学大辞典》认为利他主义的思想"在思想渊源上同宗教的'爱邻如己'，'为他人服务'的圣训相联系"③；2001 年王海明所著的《伦理学原理》："利他主义主要是新老儒家的'仁学'和新老基督教伦理观。它在古代便已成熟，到中世纪则占绝对统治地位，进入近代和现代仍有极大影响：其主要代表人物，当推孔子、墨子、耶稣、康德"④；在 2002 年倪愫襄编著的《伦理学导论》："在中西伦理思想史上，利他主义者都有提倡者，思想家从不同角度为利他主义展开辩护。在中国伦理思想史上，儒家是利他主义原则的主要倡导者。"⑤ 这些论断为我们对儒家与基督教伦理原则是利他主义的界定提供了间接的证据。但我们认为在学理上据有说服力的依据最终只能来自儒家与基督教思想本身，这便是我们为什么化力气从伦理原则构成内隐的三个向度去界定二者是利他主义之原因所在。

但是，在肯定儒家与基督教皆为利他主义、共同存在理论与现实的矛盾性的前提下，我们依然在刚才的三个向度的审视中发现了二者的明显差异，即儒家利他主义具有现实性，而基督教的利他主义则带有虚幻性。具体表现为：其一，儒家的利他是从人内心固有的仁爱之端出发，而基督教的爱却是来自上帝的神圣的命令；其二，儒家的利他主要是以血缘关系的亲近度呈现出差等利他的特点。而基督教的利他则是在打破血缘关系的众生之爱，甚至是对敌人的爱，

①　朱贻庭主编：《伦理学大辞典》，上海辞书出版社 2002 年版，第 26 页。
②　谭鑫田主编：《西方哲学词典》，山东人民出版社 1992 年版，第296 页。
③　宋希仁主编：《伦理学大辞典》，吉林人民出版社 1989 年版，第548 页。
④　王海明：《伦理学原理》，北京大学出版社 2001 年版，第 178 页。
⑤　倪愫襄编著：《伦理学导论》，武汉大学出版社 2002 年版，第 81 页。

呈现同等利他的特点；其三，儒家的利他是为了社会利益的达成，但并不完全排除对利益的追求；而基督教的利他却是为了救赎，用禁欲否定对利益的追求。可以说，在这三方面中，都贯穿着一个本质差异，即对人的肯定与对上帝的肯定，儒家的利他缘于人自身，因为仁是人所固有的，而基督教的利他却不是出自人，因为爱来自上帝的命令；儒家的差等之爱是缘于中国社会中的人的关系有血缘亲疏之分，而基督教利他之所以是同等利他，却是上帝的命令，因为众人皆为上帝的子民；儒家的利他是为了社会利益，因为人是在社会中生存；而基督教的爱却是为了成为圣徒，与上帝同在。

显然，将利他源头归于人与上帝之区分成为形成儒家与基督教两种利他主义差异的根本原因。因此，深刻了解儒家与基督教利他源头何以不同，毋庸置疑成为我们把握儒家与基督教两种利他主义的一把关键钥匙。

第二章
儒家的"此在性"与基督教的"彼岸性"
——两种利他主义产生的不同历史文化之预制

在对儒家与基督教利他主义的界定过程中，我们已经认识到在同为利他主义的前提下，儒家与基督教两种利他主义最根本的不同在于儒家利他源头是归于人本身固有的"仁"，而基督教的利他源头却是来自于上帝的"爱"。也就是说，儒家利他的源头是来自此在世界，来自现实的人；基督教的利他源头却是来自彼岸世界，来自虚幻的上帝。在这个意义上，我们说儒家利他主义的产生具有此在性，基督教利他主义的产生则具有彼岸性。但基督教的彼岸性并不代表整个思想体系是天外来物，它其实也是人所创造的，只不过基督教用彼岸的上帝来掩盖其系统的人为构造性，以使其教义具有神圣性与绝对权威性。那么，究竟是什么因素导致两种利他主义源头具有如此显著的不同？根据社会存在决定社会意识的原理，利他主义的产生无论是在中国还是在西方，都是扎根于历史与文化的土壤。正是由于中西文明路径的不同以及由此形成的中西文化典型特征的差异，在一定程度上预制了儒家与基督教两种利他主义源头的不同。

因此，把握中西文明路径与文化传统的根本不同，并由此探讨它们分别对儒家与基督教利他主义产生源头的重要影响，便成为我们本章重点解决的问题。我们的思路与探索的路径依据以下两方面：一方面，抓住中西文明路径与文化传统的根本差异。马克思在分析东方文明与西方文明的差异时曾深刻指出，中西文明在起步之际就走上了不同的路径，这便是中国"亚细亚的古代"与西方"古典的古代"。"亚细亚的古代"是指中国从原始社会向文明社会的转变过程中，宗族制度、血缘关系被完好地保留下来；西方"古典的古代"却是在打破原始自然的血缘关系，建立契约关系基础而向前发展的。中西文明起步之际的这一根本不同在一定程度上决定了在儒家与基督教产生之前的中西社会发展与文化根本特征的不同。对于中国而言，形成了血缘关系——自然经济——人伦文化的社会组织形态、经济与文化的典型特征；对于西方社会而言，则形成了契约关系——商品经济——自由文化的典型特征。血缘关系与契约关系、自然经济与农业经济、人伦文化与自由文化便构成中西方文明路径与文化传统根本不同的三个重要方面。其中，血缘关系是否被打破是形成中西文明路径与文化传统不同的至关重要的因素。另一方面，我们研究的重点不是泛泛比较中西文明路径与文化传统的不同，而是研究它们与利他主义源头性质的内在关联。所以，我们在此分析中还依据了在第一章对儒家与基督教伦理原则是否契合利他主义的三个向度，即人际原则、利益原则、价值原则。我们发现人际原则制定的依据是社会人与人关系构成的人际形态；利益原则的制定是与社会的经济形态密切相关；价值原则的制定则是深受文化传统影响，这样我们便找到了中西文明路径与文化典型不同的三个方面与

形成利他主义特征的三个向度之间的内在关联。本章力求通过三大向度的中西比较：（1）人际形态：血缘关系与契约关系；（2）经济形态：自然经济与商品经济；（3）文化形态：道德优位与理性优位，阐释中西文明路径与文化传统的不同如何在一定程度上预制了儒家利他主义产生的"此在性"与基督教利他主义产生的"彼岸性"的性质差异。

第一节　人际形态对利他主义产生性质的作用：血缘关系与契约关系

利他主义是在处理人与己、他人（或社会）利益与自我利益两个人类生活基本向度关系时所做出的一种符合道德的选择，即在人与己的关系上他人为先，在自我利益与他人利益或社会利益时，他人利益或社会利益为重。可以说，人际组织形态具有什么样的结构与特征，必然会影响人际原则的制定，也由此影响在人与他人（或社会）利益发生冲突时所做的价值判断与选择，我们在对儒家与基督教人际原则和利他主义的关系中已经看到这一点。那么，接下来我们研究的问题则是：在儒家与基督教产生之前的中西方社会人际组织形态各具有什么样的特征？又是如何影响儒家利他主义产生的此在性与基督教利他主义产生的彼岸性的？

从人际组织形态而言，中国社会的根本特征是血缘关系形态长期保存，西方社会则是血缘关系在基督教产生之前的古希腊时代就已被打破，产生了契约关系。可以说，血缘关系是否被打破不仅是形成中国的"亚细亚的古代"与西方"古典的古代"的中西文明路径根本不同的主要因素，也是决定儒家利他主义产生的此在性与基督教利他主义产生的彼岸性的主要因素。前一点的依据，马克思已经明确阐释；后一点的依据则在于血缘行为与利他自发性二者有着密切的关联。我们认为，就个体而言，对与之血缘关系最强的他人，自发产生利他行为的可能性就愈大，反之则不然；就社会母体而言，一个社会血缘关系愈占主导，在社会母体里利他主义产生的自发性就愈大，反之则不然；儒家利他主义产生具有此在性的一个主要因素便在于中国社会母体，血缘关系没有被打破，利他主义较易自发产生，在这样的社会母体里易于将利他源头归于人自身。基督教彼岸性产生的一个主要因素就在于西方社会母体，血缘关系被打破，人际组织形态变为契约关系所致，不易自发形成利他主义。但没有利他，社会是很难存在与发展的。因而，在这样的社会里，需要将利他主义以神圣性方式才能让不易自发产生利他主义的社会接受利他主义。对此，我们的依据与分析从下面两个方面进行：

一、血缘关系与利他自发性内在关联的依据

利他行为是人类最古老的行为之一，而血缘关系则是人类最古老和最基本的一种社会关系。一方面，人类所有的其他社会关系都是在血缘关系基础上的发展与扩大；另一方面，血缘关系又是最原始的，带有自然的、原初的特点。利他行为既然深受人与人关系的影响，那么，人类最古老的血缘关系与初始的利他行为二者之间有何关联？探究从三个方面进行：

1. 回溯历史之法——
   通过对动物利他行为的产生发现了与血缘的关系

人类的最早的利他行为是如何产生的？这是我们了解利他行为最本真的契机问题。对这一问题的回答我们不妨借用社会生物学的最新研究成果来介入这一问题的探讨。虽然在社会科学研究领域，

一提到社会生物学的方法，往往遭到许多人的质疑，认为是把人类社会当作和生物一样的有机体从而忽略了人类特有的主体性。这样的批评的确有合理之处，它反对的恰恰是把生物学的研究方法万能化、生搬硬套的机械做法，但这不等于有充足的理由将社会生物学的方法一棍子打死，这就是为什么社会学中的生物学思考历经多个世纪几个浪潮而持久不衰的原因所在。回到本问题的探讨，我在此并非是运用社会生物学的方法，而只是借用社会生物学所提供的事实发现材料而来说明血缘与利他的关联，其分析与思考的依据则在于：一是人类来源于动物，就像恩格斯所言："人来源于动物界这一事实已经决定人永远不能完全摆脱兽性，所以问题永远只能在于摆脱得多些或少些。"① 人类与动物同源性的特点，为我们探求人类文明起端的发展提供了一面参照镜。二是人类的道德伦理不是从来就有的，道德伦理规范产生的最初原因的探求在一定意义上是道德原则得以存在的最本真的理由。虽然我们无法回溯到人类文明的起点，但对动物生存特点的考察，却在一定程度上帮助我们触类旁通地了解利他主义道德原则产生的最初契机。

其一，亲缘利他与基因保存。社会生物学家在动物与利他行为的研究中，第一个主要发现是动物界存在着亲缘利他行为。众所周知，主张动物的本性是自私的观点一直是西方的主导话语，一提到动物界就会情不自禁地联想到为了生存而血淋淋的自相残杀与弱肉强食，人们常常不加怀疑地就把动物与本能自私相等同。人类历史上一些对人们思想意识产生重大影响的理论皆含有这样的看法，如达尔文的进化理论，弱肉强食与生存竞争的观点实际上内隐动物的本能就是生存，为了生存就可以不择手段之意，因此，动物的本性就是自私。霍布斯的社会契约学说、亚当·斯密的"看不见的手"

---

① 《马克思恩格斯全集》第 3 卷，人民出版社 1995 年版，第 104 页。

的理论等实际上是把动物的本性是自私的观点比照到人类社会，断定出人的本性是自私利己的理论，使得人性是恶的理论在西方文化中传统悠久。不过，现代社会生物学在沿袭动物的本能是自私的传统时，通过对动物的行为的科学观察，开始注意到事情的另一个方面。著名社会生物学家道金斯在其名著《自私的基因》一书中，虽然一方面提出了"自私的基因"，指出进化不是一种个体或物种的生存努力，这些仅是真正的进化驱动力的工具；那些采用策略以最大化其适应的残忍自私的基因才是真正的动力，"成功的基因的一个突出特性是其无情的自私性。这种基因的自私性通常会导致个体行为的自私性"。[①] 但另一方面，道金斯也如实承认"基因为了更有效地达到其自私的目的，在某些特殊情况下，也会滋长一种有限的利他主义。""动物利他行为中最普通明显的例子，是父母，尤其母亲，对其子女所表现的利他性行为。它们或在巢内，或在体内孕育这些小动物，付出巨大代价去喂养它们，冒很大风险保护它们免受捕食者之害。只举一个具体例子，许多地面筑巢的鸟类，当捕食动物，如狐狸等接近时，会上演一出'调虎离山计'。母鸟一瘸一拐地离开巢穴，同时把一边的翅膀展开，好像已经折断。捕食者认为猎物就要到口，便舍弃那个有雏鸟安卧其中的鸟巢。在狐狸的爪子就要抓到母鸟时，它终于放弃伪装，腾空而起。这样，一窝雏鸟就可能安然无恙，但它自己却要冒点风险。"[②] 社会生物学家汉密尔顿也提出了类似的思想，不过道金斯的有限的利他主义在汉密尔顿那儿是亲缘物种的利他主义，他认为那些具有共同基因的亲缘物种之间会发生为生物物种自我牺牲的利他行为。汉密尔顿认为"父母、后代和

---

① 【英】理查德·道金斯著，卢允中、张岱云译：《自私的基因》第一章，电子网络版，百度搜索。

② 【英】理查德·道金斯著，卢允中、张岱云译：《自私的基因》第一章，电子网络版，百度搜索。

同胞之间的利他行为可以理解为：选择一种传递其基因物质或保持其在基因库中的位置而采取的行为，其目的是在帮助其他人的过程中确保自己享用的基因仍被保留在基因库中。"① 所以，汉密尔顿认为这种为亲缘物种自我牺牲，事实上根本不是利他主义，而是自己追求适应性，是通过帮助亲缘物种生存和繁殖，进而传递自己的基因物质，显然这仍然是沿袭动物本性自私的传统。但汉密尔顿在这里仍然从另一个方面证明了动物的利他行为与亲缘之间关联的存在。由此，不难看出，即使一些社会生物学家认为亲缘物种的自我牺牲不能称作是利他主义，但那只是从动机的角度而言，而对于事实层面实然发生的为他者自我牺牲的行为却并不否认，且他们研究所提供的材料也显示了动物的利他行为的发生是和亲缘关系密切相关的，这就为血缘与利他行为的客观联系提供了第一个依据。

其二，亲缘疏密与利他强弱。社会生物学家在动物与利他行为的研究中的第二个主要发现即是在动物的亲缘利他行为中，亲缘性越强，利他行为越易发生和强度越强，由此说明血缘关系与利他主义行为两者之间还存在着正比的态势。如汉密尔顿就明确指出"为亲缘物种自我牺牲和与其合作将会随着共享基因物质数量的增加而增加。"② 根据社会生物学家威尔逊《新的综合》和麦特·里德雷《美德的起源》书中的观点，他们认为：一是以个体为单位，个体与个体之间的利他行为极易发生在亲代对子代的关系中，亲代对子代的自我牺牲现象在动物中是比较普遍的，因为二者之间亲缘关系最强，共享的基因最多，这种亲密是遗传的天然性决定的；还有一种是后天形成的，如配偶之间，利他行为的发生也比其他一些个体更

---

① 【美】乔纳森·特纳著，邱泽奇译：《社会学理论的结构》（上），华夏出版社2001年版，第99页。

② 【美】乔纳森·特纳著，邱泽奇译：《社会学理论的结构》（上），华夏出版社2001年版，第99页。

普遍。二是以群体为单位，根据亲缘关系学说："在群体之内由亲族
关系连成个体关系网。这些有亲缘关系的个体互相协作，或把利他
主义的便利给予其他的成员，从而在整体上提高了网中成员的平均
基因适应能力。有的时候，利他行为的代价是降低了某些成员的个
体适应能力。基本上是个体以从整体上有利于群组的方式来行动，
同时与其他群组保持联系。"① 也就是说，建立在血缘关系之上的小
群体，为了与其他小群体竞争中处于优势，在其内部易于发生利他
行为，因为极端的自私、自相残杀，必然导致群体的无序与灭亡。

由上述社会生物学家从动物界利他行为的观察给我们提供的两
个结论，我们可以确信动物的亲缘利他行为的存在、利他行为与亲
缘度的正比关系的存在。虽然动物的利他行为的动机不管是如西方
传统主导话语所说的是为了生存本性的自私，还是如现代社会生物
学家所称是出于保存基因的自私，但利他行为是在动物长期进化的
过程中形成而客观存在且是自然选择的产物却是不容置疑的。也许，
诚如道金斯在《自私的基因》所指出的那样，基因自我复制固然是
一种利己主义，但在群体的层面则表现为亲属之间的利他主义行为。
因为从进化论的角度看问题，任何一个动物社会都以利己和利他之
间的平衡为基础，这种平衡是自然长期选择的结果，对于维持动物
生态的平衡机制、保障种类的生存是必不可少的。从对动物界的观
察中回到人类社会，有两个方面的因素影响人类的利他行为，一是
人类作为自然界的一个物种，人类来源于动物这样的同源性的实质，
使我们有理由从对动物的利他行为的上述结论中比照人类社会，有
一点是可以肯定的，即发生在血缘关系之内的利他行为也大多是本
能自发的，如在人类任何种族普遍存在的父母对子女无私的爱。在

---

① 【美】威尔逊著，素心学苑整理：《新的综合》第四章，"亲缘关系学
说"，电子版，百度搜索。

人类社会中血缘关系越紧密的群体，利他行为越易于发生和较普遍，在一个社会形态中，如果天然的血缘关系的社会组织结构保存得越好，利他主义的产生也就愈带有自发性。反之则不然。二是人类绝不等同于动物，正如阿德雷在《社会契约》中所说的那样：人类是从动物这条正路偏离出来的一个物种。人类除了生物遗传和生物进化外，还有文化遗传和文化进化，偏离的力量就在于文化的力量。如果说在自然界，出于生存的目的，动物通过血缘本能自发产生利他行为的话，而到人类社会，当天然的血缘关系被冲破，不再成为维系社会的主要纽带时，人类社会出于生存和发展的目的，同样需要和产生出新的平衡利己主义和利他主义的调节机制，这便是文化系统在一定程度上取代了自然系统。由于利他行为与血缘有着这样的内在关联，在一定程度上使得我们可以合乎逻辑地推论出：建立在血缘关系基础之上且强化和巩固着血缘关系的文化，在一定程度上有利于利他主义在其母体里自然产生；而在血缘关系已经破坏的基础上产生的且瓦解和断裂着血缘关系的文化，在一定意义上则很难在其自身自然而然产生利他主义，它需要借助于外在的力量。西方的自由文化便是一种断裂血缘关系的文化，致使基督教只能借用彼岸的上帝，通过上帝颁布的"爱人如己"的神圣律法由上至下到人类社会，从而要求人们无私利他，以达至社会的存在与发展。

2. 观察现实之法——

　　通过对人类利他行为的保有发现与血缘的关系

　　借助社会生物学家所提供的关于动物的亲缘与利他行为的材料，是帮助我们达成对人类利他行为与亲缘关系之间内在关系的一种追溯历史源头的方法，从中可以发现利他行为最初的原因。如果说，动物的利他行为是出于一个种的基因保存与发展的话，人类利他行为产生的最初的直接原因也与之类似，出于让人类社会的生存与发展下去的目的使然，因为人类本是自然界的一个物种；如果说，动物的亲缘与利他强弱有密切关系的话，人类社会也与之相同，愈具有血缘关系的亲近，也愈容易产生自发利他行为，且利他性也愈强，这样的判断可以通过父母对孩子、亲属与陌生人的利他行为的现实观察中找到佐证。因大家对此大抵认同，在此恕不用举例的方法一一赘述。而是采用另一种反证的方法加以求证：直面道德现状，无论是中国社会与西方社会，在一定意义上都可以说面临着不同程度的道德危机，社会的道德危机在一定意义上也是这个社会"利他"精神匮乏的危机。在这样的危机中，有一点却是我们必须注意到的，即如果社会的利他行为在一般人之间已经难于发生的话，但在亲缘关系最强的父母与小孩的关系中，利他行为一般却无视危机而依旧存在。倘若父母与孩子的关系这是利他行为发生的最后地带的话，那么，在一定意义上也间接说明利他与亲缘关系有着最直接的联系。这是与回溯历史源头不同方向但为同一个问题的反证方法。回溯历史是意在发现利他行为最早是在什么样的组织形态中产生；观察现实则是寻找利他存在的最后地盘的人际关系组织形态特点。两个方法可谓是殊途同归，皆表明了亲缘愈强，利他就愈易自然产生、利他强度则愈强，反之则不然。当然，亲缘只是最重要也是最本真的因素，与动物的本能利他相比，人类利他行为还有文化进化的力量。

3. 比照的方法——
    通过对其他道德行为的比照佐证利他与血缘的关联

人类的道德行为多种多样，利他只是其一。如果在对其他有关处理人际关系的道德行为的观察中，我们也可以发现道德行为与血缘有内在关联的话，也就在一定程度上从间接方面证明了我们的立论。我们以人际关系一个很重要的诚信道德为例，不难发现相似的结论。

人与人的诚信行为是建立在对他人的信任基础之上，信任是信任者与被信任者之间一种可相信或可靠性关系的反映。如果说信任是像著名社会学家吉登斯所言，"需要一种跳入未知的承诺，或者说一种幸运的抵押品"① 的话，那么，信任显然包含着风险。学者们在回答"可以信任谁"的问题时，认为亲人大多是人们最早确定的信任对象。马克斯·韦伯认为中国人是以血缘关系作为构建信任的基础的，"作为一切买卖关系之基础的信赖，在中国大多是建立在亲缘关系或类似亲缘的纯个人关系的基础之上。"② 弗朗西斯·福山则进一步把这一论断加以引用和扩展。他认为"华人向专业管理迈进时遇到的困难与华人家庭主义的实质不无关系。华人本身强烈地倾向于只信任与自己有血缘关系的人，而不信任家庭与亲属以外的人。"③ 这便是学者所称之的特殊信任（熟人信任），它还具有第二个特点即是以关系的亲近远疏决定信任度的差异。在中国社会的特殊信任中，"关系"和"自家人"是两个关键词，"关系"具有十分本土性的特点，它不仅反映了中国社会人际关系的典型特征，而且中国人的自我的观念也是在关系项中确立的。可以说，在中国社会，关系与信任是紧紧相结合，成为信任的一个最强有力的保证。"自家人"与"外人"的划分则决定了人与人之间不同的信任度差异的建立，信任度的强弱与对方同自己的关系远近几乎呈同一走势，以当事人这一"个己"为中心，向周边扩散，这种由远近亲疏感组成的格局既是自家人与外人划分的依据，也是形成信任度差异不同的原因。对陌生人的关系，正像费孝通先生所指出的，中国人在与"陌

---

① 【英】安东尼·吉登斯著，赵旭东、方文译：《现代性与自我认同》，北京三联书店 1998 年版，第 45 页。
② 【德】马克斯·韦伯著，洪天富译：《儒教与道教》，江苏人民出版社 2008 年版，第 242 页。
③ 【美】弗朗西斯·福山著，彭志华译：《信任：社会美德与创造经济繁荣》，海南出版社 2001 年版，第 74 页。

生人"打交道时，通行另外的规则，即实行内外有别的心理与行为的"差序格局"，信任度的程度是比较低的。

这里，我们非常容易看出中国社会信任与血缘关系之间的关联，亲缘性愈强，熟悉度愈强，信任就愈易自发产生，信任度也愈高，反之则不然。韦伯认为西方社会则是普遍信任，它不是建立在以血缘家族关系为基础上的，而是建立在以观念信仰共同体为基础建立起来的信任，如建立在宗教或道德的共同信念基础上的信任。从宗教的基础而言，马克斯·韦伯在其著作《新教伦理与资本主义精神》一书中提出，加尔文新教伦理中的诚实和信用观，在清教徒的实践中含有获取世俗功效和自我的个人利益的双重内容。在新教伦理中，清教徒注重诚实和信用，包括不说妄语、不轻易起誓、不欺骗他人，特别不允许在商品交换等各种交易行为中发生欺诈现象。在新教徒看来，诚实和信用不只是如《旧约·箴言》所说的"行事诚实的，为上帝所喜悦"，也是为了在经商中获取正当的个人利益。信奉加尔文教的清教徒一般均持有这样的共同信念，即把劳动、诚实、信用视为天职，是最善的行为，是获得上帝恩宠的惟一手段。所以，遵循这些原则并在此基础上追求利益的经济活动中的清教徒大都是遵守诚实原则，彼此间保有信任。① 这是建立在以宗教信仰共同体为基础建立起来的普遍信任。

对此观点，姑且撇开是否完全正确的断定，但有一点却是无疑的，即在信任的产生方面，中西在信任的不同与中西在利他的不同呈现出惊人的一致。中国人的信任建立在血缘关系基础之上，信任在亲缘关系中易于产生，亲缘愈密切，信任度愈高，反之则不然，对亲人的信任是因血缘关系自然而然产生的。西方社会在血缘关系

---

① 【德】马克斯·韦伯著，于晓等译：《新教伦理与资本主义精神》，三联书店1992年版，第125—130页。

被破坏后，撇开为了经济利益，信任就只能依靠宗教依靠上帝了，因为"行事诚实的，为上帝所喜悦"。与利他主义是上帝的要求如出一辙，信任则是出自上帝所喜欢，所以去信任；敬业也是因为是"天职"，是给上帝增添荣光，所以去"敬业"。在西方社会推动资本主义发展的新教伦理的基础也同样具有依靠上帝的彼岸性特点，其目的同样是凭借上帝的神圣性而赋予人对伦理道德遵从的绝对性。（西方社会就连世俗婚姻的忠诚与维系也需要上帝的神圣性来保证）

由上，通过三种方法所提供的依据，我们认为人际组织形态对人的道德行为产生有很大影响。对于社会母体来说，血缘关系存在且不断加强的社会，利他主义易于在其母体自然产生，也易于顺理成章将利他的源头归于此在世界的人自身，体现此在性的特点。血缘关系被破坏的社会，利他主义则不易于在其母体自然产生，但社会的存在又需要利他主义，最有效的方式大多只能凭借神的力量，赋予利他要求以神圣性与绝对权威性。这样，基督教利他主义产生的彼岸性特点也就不难理解了。

二、中国血缘关系的加强与西方契约关系建立的原因探究

在中西社会发展的历史过程中，血缘关系是否被打破与契约关系是否建立成为形成中西两大不同的文明路径的根本原因，也对儒家与基督教两种利他主义产生性质的不同起了非常重要的作用。那么，接踵而至的下一个问题则是进一步阐释为什么中国社会血缘关系得以保存，西方社会血缘关系为何被打破而进入到契约关系。

1. 自然因素是促成中国血缘保存与西方血缘打破的前提

自然①是人类生存和发展的必要条件，也是人类文化历史的舞

---

① 论文这一部分的资料主要参看了陈刚著《西方精神史》（上），江苏人民出版社 2000 年，第 87—202 页。

台，人类的文明越往古追溯，人类文化发展受自然地理环境的影响也就越加明显。这犹如个体生命在其成长之初深受天性和环境影响一样，因为人类的主体性尚在萌发阶段。黑格尔在《历史哲学》中把地理环境称作滋生人类民族精神的一种可能性"人类在他自身内能够取得自由的第一个立脚点。"并说"人类意识的觉醒，是完全在自然界影响的包围中诞生的。"① 马克思指出："全部人类历史的第一个前提无疑是有生命的个人的存在。因此第一个需要确认的事实就是这些个人的肉体组织以及由此产生的个人对其他自然的关系。"② 文明最初的形态与发展模式在文明起端之断之际深受自然环境的影响，不同的自然环境造就出民族的不同精神气质。鉴于西方文明的源头是古希腊，我们以古希腊与中国的自然环境为比较对象，探究中国的自然环境如何形塑着中华民族保守与肯定的思维特点；古希腊的地理特色又如何造就着西方人创新与否定的民族气质，而否定与肯定的不同思维特点与精神气质恰恰对血缘关系的打破与维持有着不可否认的作用。具体来看：

其一，古希腊自然环境的第一个特点"山脉纵横、河流交错，把古希腊分割成一块块小平原、小山丘和小河流。……分割零碎、自成一统的小平原为小城邦国家的存在提供了可能。……社会生活中与此相适应的特征是多元与适中，没有绝对的权力凌驾于彼此隔离的小城邦之上，也没有绝对的神。国家对公民来说不是如我们今天一个抽象渺茫的概念，而是可以实际感知的具体存在，在此情况下很难产生或长期存在绝对君权与绝对神权。歌德与黑格尔都说过，仆人眼中无英雄，……或许只有在广袤的国土上，众多的臣民中才

---

① 【德】黑格尔著，王造时译：《历史哲学》，三联书店 1956 年版，第 124 页。

② 《马克思恩格斯选集》第 1 卷，人民出版社 1995 年版，第 67 页。

有可能产生神化或'天赋'的绝对君权。"①

中国却是一个面积辽阔,以平原为主的地形特征。虽然在秦朝之前有过众多诸侯列国的存在,但也许因多平原丘陵的地形,一方面很难形成天然的安全屏障,另一方面也有利于交往的方便,这有可能在思想上促成了各诸侯国皆想兼并他国、扩大疆域和争霸天下的野心。秦朝统一中国之前是诸侯遍起,战火烽烟,争霸是主要目的,当秦朝统一中国之后,如何维持大一统的国家和天下太平便成为统治阶级的主要任务,而神化或天赋的绝对君权一直是中国封建社会维持专制统治的重要法宝。

其二,古希腊自然环境的第二个特点景色秀丽、气候温和、土地贫瘠。希腊自然环境为人所提供的生存条件并不好,土地十分贫瘠。如历史学之父希罗多德②所言:"希腊一出世就与贫穷为伍,葡萄、橄榄、大麦和小许小麦,成为这片土地上仅有的几样粮食作物。"但它赋予人的自然景色却十分秀丽,气候也温和宜人。这样的特点,一方面有利于希腊理性精神的培育,因为贫瘠的土地给人提供吃饱肚子、满足肉体消费的东西少,这使得希腊人不过分注重物质享受和口腹之欲的满足,同时也刺激了人渴望了解与把握自然的理性知识,以便更好地满足生存的需要;秀丽的景色则提供了供养眼睛、娱乐感官的东西多,培养关注心灵的愉悦。修昔底德也说,希腊人"好象只有思想是他的本行",另一方面也促使希腊人不甘被动屈服而自强自立,他们力图摆脱土地的限制,另辟生存的途径,外出经商殖民,开拓新的市场、新的土地,乃至建立新的城邦。探求自然奥秘的理性精神与希腊民族勇敢奋斗的民族性格在一定意义

---

① 陈刚:《西方精神史》(上),江苏人民出版社 2000 年版,第 87 页。

② 【古希腊】希罗多德(约公元前 484—425 年)是第一个具有"世界眼光"的史学家,其所著《历史》是西方最早的一部"世界史"。

上有助于人从自然血缘关系之中抽离出来。①

中华民族的摇篮是黄河和长江流域，是一个自然条件比较优越之地，气候温和湿润，土地肥沃、资源丰富，种植农作物很容易获得很好收成。这样的自然环境与古希腊的贫瘠土地相比，一方面这是自然对我们祖先的厚爱，养成了对土地的感激与热爱之情；但另一方面，又不易形成古希腊人那种将自然与人二分的思维方式和努力探索自然奥秘，征服自然的积极态度，而是安居乐业、安于故土。

其三，古希腊自然环境的第三个特点是濒临海洋，众多的岛屿与绵长的海岸线。土地不养人，使希腊人很早便学会了面向海洋，去寻求生存之路，上天也厚赐了希腊最佳的航海条件。古希腊所濒临的地中海与爱琴海与因处陆地之间很少风浪，且地形曲折、岛屿众多、海湾密布，到处是天然良港，十分利于航海，而且温和的天气，明朗的天空，毗邻的岛屿等使岸与陆地明晰可见，减少了希腊人对海的恐惧，而海的特质又赋予人超越有限、征服自然、勇敢智慧与追求利益的冒险精神。② 黑格尔在《历史哲学》中谈到大海时说道："大海给了我们茫茫无定、浩浩无际和渺渺无限的观念；人类在大海的无限里感到他自己的无限的时候，他们就被激起了勇气，要去超越那有限的一切。大海邀请人类从事征服、从事掠夺，但是同时也鼓励人类追求利润、从事商业。平凡的土地、平凡的平原流域却把人类束缚在土壤上，把他卷入无穷的依赖性里边，但是大海却挟着人类超越了那些思想和行动的有限的圈子。"③ 而且地中海又连接欧、亚、非三大洲，乃航海经商的得天独厚之地，既促成了希

---

① 陈刚：《西方精神史》（上），江苏人民出版社 2000 年版，第 90 页。

② 陈刚：《西方精神史》（上），江苏人民出版社 2000 年版，第 88—91 页。

③ 【德】黑格尔著，王造时译：《历史哲学》，三联书店 1956 年版，第134—135 页。

腊航海业、商业的繁荣，同时，也造就了水手、商人、海盗、航海家和冒险家。可以说，航海、经商、殖民是动态的生活，到公元前八世纪到六世纪发展到高潮，整个希腊世界、西部与东部都以不同程度参与了大移民活动。修昔底德在《伯罗奔尼战争史》中写道："在特罗伊战争以后，希腊居民还是在活动的状态中，在那里，经常有迁徙和再定居的事……经过许多年代，遇着许多困难之后，希腊人才能够享受和平的定居生活，人民迁徙的时代才告终结。"①

中国虽然也有着绵延的海岸线，东临浩瀚的太平洋，但与希腊所面临的地中海不同，"我国沿海一望无际，岛屿稀少，这样的海洋在古代就是陆地的中断，于是海反而成为难以超越的屏障。"② 如果说在古希腊那里，海洋是结合的因素的话，那么，在古代中国海洋则成为分离的因素。中国另一面又横亘着喜马拉雅山脉，形成了一道天然的屏障，东亚大陆特殊的地理环境提供了相对隔绝的状态，不像古希腊处于连接欧亚非的桥梁，不易形成广泛的社会交往、物品交换、人员流动与文化交流。

总之，古希腊的自然环境造就出希腊人为了生存，勇于摆脱自然的限制，积极探求自然规律的理性精神与注重思想与艺术的享受的民族气质，在此基础上造就西方文明趋于不断从否定中超越的动态特征。中国的自然环境则培育出中华民族勤劳、宽厚，注重经验与现实生活的民族气质，在此基础上也形塑造着中华文明注重和谐统一保守的静态特征。动与静、打破与维持、创新与保守形成中西肯定与否定的思维方式，由此成为影响中国血缘关系的维持与西方契约关系的建立的精神因素。

---

① 【古希腊】修昔底德著，谢德风译：《伯罗奔尼撒战争史》，商务印书馆1960年版，第11页。

② 陈刚：《西方精神史》（上），江苏人民出版社2000年版，第88页。

2. 经济因素是实现中国血缘关系保存与西方契约关系建立
   的基础

"血缘关系与自然经济是早期人类社会的原生形态，契约关系
与商品经济及民主制度等属于次生形态或变例。"[1] 从自然经济到商
品经济，从血缘关系到契约关系代表着人类历史的巨大进步与飞跃，
它是对原生状态的打破，是人主体意识与能力的体现，是社会关系
与时代精神的巨变。从人类社会发展的进程观之，正是这一转变之
巨大，也不可避免地使其过程打上艰难的特征与烙印，因为血缘关
系是连接原始氏族社会的强有力纽带，也是人类向文明史和阶级社
会过渡的最难挣脱的锁链。西方社会从血缘关系到契约关系的转变
可谓是历史各种力量或因素合力的结果。如果说，中国自然环境与
古希腊自然环境的差异所形成的中西肯定与否定的思维方式与精神
气质是促成中国血缘关系的维持与西方契约关系的建立的精神因素
的话，那么，客观而言，它的作用也只是非直接的，而社会经济方
面的差异则在这一问题上起着最基本的主要作用，因为经济基础是
社会发展与变革的决定力量；如果说，精神因素则是引发这一转变
的可能性存在的话，那么，西方社会从自然经济到商品经济的转变，
则使血缘关系向契约关系的转变成为现实。

在西方文明发展的路径中，古希腊恰恰因它的得天独厚的条件，
因它特有的民族精神，以航海、经商、殖民活动为主要杠杆促进了
自然经济向商品经济、血缘关系向契约关系、氏族部落所有制向个
人所有制的转变。具体而言，"古希腊早期的基本社会结构也是氏族
和部落，如雅典就有 4 个部落和 12 个胞族。"[2] 但土地的贫瘠、资源

---

① 陈刚：《西方精神史》（上），江苏人民出版社 2000 年版，第 92 页。
② 陈刚：《西方精神史》（上），江苏人民出版社 2000 年版，第 92 页。

的有限与人口的增多日益增加生存的难度，促使古希腊民族力图打破自然环境的束缚与限制，开辟生存的另一个空间去寻找出路。濒临爱琴海的地理位置与优越的航海之利，使希腊人不仅生存的空间得以扩展，而且航海促使了商业的发展，它扩大了物与物的简单交换的方式，拓展了交换的领域，随着经商者人数的不断增加，商品经济的因素渐渐渗入古老的氏族制度之中。同时，商品经济的发展不仅促使经济形态发生从自然经济到商品经济的转变，而且也促使人们思想观念的重大变化，它催生着平等权利意识的萌发。因为商品是天生的平等派，它不讲特权，不认血缘，不承认感情或其他经济以外的东西，只讲价值规律、等价交换、否则就不成为商品交换了；它催生着契约意识的萌发，因为商品交换实际上就是进行交换的双方达成物品交换的条件的实现，是协议或共识的达成，要求双方协商交换条件，然后各自履行；它催生着财富意识的萌发，商品交换目的就是追求物质的利益，商业经济相比较自然经济，是一个物以稀为贵、获利较易与较大的经济，容易积聚财富。财富对一个人的生存状态的改变是十分明显的，也促使了人们价值观念发生变化，"不是门第而是财富创造人"成为新时代的口号，类似的还有"财产乃是不幸的凡间人的灵魂""幸福随财富而来""金钱，金钱——就是人"[1] 这种时代精神的变化在古希腊诗人赫西俄德的《工作与时日》也可以看出，他写道："善德和声誉与财富为伍。"[2]此外，航海经商推动了部落成员的杂居和移民事业的发展，也促进了管理机构的产生与自由平等观念的发展，所有这些都同古老的血缘氏族制度及其观念格格不入，悄悄侵蚀与瓦解着古老的氏族制度

---

① 【苏联】В·С塞尔格叶夫著，缪灵珠译：《古希腊史》，高等教育出版社1955年版，第270页。

② 【古希腊】赫西俄德著，张竹明、蒋平译：《工作与时日神谱》，商务印书馆1991年版，第10页。

与血缘关系。

对此，正如恩格斯所评价的："海上贸易以及附带的有时仍然进行的海上掠夺，使贵族们发财致富，并使货币财富集中在他们手中。由此而日益发达的货币经济，就像腐蚀性的酸类一样，渗入了农村公社的以自然经济为基础的传统生活方式。氏族制度同货币经济绝对不能相容。"[①] 也如学者杨适在其专著《中西人伦的冲突》所指出的：当商品交换能够渗透到氏族内部各之间并得到比较普遍的发展时，它必然影响到原有的建立在血缘关系之上的氏族制度，因为商品关系与天然的人伦关系不相容，它是私有者之间的分离和对立的原则。[②] 西方社会正是在商品经济所具有的内在的不可遏止的扩张力与冲击力之下，"古老的氏族制度与血缘关系节节败退。血缘关系渐渐让位于契约关系"[③] 从而导致西方社会关系、时代精神的巨大变革与人类历史进步的重大飞跃。

古老的中国，商品经济的形态虽然很早就在中国萌芽，但一方面自然环境提供了良好的生存条件，民众安居乐业，安于故土；另一方面，拥有庞大疆域的统治阶级以维持天下太平为最主要的目的，以均天下为主要的控制手段，压抑民众的利益追求，力求稳定与不变。加上中国古代社会的流动除战争或自然灾害等影响外十分有限，熟悉的生产方式、熟悉的人群交往，社会缺乏打破传统经济模式的动力与思维。这些因素导致了自然经济几千年来一直占据了中国漫长的封建社会的主导地位，使得经济形态并没有发生到商品经济的重大飞跃，中国的血缘关系长期以来也一直成为维系社会关系的主导而没有发生向契约关系的质的飞跃。

---

① 《马克思恩格斯选集》，人民出版社 1995 年版，第 4 卷，第 109 页。

② 杨适：《中西人论的冲突》，中国人民大学出版社 1998 年版，第 118—119 页。

③ 陈刚：《西方精神史》（上），江苏人民出版社 2000 年版，第 93 页。

3. 政治因素提供中国血缘关系保存与西方契约关系建立的
　 制度支持

　　政治属于社会的上层建筑，它的发展与变迁深受一个社会经济
发展的影响与制约，但它反过来又对社会经济产生不可忽视的反作
用。如果说，西方社会从自然经济到商品经济的变化是导致血缘关
系被打破的主要因素的话，那么，古希腊的民主制度的建立则使原
有的氏族制度彻底摧毁，也使血缘关系在西方彻底被打破。

　　从古希腊政治发展的历史来看，它经历了君主制——贵族
制——僭主制——民主制的发展阶段，氏族制度的被摧毁则是政治
制度发生巨大改变的重要一环。从历史的实然过程观之，在这一过
程中，航海经商、海外殖民、多元小城邦、阶级分化、自由平等、
财富价值观等因素均有发挥作用，但尤以海外殖民影响至关重要。
海外殖民的产生，或许是生存的需要，土地贫瘠、人口增多，需要
开辟新的生存空间；或许是经济发展，交换与交往的需要才会推动
商品经济的形成与发展，促进航海与商业的发展；或许是政治的原
因，一些贵族子弟想出去另立门户，独当一面。不过，无论是哪种
情况，通过航海和殖民，古老的血缘关系、氏族制度、贵族特权以
及神授王权意识都受到了极大的冲击。① 因为"在一次民族大迁徙
中，从这种静止状态里突然出现了一个风暴般的大变动对于任何社
会都自然会产生一种爆炸性的影响，而这个影响对于乘船航海的人
们比对于在陆地上远行的人们是更为剧烈的。"② 首先，是原始社会
里的社会组织血族关系的被破坏；其次，是原始社会制度的萎缩，

————————

　　① 陈刚：《西方精神史》（上），江苏人民出版社 2000 年版，第 99—
103 页。
　　② 【英】汤因比著，曹未风等译：《历史研究》（上），上海人民出版社
1959 年版，第 129—132 页。

产生一种以契约为基础而非血族的新的政治。"因为根据古代希腊宪法史的仅存资料来看，根据法律和地区的组织原则而不根据习惯和血统的组织原则，最早是出现在希腊的这些海外殖民地上，到后来才由希腊的欧洲大陆部分仿效实行。在这样建立起的海外城邦里，新的政治组织"细胞"应该是船队，而不是血族。他们在海洋上'同舟共济'的合作关系，在他们登陆以后好不容易占据了一块土地要对付大陆上的敌人的时候，他们一定还同在船上的时候一样把那种关系保持下来。这时在陆地同在海上一样，同伙的感情会超过血族的感情，而选择一个可靠的领袖的办法也会代替习惯传统，事实上组织一个船队到海外去开辟一个新居，到后来会很自然地形成一个城邦，那里的各族人民由一个公推出来的行政官进行管理。"① 换句话说，就是"在动荡、开放、冒险和民族大混合、大迁移的海外殖民活动中，旧有的传统、血缘和特权无济于事，只有同舟共济，根据人的能力而不是出身来选择领袖带领大家共渡难关才可能生存。因此包括血缘关系、神授王权在内的所有传统关系在此过程中瓦解和类似于契约的关系产生是不奇怪的"② 这一航海殖民的社会活动的结果也是顺乎其然的。

古希腊氏族制度的最终被彻底摧毁是以民主制度的建立为标志的。从古希腊君主制到民主制的转换是一个相当长的历史过程，经历"君主制——贵族制——僭主制——民主制"③ 的发展阶段，每一阶段的变化实际上都从不同程度削弱着血缘关系。从君主制到贵族制，意味着"对原有的个人专揽大权的挑战，权力由集中一人到归于一个阶级。""城邦据以建立起来的宪法结构是贵族统治。当生

---

① 【英】汤因比著，曹未风等译：《历史研究》（上），上海人民出版社1959年版，第129—132页。

② 陈刚：《西方精神史》（上），江苏人民出版社2000年版，第103页。

③ 陈刚：《西方精神史》（上），江苏人民出版社2000年版，第103页。

活安定下来的时候，个人领导权让位给一个阶级的稳定的力量，在海外，这个阶级有时候是亲手掌握了最高政治权力的最初移民。"①如果说在原有土地上的贵族仍然是由血统规定的话，那么在这一段话和我们上述的分析里，我们至少已经看到在海外已经改变着血统定等级的传统方式。僭主制是从贵族政治向民主制度过渡的中间环节，它是利用广大平民对贵族维护本阶级的利益的不满而推翻贵族制建立的，僭主政治表面上呈现个人独裁的政权，但已非君主的独裁，"僭主本身因为意味着不合法，比起以往的君主，他们的权力并非世袭；比起贵族政治，他们没有通过宪法程序，因此，僭主的权力其实很有限，而且为顺应民心常做一些有利于贫民的事。"② 在僭主制向民主制发展的过程中，梭伦的政治改革意义十分重大，他在政治上废除贵族后裔的政治特权，而代之以财产资格，过去政治权力由世袭贵族世代把持，起作用的是血统；现在取而代之的却是财产与能力，公民按财产而不是按出身分成等级。这意味着氏族贵族的衰落与私有财产地位的上升，意味着出身、血缘、氏族等因素开始被摒弃于政治生活之外，这一变化对西方社会的影响可谓是意义深远，正如恩格斯所言：梭伦以侵犯财产关系的办法开始了一套所谓政治革命，"这样，在制度中便加入了一个全新的因素……国家公民的权利和义务，是按照他们的地产的多寡来规定的，于是，随着有产阶级日益获得势力，旧的血缘亲属团体也就日益遭到排斥，氏族制度遭到了新的失败。"③ 在梭伦之后的克利斯提尼的改革，推广用地区代替原来的氏族血缘来划分阿提卡的方法，把梭伦用财产来确定阿提卡公民的等级的改革大大推进了一步，血缘出身方面的因

---

① 【古希腊】亚里士多德著，吴寿彭译：《政治学》，商务印书馆1965年版，第165页。

② 陈刚：《西方精神史》（上），江苏人民出版社2000年版，第107页。

③ 《马克思恩格斯选集》第3卷，人民出版社1995年版，第112页。

素完全被摒弃于国家政治生活之外，不起作用。对此恩格斯给予很高评价，称赞克利斯提尼改革成为推翻氏族制度最后残余的革命，至此，雅典的民主政治得以确立。可见，希腊民主制度的建立实际上是用法律的形式保障公民平等的权利与合法的利益，是为与商品经济相匹配的契约关系提供法律的保障。它表明私有财产因素开始在西方的社会经济生活中扮演决定性的角色，也预制了西方政治架构的基本框架与社会管理的法律模式，更意味血统关系在西方社会的彻底被打破。[①]

从中国社会政治发展的历史来看，在阶级产生以前，中西方文明走着大体相当的道路，经历从原始群居——氏族——部落的发展阶段，这些组织都是以血缘关系为纽带联系起来的，但中国社会并没有像古希腊那样发生从血缘关系到契约关系的重大质变，即自然经济到商品经济的巨大变化。且在政治领域也没有产生从君主制到民主制的历史变革。相反，它却通过家国同构的方式，通过宗法制度的建立，使血缘关系不仅得以保存，甚至使之有了政治的保障而在中国社会发展中绵延不绝与不断发展强化。

根据历史史料记载，中国古代的宗法制度产生于商代后期，在周代得以确立。宗法制度的建立前提是宗族的存在，而宗族是依托血缘关系基础之上的。根据《左传·定公四年》记载，"周武王克商后，周王室分鲁公以殷民六族：条氏、徐氏、萧氏、长勺氏、尾勺氏、使帅其宗族，辑其分族，将其丑类，以法则周公。"分康叔以"殷民七族：陶氏、施氏、繁氏、崎氏、樊氏、饥氏、终葵氏"，分唐叔以"怀姓九宗"。[②] 可以看出氏、族、宗就是宗族，它们是在同

---

① 古希腊政治发展资料参看陈刚：《西方精神史》（上），江苏人民出版社 2000 年版，第 98—117 页。

② 张岱年、方克立主编：《中国文化概论》，北京师范大学出版社 2003 年版，第 56 页。

一血缘之下的细分，具有同根同祖的血缘联系。在周代，周公在宗族制度的基础上，首先确立嫡长子继承制，按照周制，最高统治者称天子，统治天下的土地和臣民，继承王位的，必须是嫡亲长子，如果嫡亲无子，就转立庶妻中级别最高的贵妾之子。显然，这种制度是从父权制社会演化而来的，是用父子血缘的亲情来定分权力归属，血缘亲情为惟一尺度，不考虑德贤才华，不考虑年龄大小，以避免定分复杂与难度，避免兄弟残杀争位，从而维系王权的威严稳定与世代相袭。周天子及其继承者，从君统看，他是天下的共主，是政治上的最高统治者；从宗统看，他又是天下的大宗，所以血缘与政治联姻。封邦建国制则是在宗法制度基础上直接衍发出来的一种巩固政权的制度，周王室分封的主要旨意是将同姓子弟亲属封为地方邦国，以血缘纽带联系起来，作为保护周王室的屏障达成："封建亲戚，以藩屏周。"同时，周天子与分封的诸侯有着一系列权力与义务的对应关系，以维持天子君临天下，大权揽握的绝对权力地位。宗庙祭祀制度则是通过尊祖敬宗的仪式典礼达到维护宗族团结的目的，后来发展成为中国的礼乐文化。可见，宗法制度是出自血缘关系的母体，是血缘关系在新的历史条件之下的演化，两者有着一脉相袭的渊源关系和本质上的同质性。

周朝建立的宗法制度虽然在春秋以后，遭遇过强大的冲击，完整性不再。如秦始皇统一中国后建立统一的封建中央集权的多民族国家，废分封行郡县，实行编户齐民，以吏为师，对血缘宗法制度曾产生比较大的冲击。但很遗憾，随着秦朝的快速灭亡，再加上遭受继秦之后的汉朝的反对，认为秦朝灭亡原因就在于废分封，其影响力大大被限制，使得中国血缘与宗法制度成为中国社会政治结构中的硬核而得到长期保存。中国社会进入封建社会后，无论王朝政权如何更替，嫡长子继承制始终存在；分封制度虽然在中国的历史上曾经困扰众多皇帝，也曾爆发严重的封王反叛，但实际上历代皇帝仍然是无法逃脱宗法制度的巢穴，照封不误。① 所以，宗法制度与封建专制同在与同行，形成了中国社会特有的在血缘、宗法基础上，实行家国同构的政治模式。

正如著名历史学家侯外庐先生所指出的，西方是从家族制、私产再到国家，国家代替了家族；中国是由家族到国家，国家混合在家族里。"国家"的概念是指天下、邦国和家庭的统一体。家是国的根基，国是家的扩大。② 中西文明路径的不同产生了中国与古希腊的社会政治结构的重大差异，也使中国的血缘关系通过家国同构的方式延伸到国家的层面，形成了家庭、宗族、国家都离不开血缘关系的社会组织形态的特点。

综上所述，在中西文明发展的进程中，由于自然、经济与政治的各种因素合力的结果，就中国社会而言，造成血缘关系不仅没有被打破，相反，却通过宗法制度，家国同构而得以保存与不断发展的客观结果；就西方社会而言，则导致了社会的组织形式发生了从血缘关系到契约关系的质的变化。中西文明的这种显著差异，撇开对中西社会整体风貌与走向等宏观影响外，仅就儒家与基督教利他主义产生的性质来看，其原因就在于血缘关系是天然形成的，契约关系却是人为的；血缘关系是与生俱来的，不可改变的；契约关系却是后天缔结的，可以改变的；血缘关系内含不平等的成分如由辈分的不同而衍生出权利与义务的不平等；契约关系缔结的前提却是缔结者权利与义务的平等；血缘关系显现的是亲情；契约关系反映的是利益；一句话，契约关系是对血缘关系的否定，从道德角度审视，契约关系的产生实际上通过否定血缘关系而堵住了社会因架构

---

① 中国政治部分资料参看陈来：《古代宗教与伦理——儒家思想的根源》，三联书店 2002 年版，第 316—323 页。

② 侯外庐等著：《中国思想通史》第 1 卷，人民出版社 1957 年版，第 6—12 页。

在血缘关系基础之上而自发产生利他主义的可能通道，这就是为什么儒家利他主义伦理思想是通过人性仁爱而达至，而基督教利他主义却是通过上帝的命令而遵从，从而形成此在性与彼岸性差异的主要原因之一。

当然，血缘关系的保有与断裂只是形成儒家与基督教利他主义存在性质不同的一个至关重要的原因，但绝对不是惟一的原因，下面我们进入经济形态向度对此问题的进一步阐释。

第二节 经济形态对利他主义产生性质的作用：自然经济与商品经济

利他主义是一种人与人、人与社会利益关系处理的一种伦理原则。利他主义的产生性质必然深受社会经济形态的影响，受其利益原则影响。因为利益是道德需要缘起的出发点，正是因为社会客观存在利益的选择与冲突，才有道德这一调节的手段。利益又是与社会的经济密切相关的，不同的经济形态在一定程度上决定了道德的水平与形式。"一切以往的道德论归根到底都是当时的社会经济状况的产物"。[①] 因而，在分析儒家与基督教利他主义产生性质差异的原因时，围绕着利他主义的第二个关系，从中西经济形态的不同，看其如何影响人们在自我利益与社会利益关系上的利益定夺与取舍，便成为我们研究不可或缺的另一重要向度。

在上一节的论述中，我们实际上已经牵涉到中西经济形态差异的问题，但我们主要是从西方商品经济的发展与契约关系的形成对

---

① 《马克思恩格斯选集》第 3 卷，人民出版社 1995 年版，第 435 页。

西方血缘关系的破坏，从而预制西方基督教利他主义产生的彼岸性的角度去提及的。从中西社会发展的历史进程来看，血缘关系能否保存，契约关系是否建立，不仅对中西社会人际关系的社会组织结构具有重大影响，而且对中西社会的经济形态也产生巨大的作用，它决定了中国社会与血缘关系相对应的自然经济或农业经济的长期存在，也决定了西方社会与契约关系相对应的商品经济的产生与发展。在这里，我们无意重复前面的论述，而是试图从中西经济形态的差异与利益取舍问题的关联，来进一步补充与丰富本书提出的儒家利他主义产生的此在性与基督教利他主义产生的彼岸性的观点。

一、中国的自然经济抑制利己主义的产生

从中国社会经济形态来看，长期占据其主导地位的是自然经济，也就是农业经济，农业经济所具有的特点在一定程度上抑制了利己主义的产生：

1. 农业经济大多是自给自足的经济，不利于经济交往活动的产生

亚当·斯密和马克思都曾指出，交易的发生源于社会分工和人们的相互需要。这是一个基本的人类社会学事实，没有交易，也就不可能获利；交易活动少，获利机会也就少。农业经济是一种原生经济形态，是直接满足人的生存需要的最基本条件的生产，生产者个体在土地上基本上可以获得满足自身生存所需要的衣、食、住等基本产品。个体在当时社会生产力水平低下的情况下，很难有太多剩余产品可供交换。即使有交换，其目的也大都出于自身的需要，而非牟利。在这样的情况下，人心大多是纯朴的，利己之心如果是人的本性，但也难于通过经济交往得到极大满足。

2. 农业经济是一个难于获取很大利润的经济，不太易于刺激
   人们为牟利害人利己

经济关系是人们社会关系中重要的部分，经济交往活动也是社会最基本的活动。根据经济交往中的发生学事实看，求利且有利可图是交易行为发生的根本动因，个体或人类群体一般不会去做无利可图的交易，更不用说去做某种无利有害的交易。这是一种近乎原始的经济学事实。从利益的角度看，如果说逐利是人的天性的话，那么一个行动的结果越容易获取很大的利益，越会刺激人们的欲望，促使人们做出符合自己最大利益的选择，反之，则不然。在中国传统社会，农业经济长期占据主导地位，农业生产作为直接满足人的生存需要最基本条件的生产，它直接依赖于土地和自然气候条件。土地作为一种特殊的自然资源，其总量是有限的；对其的开发利用也是有限度的，因为土壤有一个恢复期，过多的利用会导致土壤的老化。同时，农作物的收成还要受自然气候条件很大的制约。因此，相比较商品经济、工业经济，农业经济是一种原生经济形态，受自然条件的制约最直接、最明显，在生产力水平低下、土地资源有限和人口多的情况下，很难形成过多的剩余产品和非常大的利润。当个体的生存基本上可以满足的时候，在利益不大的情况下，个体一般不太有强烈的动机去舍弃其他而追逐私利。因为根据成本与效益的经济学原则，人的本能驱使个体在比较得失、权衡利弊时一般会规避风险，避免得不偿失。个体如果不管一切在欲望的驱使下损人利己，其结果获利并不大，而且更为严重的是有可能为了蝇头之利，损害了别人利益，影响人际关系；尤其是在中国这样的乡土社会，人们大多受制于土地，社会流动匮乏；人际交往熟人化，血缘宗族邻里往来；人们的思维是以经验为主，生活样态趋向经验化、固定化，整个社会具有超常的同质性和稳定性，致使个体也很难有勇气完全为自己的私利去打破建立在血缘关系基础之上的原有的伦理价

值和人际关系的和睦。

3. 在农业经济为主的社会，人的发展处在马克思所言的"以
   人的依赖为基本特征"的第一阶段

"在这个时期，社会基本的经济特征是没有社会分工或没有发达的社会分工，在自然发生的生产条件和农业基础上实行自然经济，因此人与自然界的关系是'天然浑成'的关系，人们在生产中结成的社会关系纯粹是'人的依赖关系'，人的状态具有双重特征：社会联系的直接性和个体缺乏独立性。"① 在个体与群体的关系上，群体是个体存在的条件，更是高于个体的价值体现。可以说，这样一种价值观是个体与群体关系发展进程中最初的表达，具有更多的自然性，是和人类社会最初的经济形态相适应的。而中国社会长期以来农业经济占据主导地位，反映在个体与群体的价值定位上则是强调群体在于个体之上的一种整体主义价值观。在这样的自然经济基础上，中国的个体很难发育成长为独立自主的个体，无法具有自足的自我确立的存在方式，也就难于拥有个体的主体意识，从而在一定程度上也抑制了个体对自身权利与利益的积极追求。

4. 农业经济由于资源的有限，为避免冲突，也易形成崇尚均
   贫富的思想

农业经济是关乎人们生存需要能否满足的经济，而有限的土地、有限的农作物和人口不断增加易于引发为生存的冲突。因为根据社会冲突理论，资源越有限，越易引起冲突，特别是当这种资源关乎到个体最基本的生存与否时，冲突则往往难以避免。由此，从表面上我们会顺理成章地推断出在中国农业社会中，竞争和自私应该更为激烈，这种想法并不为奇，它是一个符合逻辑的推论。但是，逻辑的演绎并非符合生活的真实，因为历史并不是单一因素决定单一

---

① 李萍：《现代道德教育论》，广东人民出版社 1999 年版，第82—83 页。

的结果，它是合力铸就的。正是因为冲突关乎生死存亡，自相残杀的悲剧也就尤为触目惊心，所以文化克制本能的预警便十分必要。如果说西方社会通过契约来避免人与人像狼一样地自相残杀的话，那么中国社会撇开农民无法生存下去而揭竿而起的特殊情况外，常态之下民众则通过崇尚均贫富，既渴望公平公正，又避免利益冲突的尖锐化。同时，由于中国社会自然条件良好，国土面积广大，在一定程度上降低了冲突的阀力。更重要的是中国人伦文化对个体利益的取舍产生了重大影响，易于抑制了利己主义的发展，从而为利他主义在中国社会母体里产生创造了条件，也在一定程度上决定了儒家利他主义产生的此在性。

二、西方的商品经济刺激利己主义的产生

从西方社会的经济形态来看，长期占据主导地位的是非原生态经济，即商品经济。商品经济的产生一是社会分工，没有社会分工，就没有商品交换的必要；二是谋利，经济主体的利益是进行经济活动最原始的动因，也是最直接的动力。与农业经济相比，商品经济对利益的追逐更加凸显，在一定程度上不利于利他主义从其社会母体中自发产生：

1. 与商品经济相对应的人，正处于对物的依赖阶段

如果说农业经济形态，人与人的关系处于马克思所讲的"对人的依赖阶段"的话，那么，与社会发展中的商品经济形态相适应，是"对物的依赖"的发展阶段。在这一阶段中，人们摆脱了对血缘关系、土地关系的依赖，具有了个体的相对独立性，"在产生出个人同自己和同别人的普遍异化的同时，也产生出个人关系和个人能力的普遍性和全面性。"[①] 由于人是经济活动的出发点，欲望是人类行为的逻辑起

---

① 《马克思恩格斯全集》第46卷（上），人民出版社1979年版，第109页。

点，也是人类经济由以运行的根本动力所在，作为有生命的存在物，人的最本能最基本的欲望便是生存，而由生存的欲望便外化为对维持生存的物质产品的需要。所以，马克思说："人们为了能够'创造历史'，必须能够生活。但是为了生活，首先就需要吃喝住穿及其他一些东西。因此第一个历史活动就是生产满足这些需要的资料，即生产物质生活本身。"① 对物质产品的需要毋庸置疑成了人类生存和发展的第一需要。在农业经济形态中，受血缘关系和土地关系的制约，受人的认识能力和生产力水平的制约，人们基本上是处于自给自足的状态，从土地上如前所述利益获取也是有限的。因此，社会的物质交往并不普遍，加上个体的主体性并没有发育成熟，客观和主观的双重条件使得个体对物质的强烈欲望并没有被激发出来。可是，当商品经济逐渐发展起来后，"在一手交钱、一手交货"的社会中，人们发现只有付诸货币行动，形成有支付能力的时候，人的物质生活需要等各种欲望才能得到满足，而且由于货币交换现象的无所不至，货币的中介作用掩盖了交换后面的真实目的，使人们容易认为人类欲望所追求的便是各种物质对象的满足，导致很多人把对金钱的追求作为人生的终极目的，把维持生存的对物质产品的必需变成了人类的惟一需要。虽然在古希腊的时代，还没有马克思在《资本论》中所批判的"商品拜物教"的大量出现，也没有像 20 世纪西方人本主义哲学家所批判的物对人的异化的普遍产生，这是因为那时的商品经济的水平和程度尚不能与后来的资本主义同日而语，但商品经济的同质性，已经让我们看到在古希腊当商品经济产生、血缘关系被打破后，以财富为重的价值观逐渐取代了以血缘关系为首的原有价值观。在雅典梭伦的改革中，"雅典的公民是以财产多寡分为四等，规定了各自不同的权利和义务。"②

---

① 《马克思恩格斯选集》第 1 卷，人民出版社 1995 年版，第 79 页。

② 董小燕：《西方文明：精神与制度的变迁》，学林出版社 2003 年版，第 15 页。

在社会中，"不是门第而是财富创造人"成为新时代的口号，类似的还有"财产乃是不幸的凡间人的灵魂"、"幸福随财富而来"、"金钱，金钱——就是人"① 等。"大量流传下来的希腊辩士代辩词，尤其是公元前4世纪传下来的政府指示和法令，给我们绘出了希腊各大城市的商港和市场中崇拜金犊的狂热。"② 商品关系与天然的人伦关系不相容，它是私有者之间的分离和对立的原则。如果说在社会生活的其他领域还有残留在血缘关系之上的人间温情的话，那么，在商品经济领域，唯利性便成为一种被人们所认同的经济领域的目的。（当然这并不是产生经济行为的人们动机的真正本质，但在现实层面却造成一种似真理性的假象）当唯利成为经济所追逐的惟一目标，且追逐的个体已经从集体意识中分化形成了个体的主体意识，利他主义在商品经济之下难于自发产生便几乎成为顺理成章的结论了。"商品交换者在经济活动中的经济地位，决定他必然只关心自己的利益，对他人的利益漠不关心。"③ 马克思在分析商品经济与道德关系时指出："每个人为另一个人服务，目的是为自己服务；每一个人都把另一个人当作自己的手段互相利用。"④ 恩格斯也认为，私有制社会的商业交易"它丝毫不隐瞒商业的不道德的本质。"⑤ 它表明商品经济的本质与利他主义的不一致，利他主义不可能在商品经济的母体里自发产生。但注意这并不否认商品经济的出现代表社会的进步，也不说明商品经济不需要道德的调节。相反，恰恰因为商品经济这样的特点，它才更需要公正、公平与信用，更需要限制人们的自私自利。

---

① 陈刚：《西方精神史》（上），江苏人民出版社2000年版，第95页。
② 陈刚：《西方精神史》（上），江苏人民出版社2000年版，第95页。
③ 王莹、景枫：《经济学家的道德追问》，人民出版社2001年版，第218页。
④ 《马克思恩格斯全集》第46卷（上），人民出版社1979年版，第196页。
⑤ 《马克思恩格斯全集》第1卷，人民出版社1995年版，第601页。

2. 商品经济提供较大的获利空间，驱动逐利，遏止利他

商品经济的产生主要是缘于社会分工，没有社会分工，就没有商品交换的必要。从社会分工的产生来看，远在古希腊时代，百科全书似的大学者亚里士多德在他的著作《尼可马科伦理学》中便已经论及分工的重要性。在经济学领域，亚当·斯密是分工理论最早的阐发者，在他的著作里提出了富裕源于分工的观点。在生产领域社会分工的发展，专业化水平的提高，意味着单位时间里劳动生产率的提高，根据价值规律，也就意味着商品的劳动力成本的降低，从商品中获取的利润就大。商品经济是交换经济，它所涉及的交换领域面显然比农业经济要广，从商品中获取的利润大小也和资源的稀缺度相关，"物以稀为贵"，从而为谋取暴利提供了空间。此外，商品经济与农业经济相比，一般是加工经济，商品的附加值要比农产品高，获利也便高。在古希腊时代，人们对商品经济与分工、富裕的关系也许没有像后人认识得那样深刻，但这并不否认在当时的商品经济发展阶段，商品经济的这些特质的存在。商品经济既然提供了较大的获利空间，在较大利益的驱使下，在获得与代价的权衡下，在对财富追求的价值观的导向上，也易于使人们为逐利而放弃利他。不过，我们说，中国的自然经济在一定程度上抑制了利己主义的产生，西方的商品经济在一定意义上刺激了利己主义的产生，只是从整个经济形态与利己主义关联的大致趋向而言，并不是说，自然经济社会就没有利己行为，也不否认商品经济社会就完全没有利他行为。因为决定人的行为是各种因素综合决定的，这里只是着重倾向而已：在一个抑制利己主义产生的自然经济形态的社会里，可能利于利他主义的产生；在一个刺激利己主义产生的商品经济形态的社会里，可能不利于利他主义产生。如果我们能够在这点上达成共识，也就可以从经济形态的差异解释儒家与基督教两种利他主

义产生的此在性与彼岸性的不同。当然，除了经济形态对儒家与基督教利他主义产生性质有着重要的作用外，文化传统对人的伦理道德行为也有着重要的影响。

第三节 文化形态对利他主义产生性质的作用：道德优位与理性优位

利他主义是人们在处理人与人、人与社会利益关系时的一种伦理准则，除了受人际形态、经济形态影响之外，还必然受文化形态的影响，即必然深受其道德主体所生长其中的文化特质的深刻影响。因为人是文化的产物，文化型塑着人的价值观念、思维方式与行为选择等。就利他主义而言，人类利他行为不仅深受生物进化的影响，更主要地是受文化进化的塑造。有的文化强化和巩固着血缘关系；有的文化却瓦解和断裂着血缘关系，中国人伦文化和西方自由文化就是这两类的典型代表。可以说，在中国"亚细亚"文明路径基础上形成的中国人伦文化中道德优位的特点，在一定程度上促使儒家利他主义易于从中国人伦文化的母体中自然产生；而在西方"古典的古代"的文明路径基础上形成的自由文化中理性优位的特点却不易于利他主义产生，在一定程度上促成了基督教利他主义产生的彼岸性。那么，中国的人伦文化与西方的自由文化是如何产生的？两种文化各自的道德优位与理性优位的特征又是如何影响儒家与基督教两种利他主义产生的不同性质的？

一、西周人伦文化与古希腊自由文化产生之探究

文化是人类文明发展的产物，它产生于各民族生长的大地，自然

环境、经济形态与政治模式型塑着一个民族的精神气质，这种气质以潜移默化的方式浸透到文化主体的血脉与灵魂中，构成民族文化的深层的稳定结构。从中西文化的特征来说，中华文明的"亚细亚"路径孕育出中国人伦文化的典型特征，西方文明所走过的"古典的古代"之路造就出西方自由文化的显著特质，这是学界所公认的观点。就儒家与基督教利他主义伦理思想所产生的文化预制来说，从历史事实出发，一方面，我们如实承认那时中国人伦文化与西方自由文化的特色并没有完全形成，因为文化的典型特征是需要在历史长河的发展中、在社会实践与生活的完全展开与丰富中历经而成的，中西文明发展的历史刚刚展开之际，又何以成就各自的典型特质？但另一方面，我们也从不否认在儒家与基督教产生之前，中西文化已经具有了各自的人伦文化与自由文化的雏形，这是缘于文化的发展又是连续的，典型特征与传统不是突兀而起的。就西方文化而言，正如黑格尔所言："到了希腊人那里，我们马上便感觉到仿佛置身于自己的家里一样，因为我们已经到了'精神'的园地。"① 也如英国诗人雪莱所评价的："我们全是希腊人的：我们的法律，我们的文学，我们的宗教，我们的艺术，根源都在希腊。"②就中国文化来说，也如中国现代著名学者钱穆所指出的："孔子以前，中国文化已经历二千年以上之积累，孔子亦由中国文化所孕育。孔子仅乃发扬光大了中国文化。"③ 也如当代对中国古代思想文化研究十分有造诣的学者陈来在其著作《古代宗教与伦理——儒家思想的根源》一书所道："周代的文化与周公的思想在型塑中国文化的精神气质方面起了重要的作用。"④ 由此，分别在西周与古希腊

---

① 【德】黑格尔著，王造时译：《历史哲学》，上海书店出版社 1999 年版，第 231 页。

② 转引自陈刚：《西方精神史》（上），江苏人民出版社 2000 版，第83 页。

③ 《钱宾四先生全集》18 卷，台湾联经出版公司 1994 年版，第 273 页。

④ 陈来：《古代思想文化的世界》，三联书店 2002 年版，第 9 页。

雏形已具的中国人伦文化与西方自由文化，便成为儒家与基督教利他主义伦理思想产生的文化前提，对儒家与基督教利他主义产生的不同性质起着一定的预制作用。

1. 西周人伦文化的产生

所谓"人伦"，其中"伦"是指道理、次序。"人伦"即人与人关系中的次序与道理。也就是通俗意义上所指的调节人际关系应该遵循的道理或规则。在儒家产生之前的中国文化发展到西周时期已经具有了中国人伦文化之雏形，其产生的原因在于：

其一，血缘关系与自然经济的存在为其提供了社会基础。在古代社会，人类的生存活动是主要的活动，人际关系的协调与合作的好坏是关乎生死存亡的重大问题，调节人际关系的人伦之道也就应运而生，它的基础是天然的血缘关系。血缘关系是连接原始氏族社会的强有力纽带，建立在血缘关系基础之上自然形成的人际调节方式便成为人伦之道的最初和最基本的内容，并成为维持社会秩序的最根本手段。与这样一种人际关系相匹配的社会的经济形态为自然经济，自然经济的生产力水平低下，是一种自给自足的经济，社会活动范围有限，人际交往狭窄，建立在血缘关系之上的人伦之道在自然经济的形态下得以存在与发展。故，人伦文化产生的社会历史的土壤便是血缘关系和自然经济。如前所分析的原因，由于在中国，血缘关系一直没有被契约关系所取代而成为主导，自然经济始终长期在中国占据主导地位，因此，以自然性的血缘生殖为土壤，以人"亲亲"的自然天性为基础的天然的人伦之道一直是维持中国社会的主要方式。它不仅没有像西方社会的人伦之道那样逐渐退出历史舞台的主角，相反却通过制度化、道德化、教育化而越来越自觉地得到加强与发展，成为维持中国传统社会的基本之道。

其二，与政治制度的联姻为其提供了发展的强大社会支撑。人伦之道因建立在血缘关系之上，它的产生是原生态的，是自然的，它根植于远古时代人类氏族生活的结构和需要。可以说，本来人伦之道最初也是最本真的意义与作用，只是调节人际关系，但在西周之后，中国的人伦之道却通过西周宗法制度的建立而进入政治领域。如前所述，一方面它使中国的血缘关系得以长期保存；另一方面，西周宗法制度通过将人伦之道与宗法相结合，使人伦之道由天然形成的调节人际关系的方式变为统治阶级有意识地维持政权的政治工具。学者杨适在其著作《中西人论的冲突》中所指出：宗法制度的根本特征在于"把人在社会政治和经济上的等级隶属关系建立在宗族等级隶属关系之上，两位一体，互为表里。前一种关系，是把人分为'君臣'隶属的等级层次，后者则是把宗族成员按嫡长子继承制的要求和准则，区分为大宗小宗和亲疏等差，搞成'宗法'隶属的等级层次。宗法制的实质在于把人与人的关系确立为统治服从的君臣关系；但这些君臣关系却主要借宗族的血亲、世袭、长幼等关系来形成、建立、维系和巩固。"[1] 这样，便形成了宗法等级与人伦相混合、把自然人伦关系变成为君臣统治等级关系的中国社会独具的宗法社会与宗法制度，原本调节人际关系的人伦之道则与维护国家统治权力和社会秩序密切关联起来，统治阶级出于自身维护统治的需要，大力推行人伦之道便是理所当然的选择了。一方面，中国人伦之道因与社会政治制度的联姻，从而使人伦文化的雏形在西周得以形成，并成为制度化的一种文化形态，初显中国社会统治的政治与道德合一的模式。另一方面，从儒家利他主义伦理思想而言，在一定意义上也预制了儒家利他主义的差等之爱和利他主义伦理思想之所包含的道德与政治关系的产生。

其三，通过道德教育的方式促其发扬光大。人伦之道是人类最

---

① 杨适：《中西人论的冲突》，中国人民大学出版社 1998 年版，第25 页。

早的调节社会关系的规则，在中华文明发展的起端便产生了关于人伦之道的思想与教化。"孟子曾指出，人伦之道的教诲由来已久，在舜命契做司徒之时。《史记》记述传说：'舜举八恺，使主后土，以揆百事，莫不时序；举八元，使布五教于四方，父义、母慈、兄友、弟恭、子孝，内平外成。'契为八元之一，'舜曰：契！百姓不亲，五品不驯，汝为司徒而敬敷五教，在宽。'这样做的结果，'契主司徒，百姓亲和。'（《史记·五帝本纪》）……这段古文记述是说，舜委任契作司徒，让他针对氏族家族不亲、五品不和的情况推行'父义、母慈、兄友、弟恭、子孝'这五教，造成各族人民亲密和睦相安的局面。"① 这里，我们可以看出上古时期由于处在中华文明发展的起端，人际关系相对简单，这里只涉及到亲子（父母和孩子）和兄弟两种家庭的核心人伦关系，是自然形成的血缘关系，调节的方法是五教即"父义、母慈、兄友、弟恭、子孝"，以维系和谐的关系，它反映出中国人从远古时期已经注意人伦之道的重要与教化。这种人伦之道通过教育的方式，不断广为传播与发扬光大，同时，也培养着中国人注重人伦之道的精神特质。

正是上述原因合力的结果，促使人伦文化在儒家产生之前已经具有雏形，并成为儒家思想产生的文化预制。可以说，从中国文化发展的历史进程来看，儒家思想既是人伦文化的产物，又将人伦文化继承、发展、丰富与光大，从而形成中国文化极具人伦之典型特色，又呈现出道德优位的特质。

2. 古希腊自由文化的产生

西方文化是西方社会发展的历史产物，"自由"可谓是西方文化不同于中国文化的显著特征。所谓"自由"，虽然有不同角度的多种

---

① 杨适：《中西人论的冲突》，中国人民大学出版社1998年版，第11页。

诠释，但它最本真的意义就是限制的对立面，即对原有限制的打破。以此为立点，我们去审视西方文明的起端古希腊文明的发展历程，不难发现古希腊文明在社会发展的多种向度中皆体现着对原有条件或现状的打破或改变，借助这种不同方向的不断的打破过程，形成历史的合力，从而促使西方文化在古希腊时期就形成了自由文化之雏形，也培养了希腊民族喜好自由的精神气质，这也许就是黑格尔在《历史哲学》中将自由自在的希腊人描绘成"好似那中天歌唱的小鸟"的原由。也是中国学者陈刚在其所著的《西方精神史》一书中所道："古希腊就是，若用一个词来概括，那就是——自由"① 的原因所在。古希腊的自由体现在：

其一，在人与自然的关系方面：希腊航海业的发展，体现的是古希腊人面对土地的贫瘠、资源的有限，力图打破自然环境的束缚与限制，开辟生存的另一个空间的自由与超越的精神，孕育出西方文明对理性的热爱与追求。因为理性是人类所独有的，理性是人类主体性的依托，是人类对自然规律认识与把握的基石，古希腊民族正是在要打破原有的自然条件的限制的目的驱动下，不断去探求自然界的规律，寻求"逻各斯"，从而摆脱自然的限制，让自然为人类服务。

其二，在社会的经济形态方面：航海所开辟的新的生存空间意味着与原有的依赖于土地的生存方式的被打破，它改变的是原有的物与物的简单交换的方式的限制，形成的是交换的更广领域；它改变的是原有的农业经济形态，形成的是超越原生形态的商品经济模式；它改变的是原有的血缘关系，形成的是超越原生血缘关系的契约关系。个体开始从依附于血缘关系中独立出来，在一定程度上获得了自由，从而促进个体主体性与自我权利意识的形成。加上古罗

---

① 陈刚：《西方精神史》（上），江苏人民出版社 2000 年版，第 185 页。

马文化中注重实利的精神，"实利主义是罗马人性格或精神的一大特征。即只关心自己的实际利益，关心财富占有、社会享受、对自己有实际用处的东西，其他一切皆不问。"① 从而形成西方人对财富的追求与对自身利益的重视态度。

其三，在社会的政治结构方面：它打破的是君王权力的独断，揭去的是神授王权的神秘，君主绝对权力的被推翻，个体神圣性的被消解，形成的是希腊城邦的民主制度，是建立在契约关系之上的法律精神。再加上古罗马文化中罗马法的精神，可以说"西方现代立法理论的三个重要原则——法律面前人人平等、契约自由和财产所有权不容侵犯——在古罗马法中均有充分体现。它们不仅仅在罗马社会生活中发挥了极为重要的作用，而且对以后西方历史的发展也产生了不可磨灭的影响。"② 形成了西方人重法治、重契约、重所有权的观念。

正是这几个向度在横向的彼此促进，在纵向的各自推进，共同造就出古希腊自由文化之雏形，也呈现出理性优位的特质。

二、西周的"道德优位"、古希腊的"理性优位"与利他主义产生

任何一种文化之所以区别于其他的文化，就在于其文化自身所具有的质的规定性的存在。西周与古希腊时期的文化由于已经具有中国人伦文化与西方自由文化之雏形，中西文化各自所具有的内在的质的规定性也同时初显其端倪。从与利他主义相关的方面来说，中国人伦文化所特有的道德优位与西方自由文化的理性优位的精神气质，对儒家与基督教利他主义伦理思想产生的性质起着一定的预制作用。

---

① 陈刚：《西方精神史》（上），江苏人民出版社 2000 年版，第 216 页。
② 陈刚：《西方精神史》（上），江苏人民出版社 2000 年版，第 251 页。

1. 西周人伦文化的道德优位与利他主义产生

"在中国早期文化的发展中，'德'字的出现及德的观念的发展，对于中国文化的精神气质的发育，具有相当重要的意义。"① 在中国西周人伦文化之雏形中已经具有了"敬德明德""道德优位"思想的端倪，将道德放在利益之前，注重人的行为符合道德。可以说，道德优位的特质无疑在一定程度促进利他行为与利他主义的产生。

其一，道德优位体现在注重人的行为符合道德。"敬德明德"的观念和强调是周文化的一个显著特征。依据许多学者包括古文字学家的研究对中国早期文化的研究，使我们知晓从"德"字的含义来看，"德"字虽然在甲骨文、金文中早以有之，专家认为"'德'的古文就是由'直'符和'行'符"组成。②" "德字古文取象意义：在初民看来，在道路旁边或中央画成表示正直有当的'直'符，即可确保行为的准确无误，也就等于具有了避免越轨偏差的巫术效力。'德'既由'直'得声受名，也就具有了一般的'正道直行'的字义。"③ 由此可见，"德的原初含义与行、行为有关"④ 而至西周到春秋时期，德字的含义已发展为两个方面："一是指一般意义上的行为、心意，二是指具有道德意义的行为、心意。由此衍生出的德行、德性则分别指道德行为和道德品格。"⑤ 即"在心为德，施之为行。"

---

① 陈来：《古代宗教与伦理》，三联书店 2002 年版，第 290 页。

② 臧克和：《中国文字与儒学思想》，广西教育出版社 1999 年版，第 114 页。

③ 臧克和：《中国文字与儒学思想》，广西教育出版社 1999 年版，第 116 页。

④ 陈来：《古代宗教与伦理——儒家思想的根源》，三联书店 1996 年版，第291 页。

⑤ 陈来：《古代宗教与伦理——儒家思想的根源》，三联书店 1996 年版，第 291 页。

（《周礼注》）从德的重要性来看，德字在殷商文化中并不是一个重要的观念，这是学界基本共认的看法，但在"西周时期，'敬德'的观念和强调是周文化的一个显著特征。"[①] "明德和敬德的提法在西周文献中反复出现……已明显地把德作为道德的意义使用，或加以形容词以颂美之，或加以动词以实现之、彰明之。"[②] 明德既有光明的道德之意，也有实现道德之要求。

其二，道德优位体现在注重统治者的德政。"敬德明德"的观念和强调在西周时期是和君王政权的巩固密切相关的。"敬德的观念的产生在古代政治文化的传统中可能有其渊源。从早期禅让的政治文化传统，到夏商两代，在君权神授观念的同时，也都传留了一种由君主领袖的美德和才智来建立政治合法性的传统。"[③] 从中国历史的发展而言，"早期中国政治思想传统的核心问题是暴君与暴政的问题，它体现的是统治者（君王）与被统治者（民众）间紧张关系这一永久性的政治原理。"[④] 从夏—殷—商的朝代更替的历史中，不难看出一方面，暴君与暴政是导致王权被灭亡的重要原因；另一方面，德行与德性也成为后起君王建立统治合法性的法宝。"周人一开始就是从'小邦周'的道德性来确立其取代商殷的合法性"[⑤] 虽然西周时期，周人不可能做到从理性的角度分析暴君问题是与中国政治权力家族继承制，父系宗亲之间传递政治权力的制度因缺乏约束机制

---

① 陈来：《古代宗教与伦理——儒家思想的根源》，三联书店 1996 年版，第 293 页。

② 陈来：《古代宗教与伦理——儒家思想的根源》，三联书店 1996 年版，第 296 页。

③ 陈来：《古代宗教与伦理——儒家思想的根源》，三联书店 1996 年版，第 293 页。

④ 陈来：《古代宗教与伦理——儒家思想的根源》，三联书店 1996 年版，第 297 页。

⑤ 陈来：《古代宗教与伦理——儒家思想的根源》，三联书店 1996 年版，第 296 页。

而易产生的原因所致，但他们已从历史发生的前车之鉴中直悉"君主的个人德行与政治的道德性格对维持政治稳定性的重要作用"①，已经自觉意识到并将"以德代暴"作为防止暴君和巩固政权的主要之道。因而，"防止政治道德的堕落，以保持王朝的持久，成了西周政治文化代代传诫的律法和信条。"② "惟不敬厥德，乃早堕厥命。"（《召诰》），"肆惟王其疾敬德，王其德之用，祁天永命。"（《召诰》），"王敬所作，不可不敬德。"（《召诰》）等就是这一思想的典型表述与反映。

其三，道德优位体现在整个社会对道德的重视与弘扬。在西周时期，统治者已经自觉意识到道德与政权巩固之内在关联，整个社会形成对道德的重视，在人伦文化的雏形中已经具有了道德优位的特点：从关于德的条目来看，西周时期已经非常之多，学者根据其古代文献对于德行体系的概括，将其分为三类：第一类是属于个人品格要求的，如《尧子》中的四德、《洪范》中的三德等第二类是关于社会基本人伦关系的规范的，如五教、七教、八政、十伦、四道、三行、六行等。第三类是前二类结合的德行要求如六德、九德、九行、九守、三达德等③，反映普遍性的道德价值要求的如仁、智、信、义等显著增多，这些"基本反映了西周时代德行观念的面貌，它们既是作为统治者个人的规范和要求，也具有普遍的伦理学德性和德行原则的意义。"从内容上，"这些德目似可看作两大类，一类是立基于家庭和家庭乃至宗族关系的人伦规范，主要是家庭道德。一类是作为个人主要是向统治者提出的个人的品格的要求。在后者

---

① 陈来：《古代宗教与伦理——儒家思想的根源》，三联书店 1996 年版，第 296 页。

② 陈来：《古代宗教与伦理——儒家思想的根源》，三联书店 1996 年版，第 297 页。

③ 陈来：《古代宗教与伦理——儒家思想的根源》，三联书店 1996 版，第 306—307 页。

中也包括着一般人格理想的意义。"① 西周时期这两类德性的内容上实际上都体现出重视家族与国家的整体主义价值取向，家庭和家庭乃至宗族关系的人伦规范的产生实际上是为维持家族或宗族的存在、和谐与发展，西周通过礼乐文化加以强化；对以统治者为主的人的品格的德性要求，实际上也是为维持国家政权的巩固与发展服务。

其四，道德优位体现在西周文化注重对人伦之道的教育。因在中国人伦文化何以形成时我们对此已经给予阐释，故在此恕不重复。正是西周文化对人伦之道的重视，型塑着中国传统文化道德优位的特质，在一定程度上预制了儒家人性为善和仁义思想的产生。儒家将人的道德性作为人的本质特性，作为人区别于禽兽的本质特征；将人的道德生活看成是人生的根本内容，道德是人生的基本规范和全部人生的实质和意义等，既是西周人伦文化的产物，又是对它的进一步发展，并且通过教育的方式，将西周人伦文化注重道德的特质发扬光大，认为"道德教育在整个教育中具有绝对优位的特点"②，教育的目的是"大学之道，在明德，在亲民，在止于至善。"（《大学》）

西周人伦文化中反映的道德优位的上述方面特质，在一定意义上促进了儒家利他主义在人伦文化的母体里的产生，因为利他是道德的诉求也是道德的产物。

2. 古希腊自由文化的理性优位与利他主义产生

在古希腊自由文化的雏形中，已经开始显现"理性优位"的精神气质，主要表现在：

其一，理性优位体现在对理性的神圣性的认知。古希腊思想文

---

① 陈来：《古代宗教与伦理——儒家思想的根源》，三联书店1996年版，第308页。
② 李萍：《现代道德教育论》，广东人民出版社1999年版，第30页。

化的最初表现形式是神话，"在古希腊神话中，理性和智慧被看作是对神性的分有，是从神那里获得的是非辨善恶的能力。"① 追求理性、服从理性，是古希腊人的崇高使命和神圣职责。哲学家阿那克萨哥拉认为"在理性兴起的当时，一切事物处于一片混乱之中，理性规定了次序和条理。"② 理性担当着为世界的立法者。亚里士多德也认为"理性观念同人性相比，理性观念是神圣的，那么，以理性观念为根据甚或同人们的日常生活相比较，以理性观念为根据的生活也一定是神圣的……对于人来说，这就是以理性为根据的生活，因为它才使人成为人。"③ 与中国人伦文化将"仁"作为人立命之本不同，古希腊注重人的理性，认为"人是理性的动物"，没有经过理性审慎过的人生是不值得过的。

其二，理性优位体现在对理性的热爱与追求。古希腊人对理性的追求最集中地体现在对纯粹理性的态度方面，这也是古希腊文明区别于其他古代文明的重要特点。"所谓纯粹理性，指人超出一己的感性欲望和利害关系，不求功利和不计得失地探索各种抽象和思辨的问题，如世界的来源、事物的本质、思维的形式、存在的意，以及绝对和完美。"④ 古希腊的纯粹理性突出地表现在其哲学中，即对代表规律的"逻各斯"的热爱与追求。对纯粹理性的追求实际是上一种自由的超越精神的体现，超越有限到无限；超越已知到未知；超越不足到完美；超越相对到绝对，人类文明的不断发展与进步的原动力归根到底源于此。这样一种精神在古希腊哲学晚期当神秘主义和唯灵主义兴盛时逐渐衰落，但它却以宗教理性的方式保留下来，

---

① 陈刚：《西方精神史》（上），江苏人民出版社 2000 年版，第 144 页。

② 引自【美】伊·汉密尔顿著，徐齐平译：《希腊方式》，浙江人民出版社 1988 版，第 20 页。

③ 【美】伊·汉密尔顿著，徐齐平译：《希腊方式》，浙江人民出版社 1988 年版，第 28—29 页。

④ 陈刚：《西方精神史》上卷，江苏人民出版社 2000 年版，第 142 页。

体现在对至善、至真、至美的基督教的上帝崇拜中。没有古希腊对纯粹理性的热爱，基督教的上帝也许不可能长期存在。因为宗教理性虽然是纯粹理性的变异，但精神的血脉是相同的。也许正是因为古希腊人认为理性是来自于神且它使人成其为人，这就为基督教对上帝的崇拜以及由上帝来颁布"爱"的律法创造了思想基础，因为上帝是最完美的至高无上的神。显然，当古希腊将分辨是非善恶的能力归于神，实际上在一定意义上便是对人的道德善恶能力的否定，至此基督教将利他源头归于全能、全知、全善的上帝也就不难理解了，也在一定程度上导致利他主义产生的性质具有彼岸性。

其三，理性优位体现在对个体价值、个性与权利的尊重。古希腊的理性是在人与自然的分化、人与自然的改造中产生的。当人类一旦从自然万物中分化出来，也就意味着人与自然的天然纯朴、亲密一体关系的被打破，也意味着人与自然的分离，意味着人类主体意识的萌发与觉醒；当人类能够具有了改造自然、征服自然甚至是驾驭自然的能力和实践活动，在对客体自然的实践活动中使之尽量满足主体人类利益的需要，人在与自然的关系中便开始占据着支配地位，人的理性能力得以形成与体现。"人是万物的尺度，是存在的事物存在的尺度，也是不存在的事物不存在的尺度。"这便是古希腊哲学家从哲学的角度对人的个性和主体性的肯定，也是古希腊在对自然生存条件不断征服过程中对人的价值与能力肯定的哲学的表达。黑格尔说，这说出了一个伟大的命题，从现在起，一切都围绕着这个命题转，因为人发现了自己。同理，当个体随着古希腊血缘关系的被打破，从天然地依附于氏族部落关系的制约中解放出来；当个体随着社会分工的产生与发展，从机械团结和相似性中逐渐分离，个体的主体意识也就在因分工而导致经济活动的不同性的基础上孕育与培植；当个体的财产随着古希腊所颁布的法律得到保护，个体的经济活动便拥有了持久动力源的存在，个体意识也得以显现。个体意识一方面突出地表现在行为处事具有自己的独特的判断力上，自己选择自己的生活，"个性是人的本质特征，它是古希腊最主要的特征，它决定了希腊取得成就的途径，它是希腊人热爱自由的原因，也可以说是他们热爱自由的结果，究竟是原因还是结果，决定于你从哪一个角度看待这个问题，每一个希腊人都有一个强烈的愿望，要求自己决定自己的生活方式，自己的行动由自己选择，一切问题都通过自己的思考。"① 另一方面通过对财富的追求、对艺术才华的展示等表现自身的能力与价值。与中国人伦文化重视整体主义易于利他不同，古希腊自由文化注重自身利益与个性的追求，在一定程度上抑制了利他主义的自发产生。

其四，理性优位体现在将社会秩序的维持归于法律。法律精神与自由精神相关，如果个人的自由发展到极端势必引起社会的冲突。从社会的存在和维持的角度看，法是对自由的一种外在的限定。法律又是理性精神的产物，建立法律制度是人们根据自己的理性判断认为这种制度符合他们的利益，保护他们的权利，体现他们的价值，对自己有利的一种理性的选择，基于对人性与社会的理性认识。"古希腊的法治理论有两个基本的公设，一是目的论与价值观，一是性恶论，目的论是正义论原则，即制定城邦法律的意图是正义原则的实现，在此情况下，公民能够在城邦中过上优良和幸福的生活。"② 正如亚里士多德所指出的："法律的实际意义却应该是促进全邦人民都能进于正义和善德的制度。"③ 性恶论是主张人之初，性本恶，或至少人性中有恶和自私自利的一面，因此必须制定法律，促使人性想好的方向发展。柏拉图在《法律篇》中指出："人类必须有法律并且遵守法律，否则他们的生活将像是最野蛮的兽类一样……人类

---

① 陈刚：《西方精神史》（上），江苏人民出版社 2000 年版，第 192 页。
② 陈刚：《西方精神史》（上），江苏人民出版社 2000 年版，第 125 页。
③ 【古希腊】亚里士多德著，吴寿彭译：《政治学》，商务印书馆 1965 年版，第 138 页。

的本性将永远倾向于贪婪与自私，逃避痛苦，追求快乐而无任何理性，人们会先考虑这些，然后才考虑到公正和善德。这样，人们的心灵是一片黑暗，他们的所作所为，最后使得他们本人和整个国家充满了罪行。"① 正是古希腊社会整体上秉持这样的理念，所以尤其注重法律的功能与实施。古希腊的这种思想一方面体现了与西周用道德作为政治秩序维持的主要之道，却"以德来涵盖中国古文化的所肯定的一切政治美德。"② 的不同，它是把"正义"视为良好的政治制度必须的基本属性与维持两好政治秩序的基石，以"正义"来涵盖所有的政治美德。另一方面，由于血缘关系的被破坏，血缘与利他之间自然通道不再，再加上商品经济的建立与以财富利益为重的价值观的建立，也使古希腊人性为恶的思想得以产生，这样就为基督教的"原罪"说和由公平公正的上帝来制定诫命起了预制作用，也从另一个角度促使利他主义的产生的彼岸性。

其五，理性优位体现在古希腊道德教育的智德统一，以智为本。在古希腊哲学注重对纯粹理性的追求、对智慧、真理的精神引导下，与中国教育以道德为本、重人伦之道不同，古希腊的教育虽然包含道德教育，"但并不把教育的目标等同于德育的目标"，而且即使在道德教育中也表现注重理智德性和崇尚知识的特点。苏格拉底就提出："知识即美德"，柏拉图则继承发展了他的思想，提出代表一切事物的共同本质的"善的理念"是人的行为所必须追求的最终目的，是一切道德的基础和根源。古希腊的道德教育具有明显的以知为本，知德统一于知的特点。③

---

① 【古希腊】柏拉图：《法律篇》，引自《西方法律思想史资料选编》，北京大学出版社 1983 年版，第 27 页。

② 陈来：《古代宗教与伦理——儒家思想的根源》，三联书店 1996 年版，第 297 页。

③ 李萍：《现代道德教育论》，广东人民出版社 1999 年版，第 36 页。

正是由于上述诸多因素的合力作用，造就了西方自由文化的理性优位的特征。虽然理性优位对西方社会的发展、知识与科学的进步有着巨大的作用，但在自由文化的母体里对个体利益与价值的追求不易产生利他主义也是无可否认的。

综上所述，我们从人际形态的中国的血缘关系与西方的契约关系、从经济形态的中国的自然经济与西方的商品经济、从文化协调的中国的道德优位与西方的理性优位三大向度不同特征的分析中，既反映了中西文明路径的不同与中国人伦文化与西方自由文化的差异，也从中看到了它们如何对儒家利他主义产生的此在性与基督教利他主义产生的彼岸性的不同的历史与文化的预制。无疑，儒家与基督教分别作为中西文化发展的主脉，其思想体系的产生必然深受中西不同的历史与文化传统的预制，一方面，预制表示产生关系，两者的联系是不可忽视的，了解中西不同的历史与文化传统的预制作用成为我们深刻把握儒家与基督教利他主义产生的不可缺少的一环。但一方面，预制不是决定一切，它仅仅说明儒家与基督教利他主义思想产生的历史与文化根基而已。历史的发展是不断向前的，社会存在与社会意识的不断变化又不断冲破原有预制，儒家利他主义将利他源头归于现实的人，基督教的利他主义将利他源头归于彼岸的上帝，除了中西不同的历史与文化预制的作用外，作为思想体系，另一个重要的因素就是儒家与基督教两种利他主义理论的起点是不同的，儒家是人性善，基督教是人性恶，儒家的人性之善与基督教的人性之恶理论的提出，一方面因文明路径与文化传统形成的两种利他主义产生性质的此在性与彼岸性的影响，另一方面则是在于儒家与基督教利他主义产生的社会背景与理论建构的不同。

第三章

儒家的"人性善"与基督教的"人性恶"

——两种利他主义的不同理论起点

　　在儒家和基督教两大文化体系的形成发展过程中，人性理论起着至关重要的作用。就利他主义而言，血缘关系、自然经济与道德优位的中国文明路径与西周人伦文化的特点在一定程度上预制了儒家利他主义产生的此在性；契约关系、商品经济与理性优位的西方文明路径与古希腊自由文化的特点在一定程度上则预制了基督教利他主义产生的彼岸性，但这只是历史的因素，只是决定两种利他主义产生性质的前提。儒家与基督教两种利他主义将利他之源头分别归于人与神，更主要地自然是分别通过儒家的"人性善"与基督教的"人性恶"的理论预设实现了从历史的可能到理论的实现。可以说，两种人性理论分别是中西文化经过漫长的孕育形成的历史产物，又是将各自文化从经验的层面推之理论架构的逻辑起点，决定了儒家和基督教两种利他主义的基本特征与风貌。对儒家与基督教人性学说的探讨与比较成为了解与把握儒家与基督教利他主义思想差异的关键所在。儒家的人性善的学说与基督教的人性恶的理论产生的契机是什么？性善说与性恶论的理论与伦理道德有何关联？二者理论的架构的方法有何不同？等等，便成为我们本章研究的内容与重点。

第一节　维系统治与拯救心灵
——两种利他主义的不同指向

"道德是人的道德，道德是维护、改造、提升人性的重要途径和手段，因此，对人性的不同看法就会直接形成不同的伦理学说。人性理论对于伦理学说的构建有着不容置疑的预制作用。"[①] 儒家与基督教的人性理论的产生是中西文化对人自身反省与思考的产物，反省的现实基础之一便是当时社会存在的现实与危机。那么，儒家与基督教思想产生的现实危机是什么？危机的性质又是如何决定了儒家与基督教两种人性学说的不同价值取向？

一、西周的"礼崩乐坏"决定了儒家"人性论"维持秩序的现实指向

在人类社会发展的历史中，我们常常看到历史在某个时空的经纬点遭遇与爆发社会重大危机时，也许对当时的社会发展不啻是一场灾难或浩劫，但从历史的整体发展脉络来看，危机却是历史孕育

---

① 肖群忠：《道德与人性》，河南人民出版社 2003 年版，第 34 页。

重大转折的阵痛，也是萌发新思想的催化剂。中国西周的"礼崩乐坏"的社会危机是孕育儒家人性理论的历史前夜，在很大程度上决定了中国儒家人性学说的现实指向，即如何在西周"礼崩乐坏"的社会危机之后重建有效的社会秩序。

从中国社会历史的进程而言，西周上承殷商下启春秋战国，"'周'是一个历史几乎与'商'同样悠久的部族，作为偏处西方的'小邦'，它曾长期附属于商。经过数百年的惨淡经营，周族逐渐强大，并利用商纣的腐败和商人主力部队转战东南淮夷之机，起兵伐纣。公元前11世纪，'小邦周'终于战胜'大邑商'，建立起周朝。"①

周朝的建立对于中国文化的发展来说，开启了文化模式从殷商神本向人本的转换，正如《诗经》所云："周虽旧邦，其命维新"，周的维新在政治与文化的双重向度上进行。在政治方面，它建立了宗法制度，在以武力推翻商纣王后，分封了许多姬姓诸侯国，因袭商代的种族血缘统治。建立的天子与诸侯之间的关系不仅是宗法血缘的关系，也是君臣关系；不仅依靠血脉亲情维系，也凭权力统御服从。例如，"西周时规定诸侯要定期朝聘周天子，如果违反了这个规定，诸侯就要受到严厉惩罚。'一不朝，则贬其爵；再不朝，则削其地；三不朝，则六师移之'（《孟子·滕文公下》）。"② 这种宗法制兼备政治权力统治和血亲道德制约双重功能的统治，体现宗法性、专制性与制度性。"其影响深入中国社会机体。虽然汉以后的宗法制度不再直接表现为国家制度，但其强调伦常秩序、注重血缘身份的基本原则与基本精神却依然维系下来，并深切渗透于民族意识、民

---

① 张岱年、方克立主编：《中国文化概论》，北京师范大学出版社2003年版，第81页。

② 张岱年、方克立主编：《中国文化概论》，北京师范大学出版社2003年版，第66页。

族性格、民族习惯之中。如果说中国传统文化具有宗法文化特征的话，那么，这种文化特征正是肇始于西周。"①

周朝在文化方面，实行了文化主旨上的转换，建立了"礼乐"制度，"确立了把上下尊卑等级关系固定下来的礼制和与之相配合的情感艺术系统（乐）的'制礼作乐'。"②"周代的礼制是周代制度文化、行为文化和观念文化的集中体现，它既是典章制度的总汇，又是政治生活、经济生活、社会生活、家庭生活各种行为规范的准则，"道德仁义，非礼不成；教训正俗，非礼不备；分争辩讼，非礼不决；君臣上下，父子兄弟，非礼威严不行'祷祠祭礼，供给鬼神，非礼不诚不庄（《礼记·曲礼》）。"③

"周人之'礼'，包括形式和内容两个侧面。其形式为'仪'即各种礼节和仪式。周制规定，各级贵族祭祀、用兵、朝聘、婚丧，都要遵循严格的合乎等级身份的礼节仪式，以体现君臣、父子、兄弟、夫妻上下尊卑之别。战国时人编纂的《仪礼》又称《礼经》一书，便是对西周礼仪的追记和理想化描述。礼的内容一是'亲亲'，贯彻血缘宗族原则；二是'尊'，执行政治关系的等级原则。周代礼制的内容与形式统一在其主旨上，就是'别贵贱，序尊卑，以保证'天无二日、士无二主、国无二君，家无二尊，以一治也（《礼记·丧服四制》）。"④

周朝创立的礼文化是与宗法制度一脉相承，把宗法制度的精髓

---

① 张岱年、方克立主编：《中国文化概论》，北京师范大学出版社 2003 年版，第 81 页。

② 张岱年、方克立主编：《中国文化概论》，北京师范大学出版社 2003 年版，第 81 页。

③ 张岱年、方克立主编：《中国文化概论》，北京师范大学出版社 2003 年版，第 82 页。

④ 张岱年、方克立主编：《中国文化概论》，北京师范大学出版社 2003 年版，第 82 页。

融汇贯通到维持社会秩序的社会生活的诸多层面，用礼节框定人们的行为模式，也用仪式的重复传递权威性与不可违反性，起着潜移默化趋使民众接受、认同与模仿、提醒的作用。这种礼文化既是"周人为政之精髓"、"文武周公所以治天下之精义大法"①，起着维持统治的功能；又在礼节规范中渗透是非、善恶、美丑等伦理道德的诉求，其要旨在于"纳上下于道德，而合天子诸侯卿大夫士庶民以成一道德之团体。"② 道德作为维系统治与合法性的主要方式在西周时期已经初显端倪，周公的"天命靡常，唯德是辅"、"以德配天"、"敬德保民"的思想便是中国传统文化的德治主义、民本主义与忧患意识等思想肇始之端。③

在这样的思想主导下，周朝维系着统治与盛世的几百年。但专制之下必有颠覆倾扎之危，"公元前 770 年周平王东迁后，周王室式微，诸侯坐大，卿大夫崛起，家臣活跃，社会开始发生激烈动荡。"④ 揭开了"礼崩乐坏"的春秋战国时代的序幕。"据文献记载，春秋 300 年间，'弑君三十六，亡国五十二，诸侯奔走不得保其社稷者不可胜数'（《史记·太史公自序》）。战国 250 余年间，发生大小战争 220 余次，'争地以战，杀人盈城'（《孟子·离娄上》）。"⑤

无疑，春秋战国时期是中国历史上一段血雨腥风、动荡不安的阶段。历史的危机与变动却萌发思想的孕育与躁动，正是在西周"礼崩乐坏"残檐断桓的废墟之上，中国文化经历阵痛与反省，进入

---

① 王国维：《殷周制度论》，《观堂集林》卷 10。
② 王国维：《殷周制度论》，《观堂集林》卷 10。
③ 参看张岱年、方克立主编：《中国文化概论》，北京师范大学出版社 2003 年版，第 82—83 页。
④ 张岱年、方克立主编：《中国文化概论》，北京师范大学出版社 2003 年版，第 66 页。
⑤ 张岱年、方克立主编：《中国文化概论》，北京师范大学出版社 2003 年版，第 83 页。

了雅斯贝斯所说的"轴心时代"。儒家思想的人性学说便是在历史与文化的这一大背景之下得以产生。人性论的出发点是探讨在"礼崩乐坏"的危机中如何建立合理、有效的现实秩序，这是儒家人性学说产生的现实基础，也决定了儒家学说关注于此在世界的社会现实问题，其理论的现实指向是显而易见的。

二、犹太民族的苦难、罗马帝国的空虚决定基督教人性论拯救
心灵的彼岸指向

与儒家人性论重建秩序的现实指向不同，西方基督教人性学说的产生更多则是缘于精神的危机，是出于人们心灵的需要，关注的是如何赎罪获救进入天堂的彼岸指向。

从基督教产生的过程而言，它的前身是犹太教，犹太教的历史在很多宗教学家的眼中并非是一般所谓的世俗历史，而是一部充满苦难与等待"救赎"的历史。从地理位置来看，"犹太民族居于巴勒斯坦地区，该地区位于阿拉伯沙漠、波斯湾、埃及接壤的'新月形沃壤'西南端，是埃及与亚细亚接触和冲突的首当其冲地区。长期以来该地区居民生活在邻近沙漠的游牧部落与各敌对大国冲突的旋涡中，因为它整个国家简直是条天然通道，北通赫梯、叙利亚、亚述与巴比伦尼亚、南达埃及"因此它在历史上注定是个多事之邦。埃及和任何崛起于北方的强国为争雄称帝而战时要取道于这个地方，为夺取通商要道而战时，要侵犯这里的人民。"① 不过，这块地理上得天独后厚的位置，却给犹太民族带来无数次的被侵犯与被掠夺的厄运，颠沛流离，有家难归，受奴、受欺凌几乎占据了整个犹太人的历史，使得犹太民族成为一个饱经忧患的民族。也许在社会历史中与苦难的多次遭遇塑造了这个民族特殊的集体意识，马克思关于

---

① 陈刚：《西方精神史》（上），江苏人民出版社 2000 年版，第 310 页。

宗教的产生，曾经指出"宗教是被压迫生灵的叹息，是无情世界的感情。"[①] 犹太民族感同身受，创造了反映自己苦难与希望的犹太教。在犹太教义里，他们一方面具有强烈的优越感，认为犹太民族是与上帝立约的，受到上帝的特别宠爱，是上帝亲自挑选的子民，上帝答应赐福他们，有割礼和摩西十诫为证。全能的上帝是公正与万能的，总有一天他会伸张正义，惩恶扬善，让作为上帝所钟爱的选民升入天堂，过天使般快乐幸福的生活；但另一方面，犹太民族又有着强烈的罪恶感，因为在尘世的生活里，他们饱受欺凌、掳掠与无家可归，上帝的赐福迟迟没有降临，这当然不是上帝的失约，只能归咎于犹太民族信上帝不诚，尊戒律不严，犯下种种罪过，使上帝震怒与失望。[②] 现实的苦难作为惩罚，犹太民族的希望在于通过赎罪而获救，先知与弥赛亚便成为犹太民族千年的等待与精神寄托。到公元前 586 年，当犹太王国被灭，犹太人沦为巴比伦之囚，后在巴比伦被波斯亡后转处其统治之下之时，犹太民族的双重心结更是突出，这也许就是公元前 586 年犹太王国沦落到公元前 333 年受波斯统治这一时期得以成为犹太教真正形成的重要阶段之原因，此时犹太教的教义也已经稳定下来。这种教义既是关于犹太人的历史，又是他们的宗教。在这种教义中，以一个全能的上帝创世为开始，以犹太人的苦难作为上帝荣耀的见证，以弥赛亚的再次出现为终结。正如韦尔斯所言：希伯来王国四个世纪的历史，"自始至终它不过是更广阔和更伟大的埃及、叙利亚、亚述和腓尼基历史中一桩附带事迹。但是现在从这里却产生了有关全人类头等重要的道德上和思想

---

① 《马克思恩格斯选集》第 1 卷，人民出版社 1995 年版，第 2 页。
② 陈刚：《西方精神史》（上），江苏人民出版社 2000 年版，第 306—308 页。

上的后果。"① 因为犹太教赋予历史发展与人生存在以一种意义、一个目标，一个归宿。

从基督教的流行、发展与壮大的历史过程来看，基督教形成于公元之初，是从犹太教脱胎而来的，其基本教义深受犹太教的影响，后来随着被罗马帝国所接受和奉为国教而逐渐发展壮大直至成为统治中世纪漫长千年的主导宗教。基督教的一统天下固然有众多原因，但从心理层面而言则是满足了人们疲惫、空虚与无奈的心灵的解救的精神愿望与渴求。当时的欧洲是处于罗马帝国的统治之下，公元前 3 世纪初，意大利半岛上的罗马城邦逐渐崛起，公元前 196 年，罗马征服了马其顿，到公元前 146 年，它征服了希腊，公元前 30 年，它征服了埃及，到公元前 1 世纪初，罗马已经取代马其顿成了一个新的地跨欧亚非三洲的大帝国。一方面，对于罗马帝国的统治阶级而言，庞大疆土的统治与管理，使罗马人不堪重负，过分优越的生活使罗马人丧失了生活的乐趣。美国历史学家房龙对此曾有一段精彩的描述："他们已经占有了所有的城乡住房，拥有了他们希望得到的全部游艇和马车。他们拥有了全世界的奴隶。他们尝遍了全世界的美酒，踏遍了绿水青山，玩尽了从巴塞罗那到底比斯的所有女人，世间所有的文字书籍在他们的藏书室里都能找到，他们家的墙上挂满了最美丽的图画。他们吃饭的时候有世界上最卓越的音乐家为他们演奏。他们在童年时曾由最出色的教授和教育家为他们上课，使他们学到了所有应该学到的知识。结果，所有的美味佳肴都失去了味道，所有的图书都变得乏味，所有的女人都失去了魅力，甚至生存本身也成为一种负担，很多人宁可获取一个体面的机会使自己丧生。剩下的只

---

① 【英】赫·乔·韦尔斯著，吴文藻等译：《世界史纲》，人民出版社 1982 年版，第 282 页。

有一种安慰！对未知和无形世界的遐想。"① 在一个疲惫与厌倦的心态充斥的社会中，引起人们兴趣的只有宗教。

　　另一方面，对于被罗马帝国所征服的民族来说，正如德国哲学家文德尔班所指出的那样："这个庞大的帝国对于它融成一个强大的整体的各族人民，不能给他们抵偿丧失民族独立的损失，它既不能给他们内在的价值，也不能给他们外在的财富。世俗生活的气息对古代各族人民来说已变得枯燥无味，他们渴望宗教。"② 公元390年，坚定信仰正统派的皇帝狄奥多一世将基督教立为罗马国教，基督教开始统治了整个罗马帝国。可以说，在社会陷入种种危机、人们普遍对尘世生活感到无望之时，满足了疲惫与空虚、无奈与失望寻求寄托或解救的发自内心的渴望成就与壮大了基督教，因此，在公元476年，当罗马帝国灭亡时，已经在罗马社会人们心灵里生根发芽的基督教却保存下来，并直接长入中世纪，成为新社会的基本细胞。

　　由上不难看出，如果说中国儒家的人性论的产生是缘于西周的"礼崩乐坏"的社会秩序遭受破坏的社会危机的话，那么，西方基督教人性论的产生与发展则主要是缘于人们的心灵危机。无论是从犹太民族的苦难历史与等待救赎的犹太教义，还是从罗马帝国统治阶级的疲惫与空虚的心灵与被统治阶级价值失落、无以认同的无奈与苦痛，我们都不难看出人性是恶的原罪说是对现实苦难与无奈的反映，而等待救赎与天堂便是脱离苦海、给悲苦或空虚的心灵一个有意义的尘世人生的价值解释。因此，与中国人性论的出发点是如何建立合理、有效的社会秩序的现实指向不同，西

---

　　① 【美】房龙著，迮卫、靳翠微译：《宽容》，北京三联书店1985年版，第56页。

　　② 【德】威廉·文德尔班著，罗达仁译：《哲学史教程》上卷，商务印书馆1987年版，第212—213页。

方基督教的人性论所关注的是每一个个体生命和整个人类生命的意义的获救，关注如何从善赎罪而获得上帝的爱以进入天堂与获得永恒生命的彼岸指向。中西方人性论产生的危机性质的不同、出发点与指向的差异不仅决定了各自人性学说的重点的不同，而且也使中国的文化发展趋向在经过儒家之后逐渐明晰地"趋向此世和'人间性'"①；西方文化在"轴心时代"发展的"宗教伦理化"的特点则经过基督教而越来越得到加强。儒家的人性之善与基督教的人性之恶的理论则是中西文化差异之典型反映。

第二节　人性之善与人性之恶
——两种利他主义的不同依据

儒家面对西周社会的"礼崩乐坏"的社会危机，基督教面对犹太民族无法解释自身命运与西罗马帝国的人们对尘世厌倦无望的心灵危机，二者都力图寻找危机的根源与解决的应对之道。由于社会是由人所构成，寻求危机的根源必然追溯到人本身，心灵危机本身就是关乎人自身，它显示着人的生存的意义危机。因而，儒家与基督教二者从不同的危机性质出发都聚焦于人，但却对人性给予了截然不同的两种界定。那么，二者的人性论到底有何不同？人性理论与利他主义伦理思想又有何内在关联？下面，我们从儒家与基督教的人性理论分别加以析之。

---

① 陈来：《古代宗教与伦理——儒家思想的根源》，三联书店 2002 年版，第 4 页。

一、儒家的人性之善说明利他主义之可能

人性问题的提出，在人类认识发展的历史上是人类自我意识的成长与体现，它表明人类已经将自身从自然万物中分离出来，作为单独的族类存在进行探讨：人之为人的依据何在？人的本质属性如何界定？人性为善还是人性为恶？人怎样才能实现人之为人的价值？"在中国伦理思想发展史上没有一个问题像人性善恶问题那样引起思想家们这样广泛的讨论和争议，并产生了如此众多的学说，而且，无论是性善论，性恶论，抑或性不善不恶论，性有善有恶论等，都构成了伦理思想家们建构伦理道德理论的出发点，并从中引申出道德对人性规范的必要性。"① 其中，儒家人性之善的学说成为中国人性理论的主导，并在中国社会漫长的历史进程中不断延续与发展，成为中国传统文化的主要构成部分。由于人性论的问题一是学界早有深入探讨且有专著如学者徐复观所著的《中国人性论史——先秦篇》；二是本书研究的重点并非在儒家的人性论，同时鉴于学识水平与篇幅所限，我们在此只是意在前辈学者的研究基础上，着重探讨儒家人性之善与利他主义伦理思想的内在关联。

就二者之间的内在联系来看，儒家人性之善的界定是为儒家利他主义的伦理诉求提供了合乎逻辑的前提。就像我们在前面章节所言，如果说由于血缘关系与利他主义有天然的关联，在中国这样血缘关系长期保存与人伦文化传统的国度，利他主义的产生具有此在性，是中华文明路径与人伦文化合乎自然的产物的话，那么，由于人性论与伦理学说的内在关联，儒家对人性之善的界定实质上是从理论的架构方面，为利他主义的伦理诉求提供了理论的基础。换句

---

① 张应杭、蔡海榕主编：《传统文化概论》，上海人民出版社 2002 年版，第 128 页。

话说，即由于人性为善，利他行为就是顺乎其然的善之使然。因而，儒家何以界定人性为善便成为关键所在，具体而言：

1. 儒家的"人性善"理论的内容

儒家的人性善的理论的阐述是这样展开的：

首先，划分性善之性的范围，意在强调道德性与动物性、天性的区别。从儒家人性之善学说的形成与发展来看，儒家的人性之善学说是由孔子所开创的。孔子可谓是最早探讨人性问题的思想家，他提出的"性相近也，习相远也"（《论语·阳货》）的命题，开启了中国儒家人性论的研究。他认为"人的本性本来是相似相近的，不存在本质的差异，只是由于后天环境的不同影响，才出现了人性的种种区别。孔子肯定了人具有共同的本性，并认为人性是可以改变的。"① 但他并没有对人性的善恶做出明确的判断与表述，思而不宣，以致他的学生子贡才发出了"夫子之言性与天道，不可得而闻也"的感叹。不过，从人性学说发展的角度来看，孔子没有明确界定与表述的人性学说却为其后人的不同诠释与不同向度的发展留下了广阔的空间，荀子与孟子则分别从性恶论与性善论的角度对孔子的人性论加以展开与明确的界定。

孟子作为孔子最著名的承传者，在人性论方面，明确划分人性之善的性的范围。他一是从人与动物相区别的角度来划分人的特质范围。在他看来，从人来自自然来看，人作为自然万物的一员，当然与其他动物一样具有饥饿感、自我保护的本能，但这些本能并不构成人与动物相区分之所在，人的属性中与动物相同的性质不是人特有的性质，也就不在性善之性之中；二是从人性的特点

─────────────────

① 唐凯麟、张怀承：《成人与成圣——儒家伦理道德精粹》，湖南大学出版社 2003 年版，第 91 页。

来说，孟子认为人生而即有的口、耳、目等的欲望，虽然依照当时一般的观念因生而即有而称之为性，但孟子认为这些耳目之欲，当其实现时，须有待于外，并不能自己做主，于是他将这些称之为命，因为命由外至，人对于其实现时，完全是被动而无权的，而性自内出，当其实现时可居于主动地位，因此也不在性善之性的范围。由此可见，孟子所说的性善之性指的不是生而即有的全部内容，仅指的是在生而即有的内容中的一部分，而这一部分内容是要体现人的主体性的，这便是人心。① 可以说，孟子的第一个划分意在强调性善之性的性是属于人所特有的，是体现人与动物的本质区别；孟子的第二个划分，是就人本身之内性质的进一步划分，内隐道德的判断是应该在拥有人的主体意志的情况之下才能做出判断的。以此两个标准划定了性善之性的范围，不难看出这样的限定意在强调道德性与动物性、与天性的区别，（这里的天性是指无须发挥人的主体性的）实际上为后面提出人与动物的本质区别在于道德性埋下伏笔或铺垫。

其次，从心与仁、心与天的关系，得出心善之结论并赋予形而上的依据。性善之性的性既然与动物性、与人的天性相区别，那么，人的道德性从何产生？孟子是从人本身固有的器官心的特点来分析的。他认为心具有思维性，"耳目之官不思，而蔽于物。物交物，则引之而已矣。心之官则思，思则得之，不思则不得也。此天之所与我者。先立乎其大者，则其小者不能夺也。"（《告子上》）孟子认为耳目物思考作用，易为外界所蒙蔽，把人引向歧途；心官能思，通过思维得明辨，人能够分清是非善恶，因而，心具有道德性。那么心的这一特点是否具有普遍性？在孟子看来，每个人虽有差异，但

---

① 人性论部分参看徐观复：《中国人性论史》（先秦篇），上海三联书店2001年版，第142—151页；陈建明、何除主编：《基督教与中国伦理道德》，四川大学出版社2002年版，第192—194页。

都有人的类感觉，"口之于味也，有同焉；耳之于声也，有同听焉；目之于色也，有同美焉。至于心，犹无所同然乎？"（《告子上》）人心的共同之处就在于其理义道德，"心之所以同然者何也？谓理也，义也。圣人先得我心之所同然耳。"（《告子上》）"人皆犹不忍之心。先王有不忍人之心，斯有不忍之政矣。以不忍人之心，行不忍人之政，治天下可运之掌上。所以谓人皆有不忍人之心者。"（《公孙丑上》）也就是说，"仁政王道"是由"不忍人之政"而来，而不忍人之政"是由"不忍人之心"而来，此"不忍人之心"并不具有特殊性，而是人人皆有。那么，这种具有普遍性的人人拥之的"不忍之心"从何而来？孟子是从心与天的关系加以解释，指出心之仁是天所赋予的，即所谓"此天之所与我者"，天不仅赋予仁的心作为思维的器官，也赋予仁的心具有内在的善性，"仁，人心也"（《告子上》），又说"夫仁，天之尊爵，人之安宅也。"（《公孙丑上》）中国古代的天是世界万物，也包括了人存在的总根源。显然，孟子借用了天的形而上性来赋予心的形而上性，[①] 从而也为仁义礼智作为人性的特点且人追求之的无条件性提供了形而上的依据。

再次，从心与性的关系得出人性之善的结论，并上升为人与禽兽相区分之所在。既然心之仁是由天所赋予，那么人性又具有何特点？孟子认为心善是性善的根据，性善即是心善，因为心是性的源头，性是心的显现。由此，孟子提出了"君子所性，仁、义、礼、智根于心"的观点（《尽心上》），并把仁、义、礼、智这"四端"作为人与禽兽相区分之所在，指出"所以谓人皆有不忍人之心者，今人乍见孺子将入于静，皆有怵惕恻隐之心——非所以内交于孺子之父母也，非所以要誉于乡党朋友也。非恶其声而然也。由是观之，

① 陈建明、何除主编：《基督教与中国伦理道德》，四川大学出版社 2002年版，第 192 页。

无恻隐之心，非人也，无羞恶之心，非人也；无辞让之心，非人也；无是非之心，非人也。恻隐之心，仁之端也；羞恶之心，义之端也；辞让之心，礼之端也；是非之心，智之端也，仁之有是斯端也，犹其犹四体也。"（《公孙丑上》）这样，孟子完成了对人性为善的价值判断。

最后，从成善之路在于养心尽性，肯定人自身为善的能力。孟子认为虽然人人皆有仁、义、礼、智"四端"，但仅仅只是天赋的善端，是潜在的善。但在人成长的过程中，由于受到耳目之欲和不良环境的影响，皆可能导致潜在的善端转变为恶，所以人必须养心尽性成善。（注：由于本书在第四章专门集中阐述儒家的修身养性之道，为避免重复，在此恕不赘述）至此，孟子便完成了性善论的理论架构。

客观而言，孟子的性善论的理论体系把孔子思想中没有明确的性之善加以明确与阐述，奠定了儒家"性善论"学说的基础。但孟子的思想体系中依然存在着局限，虽然他从心与天、心与仁、心与性的角度回答了善何以可能，"而把不善归之于主体后天对环境的选择和影响。"① 但问题是，为什么本来是善的人性能够在环境的影响下变恶？由所有具有善之四端的人构成的社会环境又何以使人变恶？显然，孟子由于时代与认识水平的限制，他对此问题并没有给予令人信服的答案。在孟子之后，荀子则从这一问题入手，提出了他的"性恶论"学说。荀子批判孟子说"孟子曰：人之学者，其性善。曰：是不然，是不及知人之性，而不察乎人之性伪之分者也。凡性者天之就也，不可学不可事；礼义者圣人之所生也，人之所学而能所事而成者也。"（《荀子·性恶》）所以，荀子认为仁义礼智是后天

---

① 唐凯麟、张怀承：《成人与成圣——儒家伦理道德精粹》，湖南大学出版社 2003 年版，第 93 页。

形成的，是圣人之所生，人性本身是天之就也。在他看来，这种天之就的性只能是恶而不是善，"人之性恶，其善者伪也，今日之性，生而有好利焉，顺是故争夺生而辞让亡焉；生而有疾恶焉，顺是故残贼生而忠信亡焉；生而有耳目之欲，有好声焉，顺是故淫乱生而礼义文理亡焉……故必将有师法之化礼义之道，然后出辞让，合于文理而归于治，用此观之，然则人之性恶明矣，其善者伪也。"（《荀子·性恶》）可以说，荀子的性恶论在从人性的界定方面是与孟子针锋相对的，并由此也开辟了从性之恶建立道德教育之重要的另一条途径。但为什么孟子的性善学说仍然会成为中国文化人性论的主导呢？

这是缘于荀子思想本身存在弊端。"既然人的本性是恶，那么为什么人能接受道德教育，并使之制约和改造自己的本性呢？很显然荀子的性恶论无法从理论上回答这个问题。"① 从孟子与荀子人性学说的实质来看，二者本质是一致的，虽然孟子言性善，荀子言性恶；孟子认为仁义礼智是人的本性的逻辑的展开，荀子认为仁义礼智这些封建的道德规范是改造人性的结果；孟子注重性须扩充，荀子认为性需要改造，但二者最终却合而为一，即都论证了伦理道德教育之重要性，都建立了如何使人成为君子，成为圣人的伦理道德理论。因此，荀子的性恶论并不能推翻孟子的性善论，只能从另一个向度促使中国人性论与伦理道德教育的发展；不过，就封建统治阶级的角度而言，"荀子的性恶论虽然提供了加强封建道德教化的理论根据，但又无异于承认了对人们加强封建道德教化是一种反人性的做法。"② 孟子的性善论肯定仁义礼智这些封建的道德规范的要求，是

---

① 唐凯麟、张怀承：《成人与成圣——儒家伦理道德精粹》，湖南大学出版社 2003 年版，第 94—95 页。

② 唐凯麟、张怀承：《成人与成圣——儒家伦理道德精粹》，湖南大学出版社 2003 年版，第 94 页。

植根于人的本性中，所以"尽管孟子未能为加强封建道德教化的必要性提供强有力的论据，但后世的封建统治者在人性问题上一直采取扬孟抑荀的立场。"① 因为从统治的成本考虑，人性为善必然倡导人们遵从本性，为善自律，而不需要凭借外在的力量，显然维持社会秩序与统治的成本较人性之恶为低为易，这也许就是在中国漫长的封建社会中，在人性理论上除了有性恶论，还有性不善不恶论，或是性有善有恶理论，但只有性善论占主导地位，在统治手段上主要以德治为主的一个原因。当然，性善论的学说在孟子之后，在各种人性理论的挑战下，在社会与人的认识不断发展的过程中，通过不少思想家诸如宋儒的不断丰富，才能得以发展与延续着，并成为中国文化对人性善恶问题的一个基本态度。

2. 儒家"人性善"与利他主义之可能

就人性善理论与利他主义伦理思想的内在关联来看，儒家的人性善的理论实际上以理论形态的方式，从对人性善的向度，对在中国血缘关系基础上自发产生的利他行为给予了肯定，同时也从思想上为儒家利他主义的诉求提供了理论的起点。具体表现在：

其一，儒家人性之善的界定可谓是为儒家利他主义的伦理诉求提供了合乎逻辑的前提。因为如第一章所引的辞典而言，利他主义有二种类型，其中之一的"仁爱的利他主义"就是从人本身所固有的仁爱之心出发，将他人或社会的利益放在自身利益之前。在儒家思想甚至可以说在中国传统文化中占据主导地位的人性之善学说，所阐述与界定的人人皆有"仁、义、礼、智"善端的思想，实际上从人性的角度说明了人之利他是可能的。

---

① 唐凯麟、张怀承：《成人与成圣——儒家伦理道德精粹》，湖南大学出版社 2003 年版，第 94 页。

其二，儒家以"仁"为核心的利他主义伦理思想的阐述是"人性之善"理论的逻辑展开与必然诉求。利他主义行为使原在人心中已经具有的"仁"的善端逐渐显示与丰富。可以说，在从只是善端的"仁"出发到"仁"的实现的过程中，利他主义行为在一定意义上是达成"仁"的中介或手段，因为儒家的"仁"表现在人际关系上是"仁者爱人"；表现在利益关系上，是"大公无私为仁"。因此，不管儒家是否明确提出利他主义伦理观，但其思想中内隐的利他主义却是毋庸置疑的。

其三，儒家的人性之善学说从多重角度奠定了道德教育何以可能的基石，也为在维持社会利益上倡导利他主义提供了可以为之的依据。首先孟子的性善说沿袭着孔子学说的人人平等的思想，从孔子的性相近发展为人心同仁，人人皆有仁义礼智"四端"，人人皆可成尧舜的思想，"在一定意义上，表现了以人本主义的立场对人类原初平等的积极肯定。一方面，它为建立和谐、仁爱的人际关系提供内在的理论依据"[1] 即为善何以普遍与道德教育的普遍性做出了说明。其次，孟子从孔子的"与命为仁"的思想出发，认为心善是上天赋予的，从而为善之可能奠定了形而上的基础，使为善的道德教育成为毋庸置疑的重要。最后，孟子从仁义礼智仅仅是四端，是潜在的善，心具有思维判断性出发，认为道德并非外边的灌输与强制，而是主体对自我本性的自觉与扩充，是人自身存心养性的结果。由于孟子"没有把人性断定为现实善，而强调它只是一种善的内在根据与可能性，现实的人善与不善，既不由先天命定，也不由外部环境决定，而是取决于主体自身后天的自觉选择与主观努力，这就肯

---

① 唐凯麟、张怀承：《成人与成圣——儒家伦理道德精粹》，湖南大学出版社 2003 年版，第 92 页。

定了人们在道德实践中的主观能动性。"① 从而为社会道德的可能性
寻找了一个主体自身的根源。由于孟子的性善说是儒家人性论思想
的主导，因此，人性之善也就成为中国伦理道德教育之所以可能的
最重要的基石。

　　显而易见，儒家的人性论是为了回答善恶的来源问题，通过对
人的本质的规定以寻找道德的内在根据。一方面，它的人性之善的
判断是对人性的先天假定，性善论也只是一个关于人性的理想预设。
然而实际上，"善恶作为人们的一种价值判断，是人类根据某种原则
而制定的道德标准，它根源于现实的社会生活和历史发展的客观必
然性。"② 如果说善是天性，是人生而有之的，那么以此推论，也就
是自然而然的，对于自然的属性，因没有个体主观的意志自由，也
就无法做善恶的道德判断；道德是在人与人的关系中产生的，只有
在现实的人与人的社会关系中如经济关系、政治关系等中才会产生
利益的冲突，才会产生调节人与人之间关系的伦理道德需要，善为
天生实际上是对没有展开社会关系的个体做了道德的判断，这显然
是唯心的。正如马克思所言："人的本质不是单个人所固有的抽象
物，在其现实性上，它是一切社会关系的总和。"③ 社会关系是错综
复杂且不断发展的，人的本质也是丰富和发展的，用一个生而皆有
的善概括现实丰富的人性显然是片面的。但从另一方面而言，伦理
道德教育作为意识形态的一个部分，它属于思想领域，具有相对独
立性，可以对社会存在发生反作用。因此，人性之善虽是一个先验
的命题，但它的产生却有为建立合理、有效的社会秩序的现实指向。

---

　　① 唐凯麟、张怀承：《成人与成圣——儒家伦理道德精粹》，湖南大学出
版社 2003 年版，第 92 页。
　　② 唐凯麟、张怀承：《成人与成圣——儒家伦理道德精粹》，湖南大学出
版社 2003 年版，第 99 页。
　　③ 《马克思恩格斯选集》第 1 卷，人民出版社 1995 年版，第 60 页。

而且，孟子"在强调善的先验的普遍性与绝对性，其根源与人的感性存在、经验世界毫无关系的同时，又较为巧妙地将善这种先验地普遍性与绝对性同经验世界中人的心理、情感联系起来，心虽然不同，却可以通过身体知觉直接感触到。这就使得先验的善可以通过人的心理、情感得以确认和证实。如孟子列举同情怜悯、不忍他人受苦等感情，来说明善使心内在固有得本质，这样，先验的善就与人的经验世界、人的感性存在、人的身体与生命联系起来，成为人所能感觉和把握到的。"① 同时，从人性之善出发推出道德教育的重要性的结论，虽然前提为先验，但结论与目的却是符合现实社会的需要，在现实的道德生活中却非空洞的假设。道德教育长期以来在事实层面确实担当着促进社会秩序的稳定作用，对人性的向善追求的指引，这是不可否认的历史事实。

二、基督教的人性之恶阐释利他主义之必要

与儒家的人性之善与利他主义之所以可能不同，西方的基督教则从人性之恶阐述了利他主义之必要。在本章第一节中，我们已经指出基督教产生与发展壮大原因之一是缘于解决心灵的危机与需要，而这种心灵危机背后，实际上更深层的原因则是犹太人与古罗马人所具有的罪在自己的罪孽感。对于犹太人来说，他们始终无法解释为什么一个与上帝签约的民族却屡屡饱受被凌辱的命运，饱受颠沛流离的苦痛，这样的苦难处境只能归咎于人自身做得不够好而非上帝的错。对于古罗马人来说，罗马帝国后期的"战火纷飞、灾害不断、横征暴敛、盗贼横行，暴君无道"② 的严重的社会危机，不断促使人在对此在世界抱怨与厌倦的同时，也深感人的罪孽与人的无

---

① 陈建明、何除主编：《基督教与中国伦理道德》，四川大学出版社 2002
年版，第 193—194 页。

② 陈刚：《西方精神史》（上），江苏人民出版社 2000 年版，第 329 页。

法自救，正如恩格斯所言："基督教就把人们在普遍堕落中罪在自己这一普遍流行的感觉，明白地表现为每人的罪孽意识。"① 这是基督教的人性恶的理论产生的社会心理基础，既然人性恶，善就只能来自上帝；既然社会道德沦丧，重建道德就成为必要。基督教的人性之恶理论便与伦理道德发生了内在关联，具体而言：

1. 基督教的人性恶理论的内容

基督教的人性恶的理论的阐述是这样展开的：

首先，"原罪"说的产生，让人性从恶开始。从人性之恶的缘起看，基督教的人性之恶的理论是建立在"原罪"说的宗教教义的基础上的。众所周知，原罪说最早源于犹太教的教义，在上海辞书出版社于 2001 年出版的《基督教小辞典》中是这样解释"原罪"的："基督教重要教义之一。谓人类始祖亚当和夏娃受造后被置于伊甸园，因受蛇诱违背上帝命令，吃了禁果，这一罪过成为整个人类的原始罪过，故名。认为此罪一直传至亚当的所有后代，成为人类一切罪恶和灾祸的根由；即使是刚出世即死去的婴儿，虽未犯任何罪过，但因其有与生俱来的原罪，故仍是罪人，需要基督的救赎。"②

从基督教的"原罪"说来看，有两点值得我们关注：

第一，基督教的"原罪"说是把人性置于恶的起点。因为人类始祖的罪过，而导致他的子民一出生就带有与生俱来的"原罪"。这显然与儒家所认为的人性天生存有"仁"等善端不同，儒家与基督教在人性上皆讲"与生俱来"，但对人性的界定却与"原罪"说截然相反，人性之善便是一种对人性的肯定，而非基督教以"原罪"对人性的否定开始。

---

① 《马克思恩格斯全集》第 19 卷，人民出版社 1965 年版，第 335 页。
② 卓新平主编：《基督教小辞典》，上海辞书出版社 2001 年版，第 348 页。

第二，基督教对人性的否定也是从普遍性的角度，通过人类始祖罪的传袭而使所有的子民都带有原始的罪过。儒家固然也讲人性的普遍性，但人人具有的是善端，而非基督教的"原罪"。儒家性善学说是对所有人的肯定，而基督教的"原罪"说实质上却是对所有人的否定。一个"原"字与基督教教义中所讲的"本罪"相区分，本罪又称"现犯罪"，因是"谓除原罪外，各人自己违背上帝意旨所犯的罪。"① "本罪"可能因个体有所不同，但"原罪"却是每个人生来就不可避免的。基督教的"原罪"说将人性置于恶的起端，将人生置于罪的境遇开始，其用意是为上帝对于人类命运的主宰创设一个先天的设定。

其次，罪的实质，对契约违背的惩罚。如果说儒家是从人本身所固有的心善推出性善，是由人自身特点而推出人性善的结论的话，基督教界定人的"原罪"的结论，显然与儒家反求人类自身寻找善的依据的方法不同，它的罪的判定却有一个外在的尺度，即人类原罪的确立依据在于人违背了与上帝的契约所致。

就罪的希腊文"Hamartia"来看，"在其希腊思想传统中，'罪'的语词含义本指射箭没有击中目标，由此引出'未中的'或'偏离'之意。"② 用罪的本意去看，亚当夏娃之所以被判有罪，是因为他们没有按照上帝所树立的目标去生活，偏离了上帝为人类所做的安排。那么，上帝为人类安排的生活是怎样的？人类又是如何违反上帝的目标的？美国的宗教学家南乐山在其著作《在上帝面具的背后——儒道与基督教》一书中是这样阐述的："首先，上帝将亚当从他的诞生地带到伊甸园。如果事先没有许诺，这一行为也还是'遍地流淌鲜奶与蜂蜜'的神圣地界的原型。第二，当上帝将亚当安置

---

① 卓新平主编：《基督教小辞典》，上海辞书出版社 2001 年版，第 348 页。
② 卓新平主编：《基督教小辞典》，上海辞书出版社 2001 年版，第 348 页。

于伊甸园时，上帝告诉亚当不要吃能分辨善恶的知识之树上的果子，而其他树上的果子都是可以吃的（包括生命之树）；而偷吃禁果的处罚则是死亡。第三，上帝注意到亚当很孤独（即使是上帝在场时），并认为这是很不好的。因此，上帝决定再创造其他的生命，但是这些动物还不能作亚当的陪伴，于是上帝用亚当的骨与肉创造出亚当的同类（夏娃）。因此、人类社会源于亚当在伊甸园中的需要。第四，亚当被上帝安置于伊甸园之中来管理伊甸园，接着，上帝将动物带到亚当面前让他命名，在给这些动物起名的过程中（上帝安排亚当这样做），语言与文化的传统形成了。夏娃也将分享这一切。亚当并不认识这些动物的自然名称——'人怎样叫这些生物，这些生物的名称便是怎样'——但是他却通过习惯确立了文化。"① 至此，人与上帝之间已经构成原契约关系，"现在，原契约就这样建立了，上帝为人类提供了生存的场所，这一特殊的场所也就成为了社会。因此，这一社会是通过习俗或传统将自然环境人性化而形成。形成的过程是以接受不吃禁果为前提的。"②

然而，人类在伊甸园宁静生活的状态却因亚当和夏娃受蛇引诱偷吃智慧果而遭致破坏，导致被罚出伊甸园并承受生死等痛苦的命运。亚当偷吃禁果这一犯罪行为的本质，乃在于他违反了上帝与亚当之间的特定的契约关系，在这种理解上，原罪的罪显然不是指一件件具体的罪行，"罪的本质即乃一种关系的破裂"③，即是人与上帝契约关系的被破坏，这是基督教"原罪说中的始祖犯罪"这一象征符号之下隐藏的深刻寓意。"按照基督教信仰，神创造人从而与人

① 【美】南乐山著，辛岩、李然译：《在上帝面具的背后——儒教与基督教》，社会科学文献出版社 1999 年版，第 145 页。

② 【美】南乐山著，辛岩、李然译：《在上帝面具的背后——儒教与基督教》，社会科学文献出版社 1999 年版，第 145 页。

③ 卓新平：《基督宗教论》，社会科学文献出版社 2000 年版，第 201 页。

建立起一种关系、双方有着特定的契约。而始祖偷吃禁果这一犯罪行为的本质，乃在于他违反了这种契约关系，从而破坏了人神关系。"① 使人处于一种违约、背离上帝的存在状态。那么，从亚当夏娃违反契约而有罪又如何推出所有的人都有罪呢？原因在于作为人类始祖的亚当将罪遗传给了他的所有后人，"古代希伯莱人有一种人类一体的思想，认为世上的人都不是孤立的而是相互依赖、相互影响的，因此始祖亚当的犯罪堕落使所有的后世的人都带有原罪。"② 显然，这样的解释与儒家从心有所同、心为仁推出人皆有仁义礼智四端的说法有着相同的手法，只不过基督教侧重人同出上帝的遗传罢了，两者皆达成了人性之善或之恶的全称判断。不过，最具本质意义的乃是基督教的罪指向人所生存的状态，超越了罪乃世人弃善从恶的具体选择而具有存在的、宗教的本体色彩。这样，"罪"便是人与上帝契约关系破裂的后果，体现的是人堕落以后的本性，人性恶之源在于对人神契约关系的违背。

不难看出，基督教的人性之恶的界定，与儒家肯定人自身的心之道德性是不同的，儒家的心善固然最终的解释也是源自天之赋予，但它的善归根到底是人心自足的，而非基督教的罪是在人神关系中确立的。因而，基督教的善恶评价标准在一定意义上是带有超越于现实世界的虚幻性，不过，被评判的人却是现实的人，以此将人与上帝、尘世与彼岸联系起来了。但基督教的人性理论中人对上帝的违背就是罪的断语实质上已经内隐着对人的否定，上帝是善恶的绝对与惟一的仲裁者。

再次，创造者与被创造者，对人自由意志的否定。为什么人违背与上帝的契约关系就导致"原罪"？从罪的本体论意义看，在于

---

① 卓新平：《基督宗教论》，社会科学文献出版社 2000 年版，第 201 页。

② 陈建明、何除主编：《基督教与中国伦理道德》，四川大学出版社 2002年版，第 195 页。

上帝是创世主,人是上帝所创造就决定了人与上帝之间的创造与被创造者的不可跨越的关系。人是上帝的受造物,因而人与其他生物一样,永远都是一个有限的存在,无法摆脱自然本性的限制,这是基督教人性观的起点。"创造者永恒是创造者,受造者永恒是受造者,神是神,人是人,如果说上帝是全善的话,而人永远也不可能通过自我修身自我完善而最终变成上帝。上帝永远在天上,而人则始终在地上。正因为人与上帝之间有一道不可跨越的鸿沟,有无限的距离,有质的差别,所以人才是有限的。上帝是无限的,而人是有限的,人永远成不了上帝。"① 这是造物主上帝与人的神定关系。

在"原罪"说中,我们看到"亚当与夏娃意识到自己的知识与智慧是有限的之后,误用自己的自由去偷食禁果,为的是想超越自身的局限,把自己变成像上帝那样的人,自作主宰,自做上帝。因此,罪的基本含义是人的傲慢自大和对上帝的背离,罪的后果是人神关系的破裂。随着人神关系的破裂而来的是人与自然、人与他人关系的破裂。因为人在把自己变成上帝的过程中,以自我为生存的中心,在满足私欲的行为中彻底毁灭了人与自然之间的和谐和人与人之间的和谐。正因为人的人性已跟上帝的原始创造不同,世人因而都'亏缺了神的荣耀'(《罗马书》3:23)"② 辜负了上帝施其恩泽让人安顿在伊甸园的蒙恩,偏离了人与上帝、人与自然、人与人之间和谐的理想状态,人之罪感由此产生。"人之存在状态是否理想、一种维系整体人类的神圣关系是否存有,却为大家所关注,而且,人们对于维持一种超越世俗的理想关系,

---

① 陈建明、何除主编:《基督教与中国伦理道德》,四川大学出版社2002年版,第197页。

② 陈建明、何除主编:《基督教与中国伦理道德》,四川大学出版社2002年版,第195—196页。

往往会有一种神圣感和使命感。人神关系即代表着一种理想之境、完善之态，而这种关系的破坏或消失、或不被人所把握，则会引起一种关涉众人的深沉之感。这种感触即构成了对基督教原罪论这一层面的体悟和揣摩。"① 人的罪缘于人自身意志对人神契约关系的违背，人的罪感也是由对人与神理想状态被人自由意志破坏的体悟，这样在基督教这样的思想中，实际内隐着上帝是对人的自由意志的一种否定，上帝是不可违背与不可超越的，人作为被造者只能安于上帝的安排。

不过，按照基督教的教义，人力图超越自身与有限而导致人神契约关系被破坏陷于罪之中却是人不可避免的命运。正如保罗在《罗马书》7：22—23 所言："因为按着我里面的意思，我是喜欢神的律；但我觉得肢体中另有个律和我心中的律交战，把我掳去叫我附从那肢体中犯罪的律。"人的肉体与心灵这种矛盾，一方面，导致了人神契约关系的破坏；另一方面，契约关系一旦破坏又反过来产生人的自我存在的矛盾性，"通过破坏契约，一个人就在自我的存在中注入了矛盾的因素。因为一个人的自我同一性是由人与社会及上帝关系的契约所规定的。错误的行为不但造成了道德与宗教仪式上的不良结果，而且使人自相对立。"② 正如"保罗·蒂利希在他的本质与存在的分裂的本体论语言中对这种自我疏远所作的精辟的分析。由于在道德与宗教仪式上的错误行为产生了耻辱，在本体论的向度上也就产生了罪。罪是一种状态，在这种状态中一个人的同一性是由被他所破坏的给出同一性的契约所规定的。"③

---

① 卓新平：《基督宗教论》，社会科学文献出版社 2000 年版，第 202 页。
② 【美】南乐山著，辛岩、李然译：《在上帝面具的背后——儒教与基督教》，社会科学文献出版社 1999 年版，第 147 页。
③ 【美】南乐山著，辛岩、李然译：《在上帝面具的背后——儒教与基督教》，社会科学文献出版社 1999 年版，第 147 页。

这样，"个人的存在首先体现在契约中；其次又作为契约的破坏者而存在；然后又作为认识到并接受（或否认）这种罪的本体出现；随后，以受到损害的身份来行事；接着又作为认识到现实世界与契约所包含的理想之间区别的存在物；再接着又作为根据自己的认识来对世界和上帝作出反应的存在物。"① 在基督教的教义中，人的存在与对自我的认识便建立在契约关系中，人在一定意义上丧失了自足存在的独立地位，表露出对人的一定程度的否定。

最后，人之救赎的可能与实现皆取决于上帝。人的原罪是不可避免，那么，人是否具有赎罪的可能呢？基督教的教义一方面设定了人与上帝之间的不可跨越的界限，但另一方面却又给予人赎罪的可能。人虽是上帝的创造物，但人与自然界的其他万物不同，人不是一个卑微的存在，他是上帝按自己的形象创造的，和其他受造物相比，人具有崇高而又尊贵的地位，因为惟有人才是按照上帝的形象造的。"人是按上帝的形象和样式来造的"这个命题，既说明上帝赐予了人的天性中有认识上帝的可能性，"神的事情，人所能知道的，原显明在人心里，因为神已经给他们显明。"（《罗马书》1：19）也说明人还可以效法上帝，这种效法其实就是旧约中人应效法上帝.和新约中人应效法基督的根本依据，通过这种效法，人可以通过赎罪而为善。

与儒家人的向善依靠人自身的修身养性的自给自足的特点不同，基督教虽然认为人可以救赎，但人靠自身的力量却是不行的。在基督教看来，"人性既已堕落，人自身从这个已堕落的人性中不可能行出让上帝满意的行为。换言之，罪性是人的存在属性，人不可能靠自己把自己从罪性中拯救出来，因此人在道德上是无法自救的。人

---

① 【美】南乐山著，辛岩、李然译：《在上帝面具的背后——儒教与基督教》，社会科学文献出版社 1999 年版，第 147 页。

若要提升自己的生命，则需要借助外力作一个根本的改变，需要外力来医治人已堕落的人性，而不是像孟子所说的只需对现有的人性加以存养、扩充就行了。这个外力既是人要接受从上帝而来的恩典（既上帝通过耶稣为世人代罪赎死，且从死里复活所完成的救恩），并把这个恩典融入到个人生命里来。如同旧约中诗人所吁求的'神啊，求你为我造清洁的心，使我里面重新有正直的灵。'（《诗篇》51：10）。一方面，人因信称义，罪得赦免，蒙上帝接纳；另一方面，人要信其心、其性、其情都得着改变。"① 因此，基督教中人的向善之路是依助上帝而行的。

在西方人性论发展的历史过程中，自古希腊罗马以来，人们就围绕着两个不同但又密切相关的理论设定：一是人性本善还是性本恶，二是这种善或恶是来源于神（上帝）还是人本身的问题争论不休，大致有三种代表性流派："感性主义，此派主张人性本恶；理性主义，此派主张人性本善；情感主义，此派主张人性本来既有善也有恶。"② 但从基督教产生并广泛流行发展直至在欧洲中世纪占据主导的地位以来，人性之恶的观点便成为主导的思想，欧洲伦理学关于人性论也就被纳入了基督教神学的体系之中。罪是人与上帝的契约关系的被破坏，罪是人的生存的本体状态，所有的人皆有原罪的思想便根深蒂固，构成西方人性之恶的悠久传统。从基督教的"原罪"说到霍布斯"人对人像狼一样"的契约论；从黑格尔的"恶是社会发展的动力"到现代西方社会的利己主义。一方面，人性为恶，人是自私的观点在不同的历史时期用不同的方式表达或诠释发展着；另一方面，对恶的限制也从赎罪到"天职"到法律制度方面不断建

---

① 陈建明、何除主编：《基督教与中国伦理道德》，四川大学出版社2002年版，第200页。

② 董小川：《儒家文化与美国基督教新教文化》，商务印书馆1999年版，第46页。

构完善着。但不管怎样的发展，基督教的人性之恶的理论对西方社会的长久影响却是毋庸置疑的。在一定意义上，正如现代西方诗人兼思想家艾略特所讲："一个欧洲人可以不相信基督教信念的真实性，然而他的言谈举止却都逃不出基督教文化的传统，并且依赖于那种文化才有意义，如果基督教消失了，我们的整个文化也将消失。接着你便不得不痛苦地从头开始，并且你也不可能提得出一套现成的新文化来。你必须等到青草长高，羊吃了青草长出了毛，你才能用羊毛制作一件新大衣。你必须经过若干世纪的野蛮状态。"① 西方的人性之恶的思想一方面在经过基督教"原罪"说及其基督教神学哲学家的阐述与宗教伦理化之后，便始终在西方人性论的思想中占据主导地位。另一方面，人为救赎而为善、利他主义的伦理思想也长期在西方现实社会生活中起着道德教育的功能。

2. 基督教的"人性恶"与利他主义之必要

就人性理论与伦理思想的内在关联来看，基督教的人性恶的理论在一定意义上则是以理论形态的方式，从人性恶的向度，对在西方社会契约关系等基础上不易自发产生利他行为，反而易于产生利己之恶的观点给予了肯定，同时也从思想上为基督教利他主义之必要的伦理诉求提供了理论的起点，具体表现在：

其一，基督教人性之恶的界定可谓是为利他主义的伦理诉求提供毋庸置疑的前提。基督教的利他主义虽然在众多的辞典里将它归于仁爱的利他主义的典型，如果从人性论与伦理思想的内在关联来看，它的人性之恶的出发点显然与儒家人性之善是不同的。如果说儒家的以仁为核心的利他主义是从人性为善的顺乎其然的要求的话，

---

① 【英】T·S·艾略特著，杨民生、陈常锦译：《基督教与文化》，四川人民出版社 1989 年版，第 205—206 页。

那么基督教的以"爱"为核心的利他主义则是从对人性的否定的向度提出了为救赎而听从上帝的诫命的结果，撇开人性界定的起点差异，基督教与儒家一样，也是通过充满仁慈的"爱"来达成利他的，这也许就是辞典将基督教的利他主义归于仁爱的利他主义之缘由所在。基督教正是因为人性恶就必须使之通过对上帝颁布的道德律法的遵从，使之由恶变善，利他主义就成为必要。

其二，基督教的以"爱"为核心的利他主义与儒家从人心善到性善的依据不同，如果说儒家是从人本身即人心的善端提出利他之依据的话，基督教的利他主义是不可能从带有"原罪"的人自身去寻找善之源。基督教是从上帝的诫命出发的，善之源显然是外在于人的，并非人性的自然而然的诉求。这显然反映出基督教利他主义产生对于现实社会的母体来说之彼岸性的特点，也显示其神之本的实质。当然，也正因为"爱人如己"是出自上帝的神圣的诫命，是道德的绝对律法，从而也使从爱出发的利他主义成为人绝对要遵从的原则。

其三，基督教主张与倡导的利他主义，就在于基督教的人性之恶学说从多重角度奠定了道德之必要的基石：首先基督教通过"原罪"说，通过人类始祖亚当与夏娃对与上帝契约关系的违背，在对人的否定的基础上将人性归于恶的起点。其次，通过罪的承袭，从普遍性的角度，将所有人都置于罪的境遇。最后，通过人之救赎需要与人不可能自己获救的双重角度，为人服从上帝的神圣诫命"爱"而利他提出了绝对的伦理诉求。

显然，基督教人性之恶与儒家的人性之善相比，两者的侧重点是有所差异的，虽皆以人性为主题，儒家则重于说明善何以是人本心所固有，基督教则通过原罪说意在解释人的罪的本体论意义；儒家确定养性存心从善，人之为善走的向内依靠自己自足的心性道路，基督教却指出只能借助神的救赎，承蒙神的恩赐的对外求神的途径；

儒家通过善何以可能说明利他或道德教育的重要性，基督教则通过解释恶何以产生强调利他或道德教育的必要性。儒家与基督教的人性之善与人性之恶理论存在着显著的不同，二者的差异归根到底乃是中西文明路径的走向不同所致，是中西文化根本特征之不同所就，又以其根本差异延伸扩大了中西文化的不同。而就思想理论体系的架构来看，儒家的性善说与基督教的性恶论也具有极大的不同，即时间先构与逻辑先构方法的差异。

第三节　时间先构与逻辑先构
——两种利他主义的不同建构

儒家的人性论与基督教的人性论的显著不同体现在对人性的善与恶的截然不同的界定，而这两种对人性的不同界定其背后显示着二者理论体系架构的方法之根本不同，即儒家的建构方法是时间先构，而基督教的建构方法是逻辑先构，这既是儒家与基督教产生的不同中西文明路径与文化传统所致，也是由儒家与基督教人性论产生的社会危机性质使然。

一、　儒家人性善理论的时间先构方法

时间先构是指理论体系建构的一种思维方法，是转借哲学的概念。在哲学上，"时间先在性：它是对经验事实的陈述，即表述经验对象在时间序列中的先后顺序。具体地说，一事物先于他事物而存在，这一事物较之他事物就具有时间上的'先在性'。如在'物质和意识'的关系中，'时间先在性'问题具有存在论和认识论的双重内涵：就存在论说，时间先在问题所陈述的是物质和意识谁为

'本原'的问题，即先有物质还是先有意识的问题；就认识论说，时间先在性问题所陈述的客观世界与意识内容（意识外的存在与意识界的存在）谁为'本原'的问题，即先有客观世界还是先有意识内容的问题。"① 把哲学的"时间先在性"的含义运用到伦理学领域，就伦理而言，时间先在性是指先有伦理关系存在，后有伦理思想；先有伦理事实，后有伦理认识。就方法来说，是指伦理学说是从实然的社会存在与现实层面提升与阐述的，其本质是以现存的伦理关系、伦理事实为基础的阐释，表达的是对此在世界的肯定。儒家的伦理建构是时间先构方法的典型。

个体是构建伦理关系的基础，儒家伦理的时间先构方法一是表现在对伦理个体的定位方式。在中国人与我的关系中，个体定位的方式正如学者李萍在其著作《现代道德教育论》中所提出的"关系本身的论证先于关系项的确定"②。即在中国传统社会中，个体是在各种关系中被确定的。举个通俗例子，如介绍张三其人时，往往首先说的第一句话张三是××的儿子。张三这一个体的出场常常是在与父母等人际关系中被确定、被认同。而女性相比较男性则更是难以拥有独立身份和地位，先是××的闺女、后是××的婆姨，再到孩子他妈，可能一辈子都难于表达"我就是我"。这样的习惯背后其实内隐着在中国传统社会里的个体没有自足的确立自己存在的方式，他是在各种关系中被确定的，在人际关系中才能显现的。究其原因，一方面是与中国文明路径中血缘关系没有被打断，中国人伦文化注重人与人之间关系的传统紧密相关。但另一方面，也是一种时间先构的思维方式使然，因为按照时间的先后顺序，自然是先有父母，后有孩子。个体生命一降临到这个世界上，他的确立刻处于已经先

① 孙正聿：《哲学通论》，辽宁人民出版社 1998 年版，第 311 页。
② 李萍：《现代道德教育论》，广东人民出版社 1999 年版，第 79 页。

于他存在的各种关系之中，他当然是是××家族的一员，是××的孩子。所以，中国人在各种关系中确定个体的思维方式和认识方法，可谓是顺应时间的顺序与实存的事实的。不仅如此，个体的伦理规范要求也是依据在关系中的角色而加以规定的，"围绕着人我在这种关系中的交往，儒家建立了一个完整的规范体系。儒家要求每个人在与他人的交往中，认清自己在血缘宗族中的名份和角色，并按照这个角色所应当遵循的规则去行动。"[①] 而这种被关系定位的个体，只有在主体具有明确的自我意识，且学会理性的抽象方法之后，才能将个体从现实存在的各种关系中抽离出来，还原为独立的个体。可是，"在中国传统文化中，人却是直接被巨大的封建纲常伦理制度所压制和湮灭着的，……人，尤其是作为最真实存在的个人的主体性始终没有凸显出来。"[②]

人性论是传统伦理学说的重要基础。儒家伦理的时间先构方法二是表现在伦理的学说人性善的依据是来自对伦理事实的观察。从人性为善的基本判断来看，儒家认为"所以谓人皆有不忍人之心者，今人乍见孺子将入于静，皆有怵惕恻隐之心……非所以内交于孺子之父母也，非所以要誉于乡党朋友也。非恶其声而然也。由是观之，无恻隐之心，非人也，无羞恶之心，非人也；无辞让之心，非人也；无是非之心，非人也。恻隐之心，仁之端也；羞恶之心，义之端也；辞让之心，礼之端也；是非之心，智之端也，仁之有是四端也，犹其有四体也。"（《公孙丑上》）在此基础上，指出仁是人与禽兽相区别的根本标志，仁就是人性，"仁，人心也"（《告子上》）。从具体的伦理规范要求来看，如在父子关系上，儒家提出父慈子孝的依据

---

① 焦国成：《中国古代人我关系论》，中国人民大学出版社 1991 年版，第 58 页。

② 韩庆祥 、邹诗鹏：《人学——人的问题的当代阐释》，云南人民出版社 2001 年版，第 11 页。

是"父子一体，天性自然。"（《后汉书·王帝传》）即一方面，父子关系在父母则为爱，"父母对子女的爱是一种无私的天然之爱，是人类最质朴的自然感情"① "夫为人父者，必怀仁慈之爱，以畜养其子，抚循饮食以全其身。及其有识也，也必居正言以先导之；及其束发也，授明师以成其技。"（《韩诗外传》）"父母之于子，人伦之极也。"（《栾城集》卷二十五），另一方面，父子的关系在子女则为孝，儒家把孝作为道德的出发点和基础，"人之行，莫大于孝"（《孝经》），孝的含义就是"善事父母者"，包括赡养父母，尊敬父母，服从父母等；再从伦理关系的重要性认识看，如在夫妻关系中，儒家认为"夫妻是家庭的核心关系，是一切家庭关系的原点，有夫妻然后才有父子兄弟。"② 所以，《中庸》说："君子之道，造端于夫妇。得其极也，察乎天地。"故，儒家把夫妻关系列为三纲之首，强调夫义妇顺，主张伉俪和谐，同甘共苦，相敬如宾。显然，无论是儒家人性善的判断来自于对现实的观察，还是父慈子孝的依据归于人的自然天性，或是将夫妻关系列为三纲之首缘于先有夫妻然后才有父子兄弟，均体现了儒家伦理时间先构方法的特征。

伦理是指在处理人与人，人与社会相互关系时应遵循的道理和准则。儒家伦理时间先构的方法三是表现在儒家伦理原则是以人的自然天性和自发的社会生活秩序为根基的。"在本质上，儒家伦理是以人为本、以此世为本的，它从'人的实存'这块土地上萌芽生长，依赖并存身于人此世生存的连续过程。"③ 它以自然性的血缘生殖为土壤，以人"亲亲"的自然天性为基础，以"血缘感情"为人伦之

---

① 唐凯麟、张怀承：《成人与成圣——儒家伦理道德精粹》，湖南大学出版社1999年版，第218页。

② 唐凯麟、张怀承：《成人与成圣——儒家伦理道德精粹》，湖南大学出版社1999年版，第218页。

③ 陈建明、何除：《基督教与中国伦理道德》，四川大学出版社2002年版，第42页。

道的出发点。孔子指出："孝悌也者，其为仁之本与！"（《论语·雍也》），"仁者人也，亲亲为大"（《中庸》）。孟子则提出"仁之实，事亲是也。"（《孟子·离娄下》）儒家从"父义，母慈、兄友、弟恭、子孝"的五教，然后发展为"父子有亲、君臣有义，夫妇有别，长幼有序，朋友有信"（《孟子·滕文公上》）的五常，人伦伦理的发展是建立在自然与实存的血缘关系基础之上的，如对"什么是善"的价值判断，儒家是根据实有的关系，认为"善"就是能够做到"父子有亲，君臣有义，夫妇有别，长幼有序，朋友有信"。对"何以为善"的问题方面，也是强调对现有关系的维持，如孔子在其改编的《诗》、《书》、《礼》、《乐》、《易》、《春秋》等六书中，虽然涉的范围广泛，但其主要内容都是围绕如何教化人以"明人伦"而展开。孟子也明确提出教育的目的便是"明人伦"，只有教人处理好人与人之间的各种伦常关系及掌握由此衍生的社会生活的规范与原则，才能使人"守礼"成为"善人"，并把"明人伦"作为"兴国"以致"王天下"的大法。可见，儒家伦理体系的依据来自于人们相应的实存情状，实存情状是这类伦理自然自发的规定者，在此基础上建构伦理诉求与原则，即"从外在的家庭、部落与社会组织的统一体中向生命本根回溯，从而塑造伦理精神。"①

　　这种时间先构方法论的本质反映的是儒家思想对此在世界的肯定。而这种肯定的思维方式实际上是中华民族特有的一种精神气质与思维定势，它是"亚细亚"文明路径的产物，且在中国社会的历史进程中被形塑的。中国社会在历史发展的重大向度上都呈现出对社会原生样态的肯定：其一，对人生存的自然环境的肯定。中华民族诞生的摇篮是黄河和长江流域，是一个自然条件比较优越之地，易于人们安居乐业、安于故土；其二，对中国社会天然的血缘关系

---

① 刘晓竹：《思辨儒学引论》，中国妇女出版社 2003 年版，第 333 页。

的肯定。中国社会在文明的路径发展中，天然的血缘关系没有被打破，一直得以长期存在并通过与宗法制度相结合，通过家国同构不断发展。建立在血缘关系的自然伦理一直是中国人现实生活领域的道德担当。其三，对人生存的自然经济或农业经济的肯定。由于中国身处东亚大陆特殊的地理环境形成与外部相对隔绝的状态，不易形成广泛的社会交往与物品交换，因此，商品经济的形态虽然很早就在中国萌芽，但自然经济或农业经济在中国社会几千年的发展中一直占据主导地位却是不争的客观事实，经济领域并没有像古希腊那样发生从自然经济到商品经济的重大变化。其四，对王权君主的政治制度的肯定。在人类文明的起端，由于宗教是人类最早的文化形式，因此，在政治上将神权与王权联系起来，统治的合法性靠君权神授，这可能是许多文明共有的模式，只是当王权的神圣性产生动摇的时候，中国社会不是在破中立，而是通过宗法与人伦的结合，二位一体，以天然的血缘关系为基础的道德伦理的绝对性弥合神圣性缺失，以巩固君王统治。因此，中国社会没有产生类似古希腊城邦的民主政体与制度。中国传统社会上述各个层面总体上皆存在着肯定现状与传统的特质，这样一种肯定态度构成中国文化的精神气质与思维定势，并且以潜移默化的方式浸透到文化主体的血脉与灵魂中，构成民族文化的深层的稳定结构，从而对儒家思维方式的建构产生重大影响。

同时，由于儒家思想产生于西周"礼崩乐坏"的社会危机，即源于一种对社会与民生的大忧患，因此如何在西周"礼崩乐坏"的社会危机之后建立合理、有效的统治秩序便理所当然地成为伦理建构的现实指向。面对社会危机，儒家文化没有一种破中立新的精神，因为忧患，害怕动荡与变革；因为忧患，所以悲天悯人。它承系着中华文化的肯定与保守的精神气质与思维定势，缅怀往昔、肯定传统，所做的不是破，而是恢复修补与完善，提出"克己复礼为仁"，

提倡修身治平，内圣外王与仁义礼制。故，"中国古代文明演进的一大特色是文明发展的连续性。"① 与西方文明在轴心时代意识到人类自身的有限性，因而形成对超越存在的绝对的追求不同，中国在轴心时代"更多的似乎是认识到神与神性的局限性，而更多地趋向此世和'人间性'，对于它来说，与其说是'超越的'突破，毋宁说是'人文'的转向。"②

儒家伦理的时间先构方法是中国文化肯定与维持现实这一精神气质所预制的产物。儒家对人性的善的肯定，将仁之源头归于人自身也是轴心时代中国文化转向对此世和"人间性"的顺乎其然的产物。正如钱穆所言"儒家思想不会走上宗教的路，他不想在外面建立一个上帝。他只说人性由天命来，性善，说自尽己性，如此则上帝便在自己的性分内。"③

二、　基督教人性恶理论的逻辑先构方法

逻辑先构是与时间先构不同的一种理论建构方法。"逻辑先在性"是相对于"时间先在性"而言的，它所陈述的并不是事物之间在时间序列中的先后顺序，而是事物之间在"逻辑上"的"优先地位"……可以分为"自在"与"自为"两种情况，"自在"意义的逻辑先在性问题，是指事物的本质对事物的现象在"逻辑"上具有优先地位，即事物的本质决定事物的存在。④ 而"所谓自为意义上的'逻辑先在性'，是指人的认识活动中的主——客体关系，主体在何种程度上把握到客体，客体在何种程度上成为主体的对象，是以

---

① 陈来：《古代宗教与伦理——儒家思想的根源》，三联书店 1996 年版，第 4 页。

② 陈来：《古代宗教与伦理——儒家思想的根源》，三联书店 1996 年版，第 4 页。

③ 钱穆：《人生十论》，广西师范大学出版社 2004 年版，第 6 页。

④ 孙正聿：《哲学通论》，辽宁人民出版社 1998 年版，第 312 页。

主体的实际水平和认识水平为前提的。"① 把逻辑先在性运用到伦理体系的建构方法上就是伦理的理念或伦理的意义是在先的,具有无可置疑的逻辑优位性,而后才有与之相对应的社会生活的遵行与实践。所以,与时间先构方法反映对此在世界的肯定不同,逻辑先构在一定意义上就是用伦理的理念去对现实的世界进行否定、改造和重建。基督教的伦理建构是逻辑先构方法的代表,体现的就是"对肉身和社会进行质疑"② 和对现有的伦理进行否定。

基督教伦理的逻辑先构方法一是表现在对伦理个体的否定。"因为自人类始祖亚当、夏娃以来,人却自以为大,像上帝一样以自己的善恶为善恶,遂陷入普遍的罪恶和不义,世人都犯了罪,亏缺了上帝的荣耀。"③ 基督教之所以判定人性之恶,实质上是为上帝予人的爱与统治提供铺垫或依据:第一步:对人的自由意志的否定,人不能超越于上帝。第二步,将善的判断与立法者归于上帝,既然人类都带有原罪,那么对由带有原罪的人创造出来的伦理的否定就是上帝自然的选择了,善的判断权被上帝收回,上帝是绝对而至善的存在,是善之为善的基础,善就是对上帝道德诫命的遵行。第三步:是从基督伦理的建构而言,恶的存在是救赎发生的逻辑要求,善是上帝用以成全其对堕落的人类之爱的救赎行为,基督教在伦理体系的架构上先设定人犯有"原罪",其用意在于如果人不以此方式堕落,上帝就不能向人启示出宽恕。就像光明的价值只能在黑暗中得以显现,上帝的善只有在对恶的人的救赎中才能显现一样,所以从理论的逻辑架构的要求来说,人类的原罪是上帝之光出场的逻辑

---

① 孙正聿:《哲学通论》,辽宁人民出版社 1998 年版,第 312 页。

② 陈建明、何除:《基督教与中国伦理道德》,四川大学出版社 2002 年版,第 48 页。

③ 陈建明、何除:《基督教与中国伦理道德》,四川大学出版社 2002 年版,第 42 页。

前提。

　　基督教伦理的逻辑先构方法二是表现在对血缘伦理的否定。与来自此在世界对血缘德性珍视的儒家伦理不同，"基督教伦理恰是从对血缘之为德的某种排拒开始的。在《旧约》中，上帝同以色列第一代老族长亚伯拉罕的约便是以他"离开本地、本族、父家往我所要指示你的地去（《创世纪》12：1）"①，这里已经看出基督教先借用地域的分割达成对自然的血缘伦理的打破，然后通过倡导包括爱自己的敌人的"泛爱"思想，实现对血缘伦理的彻底否定，"你们不要想，我来是叫地上太平；我来，并不是叫地上太平，乃是叫地上动刀兵。因为我来是叫人与父亲生疏、女儿与母亲生疏、媳妇与婆婆生疏。人的仇敌就是自己家里的人。爱父母胜过爱我的，不配作我的门徒；爱儿女过于爱我的，不配作我的门徒"（《马太福音》10：34—37），由此，基督教伦理是"与人自然和自发的伦理倾向是相悖的，呈现为某种对立或紧张。"② 它要破坏人此世生存过程的承继或连续，"基督宗教伦理来自对它的拒绝，来自那一连续过程的中断，即来自人'血气'生命的死亡，来自对此在世界的俗世生活的否定，对人实存情状的弃绝和人自然自发伦理行为的中断，这恰恰构成基督宗教伦理的起点。"③ 其目的是重构伦理的根基，建立对超越于世俗的上帝的信仰与服从。

　　基督教伦理的逻辑先构方法三是表现在对现世人生的否定："罪的工价乃是死"。"先行到死可谓基督宗教对人首要的伦理要求，是它给人的第一个道德命令，耶稣替人类去死，耶稣十字架竖起的时

---

　　① 陈建明、何除：《基督教与中国伦理道德》，四川大学出版社2002年版，第41页。

　　② 陈建明、何除：《基督教与中国伦理道德》，四川大学出版社2002年版，第41页。

　　③ 陈建明、何除：《基督教与中国伦理道德》，四川大学出版社2002年版，第42页。

刻也就是钉死世界伦理的时刻，它首先给人的召唤是：'你们应当悔改'（《马可福音》1：15）。"① 其意图是对人的自然的世俗生活的否定。"死是否定的，否定的是人此世的存在"②，也是为上帝的救赎与人的再生做了理论的预设，"复活在我，生命也在我；信我的人，虽然死了，也必复活。凡活着信我的人必永远不死。"（《约翰福音》11：25、26）死是再生的前提，"死亡所宣告的是人此世日常生存时间的结束，复活则宣告了人的另一种生存时间，即由上帝的永恒存在而来的时间的开始。"③ 所以，就像人的原罪是上帝善的显示方式，对此世人生的死亡是上帝拯救人类的意义显示的途径。基督宗教伦理导致了这样的后果："从死亡开始，人的自然肉身和自发的生活秩序都不再能充当生存的依据了，世界已经钉死在十字架上。生命的依据由此开始转向了逻辑，对存在的提问由此开始成了人生存的起点：人的存在使存在成为问题——反之亦然：存在使人的存在成问题。赘言之：死亡的逻辑性或死亡的逻各斯品质使人由生命时间的中断走向永恒，由生存的彻底虚无走向存在本身。"④ 至此，人的生命意义得以重构，"耶稣基督的复活实实在在带来了人类生存范式的革命性转换：肉身性、物质性生存转换为逻辑性生存，而依靠世俗自然肉身和自发社会而生存转换为依靠神圣逻各斯而生存！"⑤

基督教伦理的逻辑先构方式反映的是对此在世界的否定，这种

---

① 陈建明、何除：《基督教与中国伦理道德》，四川大学出版社 2002 年版，第 42 页。
② 陈建明、何除：《基督教与中国伦理道德》，四川大学出版社 2002 年版，第 44 页。
③ 陈建明、何除：《基督教与中国伦理道德》，四川大学出版社 2002 年版，第 44 页。
④ 陈建明、何除：《基督教与中国伦理道德》，四川大学出版社 2002 年版，第 46 页。
⑤ 陈建明、何除：《基督教与中国伦理道德》，四川大学出版社 2002 年版，第 47 页。

否定的思维方式实际上是古希腊自由文化所特有的一种"否定"精神气质与思维定势，它的产生是和古希腊社会历史进程中不断打破原有的社会特质是相匹配的：在人与自然的关系方面，希腊航海业的发展，体现的是古希腊人面对土地的贫瘠、资源的有限，力图打破自然环境的束缚与限制，开辟生存的另一个空间的自由与超越的精神；在社会的经济形态方面，航海所开辟的新的生存空间意味着与原有的依赖于土地的生存方式的被打破，它改变的是原有的物与物的简单交换的方式的限制，形成的是交换的更广领域；它改变的是原有的自然农业经济形态，形成的是超越原生形态的商品经济模式；在人与人的关系方面，商品经济的发展打破的是原有的血缘关系，形成的是建立在商品经济之上的契约关系。社会关系中为主的人伦关系被打破，超越的是天然血缘关系的限制；在社会的政治结构方面，它打破的是君王权力的独断，揭去的是神授王权的神秘，君主绝对权力的被推翻，个体神圣性的被消解，形成的是希腊城邦的民主制度，是建立在契约关系之上的法律精神。正是这几个向度在横向的彼此促进，形成历史的合力，共同造就出古希腊文明的不断否定原有的限制的精神气质，这样一种特质必然影响代表西方文化的基督教思想。以色列的犹太教的罪感意识实际上为基督教对此在世界的否定找到了一个突破口或者是理论的支点，就像物理学家阿基米德曾经高喊的那样"给我一个支点，我可以撑起地球"，"原罪"说就是基督教思想体系的支点，以此为基础，基督教开始对自然伦理彻底地否定，而批判摧毁之目的恰恰是为了上帝的出场与伦理的重建。

基督教伦理的产生主要是缘于人们的心灵危机，犹太民族等待救赎的背后是现世的苦难，罗马帝国接受基督教为国教的原因中，生活在尘世世界的空虚与无奈也不容否认。这样的危机既然是产生于此在世界，在一定意义上也就注定了它的拯救不可能来自尘世；

这样的危机既然是生存意义的危机，而陷于危机又深感罪孽的人本身是无法予生存以意义的，于是超越于尘世世界，全知、全能、全善的上帝得以拥有此在世界伦理与人们生存意义的建构权。而从渊源来看，基督教将善归于上帝的思维方式，一方面是深受古希腊理性文化对超越于尘世之外的绝对善的追求的精神影响，另一方面，也是古希腊晚期斯多亚主义和新柏拉图主义"把神学目的论和伦理道德学说结合在一起，认为神是宇宙万物的理性与秩序……渴望将灵魂与至善即上帝融为一体"① 的宗教神秘主义的演变的产物。

基督教伦理逻辑先构的建构方法是对此在世界的否定，在对自然伦理与人性彻底否定的基础上依靠上帝重新建构人类存在的意义，从而导致基督教"伦理的根基发生了根本转移，由人转移向上帝，由人本主义转到了神本主义。"②

就儒家的人性善的理论的时间先构与基督教人性恶理论的逻辑先构方法来说，体现儒家与基督教伦理原则的建立是实存为先还是价值为重的不同。内隐其后的则是认识世界方法的不同，即经验与先验、实然与应然、事实与价值之分。人的认识是对客观世界的反映，还是来自"灵魂的回忆"？人的生活是依据经验的事实？还是凭借完美的"理念"？人类的认识领域长期以来一直贯穿着这一核心问题的两种不同观点的对立，形成经验与先验的交锋，它折射出在人与世界的关系方面，人受制于客观世界又力求以理想改造世界的渴望，人类的历史便在实然与应然、事实与价值的对立与互动中发展，始终回荡着"没有经验的证据，能否有先验的推测？没有历史的重

---

① 田薇：《信仰与理性——中世纪基督教文化的兴衰》，河北大学出版社 2001 年版，第 25 页。
② 陈建明、何除：《基督教与中国伦理道德》，四川大学出版社 2002 年版，第 42 页。

塑，能否有逻辑的重建？"① 的思考与争辩。沿着经验方向发展的路径即"亚里士多德的古典经验论、希腊晚期伊壁鸠鲁的顺应论、中世纪经院哲学的唯名论和英国培根、洛克的近代经验论。这条线上的人们几乎都是以常识讨论代替形而上终极信念的追问。……这盏哲学明灯实质上是一盏常识明灯、经验明灯，它只能也只愿照亮历史堆积物的每一面表层，无法穿透也拒绝穿透历史堆积的终极深度。"② 而沿着先验方向发展的路径即"柏拉图的古典先验论、古希腊晚期的斯多亚主义自由契约论、中世纪经院哲学的唯实论和法国帕斯卡、笛卡儿的近代先验论。这一线上的人们对历史已然多取怀疑主义的价值追问，他们的历史运算法则是减法，不是加法，是以负数抵消正数。"③ 两种路径的交锋直到卢梭才有新高度的认识，"卢梭之出现，是人类自身发展史中的重大事件。……经验主义惊魂沉淀之后，也开始尊重先验主义的开阔视野，与之握手言和，共同创造历史。法国革命以来的 200 年，如果说，它的进步幅度远远超过人类以往历史任何一个等长阶段，200 年超过 2000 年，这就是经验与先验、自由与必然、逻辑与历史共同创造的结果。……在这种时候，人们就会发现，先验已经溶入经验，经验已经容纳先验，双方已经共同创造了近代文明的历史。这一部历史可以为两种相反立场所用。"④ 而到马克思，才以"历史与逻辑的统一"将长期存在的经验与先验的对立转化为辩证的统一，认识到"逻辑的方式是惟一适用的方式，但是，实际上这种方式无非是历史的方式，不过摆脱了历史的形式以及起扰乱作用的偶然性而已。历史从哪里开始，思

----

① 朱学勤：《道德理想王国的覆灭》，上海三联书店 2003 年版，第 24 页。

② 朱学勤：《道德理想王国的覆灭》，上海三联书店 2003 年版，第 30—31 页。

③ 朱学勤：《道德理想王国的覆灭》，上海三联书店 2003 年版，第 31 页。

④ 朱学勤：《道德理想王国的覆灭》，上海三联书店 2003 年版，第 31 页。

想进程也应当从哪里开始，而思想进程的进一步发展不过是历史过程在抽象的理论上前后一贯的形式上的反映。"① 儒家的实存为先与基督教的价值为重，恰是经验与先验、历史与逻辑的交锋在伦理领域的反映，构成中西伦理对此在世界的肯定与重构的不同精神，肯定是将伦理世界立于现实的大地，重构则是对现实的超越，而唯肯定与否定的有机统一，才能构成发展的动力。

就儒家人性之善的理论与基督教的人性之恶的理论对于利他主义伦理思想而言，儒家人性善与基督教人性恶的理论既是中西文化对人自身反省与思考的产物，也是儒家伦理体系与基督教伦理体系两种根本不同的方法使然，它们分别为儒家利他主义之可能与基督教利他主义之必要提供了理论的起点，并且构成了儒家与基督教对伦理学中心问题的两个不同向度的思考与发展，"伦理学的中心问题是：人对于这个问题有着永无休止的关注和好奇，即什么是一种有序的和有意义的生活的基础。"② 儒家伦理是对此在世界的肯定，而此在世界的存在与发展最重要的就是社会有序。社会秩序的建立是社会发展的基础，是个体生存的需要。儒家思想因产生于西周"礼崩乐坏"的社会危机，重建社会秩序便是其首当其冲的任务和指向，它通过"克己复礼"来恢复社会的有序，通过伦理的规则，来协调人与人的关系。"周公创制，显然是将权力重叠于血缘关系上面，把血统关系发展成王朝统治关系，即伦理权力化。事实证明这还不够。要使权力与宗法族制水乳交融合为一体，还需要一个相反的运动：即权力的伦理化，使社会成员对权力的服从不仅出于强制，而且要出于主动认可。这就需要一套从宗法族制中总结提炼出来的理论去对之加以阐释、提升和倡导，使人们能自觉认同现存制度、秩序，

---

① 《马克思恩格斯选集》第 2 卷，人民出版社 1995 年版，第 43 页。

② Paul L. Lehmann：Ethics in a Chrietian context（London：SCM Press，1963），252.

使君臣官民、主从上下、贵贱尊卑关系成为一种冠冕堂皇、无可置疑的伦理顺从，这一历史使命正是由儒家学说完成的。"① 侧重于有序的生活便成为儒家伦理建构的宗旨和核心。不过，人是一个有意识有思想的存在物，他不仅仅是活着，还要追问生命的意义。因而，如何过有意义的生活便成为伦理学研究的另一个重要的向度。基督教伦理的逻辑先构方法就是一种建构人生意义的方法，它产生于心灵危机，由于人们处在对尘世生活的厌倦与无奈和对人生命运无可解释的心灵危机，所以寻找意义就成为人生的重点。而意义问题不是认知问题，"信仰主客体之间的关系是一种价值关系，不是实践关系，也不是认识关系。"② 基督教通过对此在世界的否定，通过彼岸的天堂与灵魂的永生，用一个永恒的世界予人以希望，以展开与实现的无限的时间的可能，从而给人以生命追求的引领，使人在此在世界的人生因此希望获得了意义，痛苦的灵魂也得以安顿。在"我信你，主，纳匝肋人耶稣！你是这个世界及我生活的意义（logos）"③ 的基督徒信仰的表达方式中，上帝也就无容置疑成为人生命中的主宰，成为人的生命意义的来源与支撑。儒家的重秩序与基督教的重意义，恰构成人的发展的不同向度，秩序是生存的条件，意义则是生命的支撑，而唯存在与意义的有机统一，才能使人满怀希望地走在人生路上。

儒家伦理的时间先构与基督教伦理的逻辑先构的方法差异在一定程度上预制了儒家以人为本与基督教以神为本的两大伦理体系的本质差异。虽然，儒家与基督教伦理分别存在着以"仁"为核心的

---

① 马庆钰：《告别西西弗斯——中国政治文化分析与展望》，中国社会科学出版社 2002 年版，第 79 页。

② 荆学民：《试论信仰危机》，《求是学刊》1995 第 4 期。

③ 【德】约瑟夫·拉辛格著，静也译：《基督教导论》，上海三联书店2002 年版，第 41 页。

与以"爱"为核心的利他主义伦理思想，但正如新儒学代表之一牟宗三先生所言："儒家的悲天悯人、佛教的大悲心与基督教的爱，同属宇宙悲情，但基督教、佛教从人生的负面入，而儒家从人生的正面入"①，但建立在儒家人性善与基督教人性恶不同基础之上的儒家与基督教的两条道德之路的途径却是不同的。正可谓"在神圣与世俗之间，西方从神界降临到人间，而孔子则是从人间达到神界，前者是下凡，后者是飞天。"②

---

① 参见牟宗三：《中国哲学的特质》，台湾学生书局 1984 年版，第 19—23 页。

② 刘晓竹：《思辨儒学引论》，中国妇女出版社 2003 年版，第333 页。

第四章
儒家的"人之本"与基督教的"神之本"
——两种利他主义的不同本质

　　儒家与基督教对人性的善恶有着截然不同的界定与预设，在很大程度上预制了儒家与基督教两种利他主义的本质差异，形成了儒家以"仁"为核心与基督教以"爱"为核心的两种利他主义，即儒家的利他主义的本质是以人为本，基督教的利他主义的本质则是以神为本；儒家利他之路的由下往上的超越；基督教利他之路的至上而下的核准，儒家的人文性与基督教的神圣性可谓泾渭分明。那么，儒家的人之本与基督教的神之本的本质差异是如何在儒家与基督教两条利他之路的起点、途径、目标与形态方面加以体现的呢？这是本章研究的重点所在。

第一节　儒家的人性之仁与基督教的
神性之爱——两条利他之路起点之差异

儒家的"仁"与基督教的"爱"这两个概念都不是它们各自的独创，但两者皆在承袭各自的传统基础上，分别将"仁"与"爱"的概念上升到本体论的层面，使之成为儒家与基督教的核心。不过，两者借用的方式不同，儒家是在中国人伦文化的土壤中将"仁"由人际关系层面到人的本质的自然提升，仁是作为人性的本质。基督教则是在人的原罪的存在状态中将"爱"归之于上帝对人的怜悯，是神界对人的垂青，爱是上帝的神赐。从本质而言，仁之人性与爱之神性具有着显著的不同，这种不同既是儒家与基督教分别注重此在世界与彼岸意义追寻的结果，也是儒家人性之善与基督教人性之恶理论架构方法不同所致。虽然儒家的"仁"与基督教的"爱"的具体原则如我们在第一章所阐述的，皆体现了利他主义。但因"仁"与"爱"的人性与神性的本质差异却决定了儒家与基督教两条利他之路人之本与神之本的根本区别。为了更好地把握儒家与基督教利他主义伦理观，我们在此着重对儒家与基督教两种利他主义的"人之始"与基督教的"神之始"的不同，给予进一步具体阐述与深化理解，对仁之人性与基督教爱之神性何以体现进行理论概括。

一、儒家作为人性的仁

就儒家的"仁"来说，"仁"的观念是中国传统伦理思想尤其是儒家学说中十分重要的观念。客观而言，它并非是儒家独创，在儒家产生之前就有"仁"的概念，它也非儒家独有，在儒、道、佛

中借皆用"仁"来表达他们对问题的看法，但儒家赋予"仁"以人之本质的本体论意义与超越性，并在儒家自身的发展中得到以一贯之的发展。

1. "仁"的原初含义是指人际友善的品性

从"仁"的最初含义来看，我们在第一章已经指出"仁"原本是指人际关系，或者说一种令自我与他人之间关系友善的品性，如在《说文·人部》："仁，亲也，从人从二。"两个人，"以仁为亲昵"，表明仁最初是指亲密的人际关系。① 二是可以从出现"仁"的最早遗留下来的史料中去分析，据可靠的文字史料，"仁"最早出现于《诗经》，时间在春秋时期，如《郑风·叔于田》："不如叔也，洵美且仁"，《齐风·卢令》有"卢令令，其人美且仁"。这时的"'仁'只是一种人格禀赋，是一种纯个人化的品性，指的是雄强而又温和的'绅士'气质，引申又有了善良、慈惠的意思。"②

在春秋各诸侯国时期，"仁"的意义渐渐明确。《国语·晋语》中记载："优施教骊姬夜半而泣谓公曰：'吾闻申生甚好仁而疆，甚宽惠而慈于民，皆有所行之……吾闻之外人之言曰，为仁与为国不同，为仁者，爱亲之谓仁。为国者，利国之谓仁。故长民者无亲，众以为亲，苟利众而百姓和，岂能惮君？'"这里，"仁有两个层次，就一般人而言，'爱亲之谓仁'，仁即对父母兄弟之爱。而就统治阶级的成员而言，'利国之谓仁'。一个政治领导者只爱其亲，还不能算是做到了'仁'，只有利于国家百姓，才算是做到了仁。从这里可以看出，一方面'爱亲之谓仁'是当时流行的一种对'仁'的理

---

① 臧克和：《中国文字与儒学思想》，广西教育出版社 1999 年版，第 62 页。

② 李宪堂：《先秦儒家的专制主义精神》，中国人民大学出版社 2003 年版，第 99—100 页。

解。另一方面，一个人是否完成了'仁'的德行，是和他的社会位置关联着的，不同的社会位置所要求的'仁'是有所不同的。"①

"在《左传》中，'仁'字开始大量出现，'仁'由一种简单的与人为善之心、施于他人的恩惠，扩展为一种涵盖性的社会道德规范，凡是指向礼义的道德自觉，都被视为'仁'的行为，如《左传·庄公二十二年》：'酒以成礼，不继以淫，义也；以君成礼，弗纳于淫，仁也'；《成公九年》：'不背本，仁也；不忘旧，信也'；《僖公三十三年》：'出门如宾，承事如祭，仁之则也'。"②

可见，在孔子思想之前，"仁"早已作为一种人际关系中的美德而存在，其作用主要是承担中国宗法礼仪秩序内部的人际关系维护与协调的社会功能。中国传统伦理思想"仁"的最初含义的生成实际上是与中国社会宗法血缘关系的社会结构相吻合的，是自然而然生就的。人是社会性的存在，人与人之间关系就像马克思所言，在第一阶段就是人与人的依赖阶段。在这个阶段中，个人没有独立性，直接依附于一定的社会共同体，人们之间的社会联系只限于共同体内部，只是在孤立的地点和狭窄的范围内发生的地方性联系。在这种原始的社会关系下，人只能呈现出"原始的丰富"，仁的最初含义也只能体现在人与人相互交往的交际关系层面。"爱亲之谓仁"便是基于血缘关系的天然反映，而"利国之谓仁"实质上是"爱亲之谓仁"这样一种血缘关系基础上产生的伦理要求在国家层面的延伸。因为西周时代国家也是建立在与血缘关系密切相关的宗法制度之上的，对统治者而言"仁"意味着利国利民的思想，是在这种架构之下的必然产物与要求。而凡是指向礼义的道德自觉，都被视为"仁"

---

① 陈来：《古代思想文化的世界——春秋时代的宗教、伦理与社会思想》，三联书店 2002 年版，第 256—257 页。
② 李宪堂：《先秦儒家的专制主义精神》，中国人民大学出版社 2003 年版，第 100 页。

的行为，则是中国西周礼仪文化的自然产物。

显然，从"仁"的原初意义来看，它是"仁"之人性的最纯朴的表达，虽初显"仁"之人性之端倪，但依然停留在人际交往友善品性的层面，尚未归于人的本质。

2. 对"仁"为天道思想的悬置

在孔子之前，关于"仁"这一善心来自何处的溯源问题的思考已经存在。"最初是见于《尚书》，仁是上天悯人。"① 这里"仁"之源是归于天。可以说，将天确定为普遍性价值的最终依据往往是世界多种文明在人类早期共同的思维模式。孔子一方面承继传统，虽然孔子对天谈得不多，但在心目中依然将天作为"他的价值的最终根据，'天'实际上具有大公无私、不偏不倚，泽被万物的崇高德性。"② 在《论语·阳货》中他说道："天何言哉？四时行焉，百物升焉，天何言哉？"孔子对于天是知天命而耳顺、从心所欲不逾矩，敬畏顺从天命；同时他"认为古代的圣王所以能巍巍荡荡，焕乎文章与日月齐辉，就是因为能够则天。"③ 但另一方面，因为孔子所面临的是一个"礼崩乐坏"的时代，社会动荡不安的现实既使人感到"天命靡常"，又使重建人间秩序成为迫切，故作为儒家思想的开创者孔子在天道的向度上，并没有做深入的研究。因为他认为天命是需要通过自己的行为去显现去认证的东西，对"难以言说的神圣之

---

① 姚新中著，赵艳霞译：《儒教与基督教——仁与爱的比较研究》，中国社会科学出版社 2002 年版，第 93 页。

② 李宪堂：《先秦儒家的专制主义精神》，中国人民大学出版社 2003 年版，第 100—101 页。

③ 李宪堂：《先秦儒家的专制主义精神》，中国人民大学出版社 2003 年版，第 101 页。

物，他采取了悬置的策略，保留了敬畏的态度。"① 他以规划和重建人间秩序为己任，关注如何治世安民，"他的理想是君主为政以德、民众质朴化，从而实现以君主为中心的自然而熨帖的人间秩序。"② 为此，孔子思想的重心是放在此在世界，他的思维方式没有沿着天何以为仁的形而上的向度发展，而是将仁为天道的思想悬置，力图从承袭西周人文理论的传统中积极挖掘和改造，这就为仁之人性的本体论思想的提出提供了条件。

3. 将"仁"上升为人之本质

在对儒家思想产生之前文化中关于"仁"的思想的继承基础上，儒家开始逐渐将原是反映人际交往关系中友善品性加以提升。

儒家创始人孔子主张将"仁"作为人与人之间道德区分的一个标准，"即一个人的高贵与否并不在于其所继承的社会地位，而在于一个人在履行其社会责任时所表现的品质。仁并不仅仅是一种存在状态，而是一种取得伦理成就的程度。通过仁，人获得了尊严；没有仁，一个人虽然在形体特征上与他人无别，但这并不能说明他是一个真正的人，因为他还没有获得人的价值，或者他已经失去了人之为人的价值。一个人只有在决意去完成上天所规定和启示给他的仁时，才有可能成为品德高尚的人。"③ 孔子将仁作为人与人之间在道德相区分的标准，已经具有人的尊严与价值在于仁的思想；孔子认为成为品德高尚的人并不是由人所承继的社会地位所决定，而是取决于人自身的努力，这一观点已经流露出在成仁在于人之主体性

---

① 李宪堂：《先秦儒家的专制主义精神》，中国人民大学出版社 2003 年版，第 50—51 页。

② 李宪堂：《先秦儒家的专制主义精神》，中国人民大学出版社 2003 年版，第 49 页。

③ 姚新中著，赵艳霞译：《儒教与基督教——仁与爱的比较研究》，中国社会科学出版社 2002 年版，第 136—137 页。

的思想，这些观点无疑将西周文化仁之人性的端倪又得以扩展。

从这样一种倾向出发，在区分善良与卑鄙的过程中，孔子从根本上改变了古老的理想人格（君子）的含义。君子在中国原指贵族，孔子改变了根据血统区分上等人与下等人的划分标准，而将君子界定为具有"仁"的高尚品德的人。"君子则属于这样一种人：他们的智能与忠诚之德足以承担国家的使命，可以托付整个国家重任，他们的意志与毅力足以承担既服务于国家与人民，又不屈不挠、坚忍不拔地在世界范围内完成自己的仁德的重担（'可以托六尺之孤，可以寄百里之命，临大节而不可夺也。''仁以为己任，不亦重乎？'《论语·泰伯》）。君子的惟一追求是道或真理，即使这一追求为他带来的是贫穷也在所不惜（'君子谋道不谋食……君子忧道不忧贫'《论语·卫灵公》）。在追求道的过程中，君子就由以前仅与身体存在及社会地位相联系的社会阶层成员转变为一种道德理想人格，与如何履行一个人的使命，如何坚定不移地提升自己的道德品质紧密地联系起来了。"① 至此，君子的形成就由先天的血统注定的转变为人自己选择与造就的，只要人坚持不懈地追求"仁"，持之以恒地修养自己的品格，无论社会地位如何低下，无论其生活如何贫穷，都可以成为君子。在孔子那里，君子是"仁"的实现，"仁"则是君子的基础，仁是人不断努力追求道德的过程中形成与完善的。人自身的主体性就在形成"仁"与造就君子的过程中被孔子充分肯定。"在孔子那里，仁与人的统一与其说是自然天生的本性不如说是个人努力的过程，与其说仁是一种现实不如说它是一种理想，与其说它是一种存在状态不如说它是一种活动。"② 成就"仁"的是个体的主

---

① 姚新中著，赵艳霞译：《儒教与基督教——仁与爱的比较研究》，中国社会科学出版社 2002 年版，第 137—138 页。
② 姚新中著，赵艳霞译：《儒教与基督教——仁与爱的比较研究》，中国社会科学出版社 2002 年版，第 142 页。

体性，而对人的主体性的肯定无疑就是对人自身的肯定，也是对人性的肯定。

从孔子的上述思想中，我们可以说他虽悬置天命，但并不否认天命；虽认为天命难言，但力求通过人的体悟认证将天命进行创造性的转化；虽看到礼文化面临的惨痛现实，但却没有对此进行形而上学地彻底否定，没有弃绝传统，而是通过他的"仁"这一核心概念，"弘扬了礼的真精神，使之建基于日常生活情理，诉求于内在心理需要：'把原来的僵硬的强制规定，提升为生活的自觉理念，把一种宗教性神秘性的东西变为人情日用之常，从而使伦理规范与心理欲求融为一体。'……他把'仁'的精神注入了已经腐朽的传统礼制之中，使这种源于氏族时代的组织制度在新的社会形势下焕发了生机，重新成为社会的结构性力量。"① 从方法论的角度看，孔子的思想开启了中国传统伦理思想从天命转向侧重对人本身的研究，这一采自上天和人心深处的光芒，在孔子之后，孟子加以发扬光大。

在上一章的儒家性善论的思想阐述中，我们已经看到孟子虽然一方面仍然存有心善是天所赋予的思想，但显然在整个性善论的理论架构中他思想的重点不在于此，而是从人人具有心之器官，心具有道德分辨能力出发，最终将"仁"归于先天地存在于每个人身上的善端，是人与禽兽相区别的根本标志，"仁"就是人性。这样，"仁"便由最初的只是指人际友善的品性到人与人道德水平相区分的标准，再到"仁"是与禽兽相区别的根本标志。至此，中国文化中的"仁"便被提升到人之本质的高度，"仁"之人性的特点得以淋漓尽致地展现出来，也由此决定了为善成"仁"的利他之路途径与目标的人之本的本质特征。

---

① 李宪堂：《先秦儒家的专制主义精神》，中国人民大学出版社 2003 年版，第52—53 页。

二、基督教的作为神性的爱

与儒家作为人性的"仁"不同，基督教的"爱"并不根于此在世界，而是上帝从彼岸世界对人类世界由上至下的垂青与诫命。故基督教"爱"的基础是神学。"基督教把爱的本质和爱的根源理解为上帝的存在和上帝的品德……神爱是基督教原则的基础和价值所在，神的恩赐是所有形式的基督徒之爱的基础，神性是所有基督教美德与善的源泉。"① 与儒家仁之人性不同，基督教的爱体现的是神性，且将"爱"上升到本体论的高度，具体表现在：

1. 从宇宙生成论的角度，"爱"是上帝的本性

从宇宙生成的自然史来看，人本是自然界长期进化的产物。但在基督教的世界里，为了一个全知、全能、全善的上帝的出场与确证，基督教也是采取否定的思维方式，通过逻辑先构的方法，对宇宙自然史进行颠覆，指出上帝才是世界的造物主，上帝创造世界的过程是一个从无到有的过程。基督教将上帝尊为造物主，目的主要在于：一方面确证上帝的存在。而确证的方法基督教可谓是采取由果溯因的方法，即通过被创造物的存在来说明创造者的存在。正如美国学者南乐山在其著作《在上帝面具的背后——儒家与基督教》一书中所指出的："这一本体论所要求的抽象解释是：从无创造是带有三个可辨认特征的创造活动，这三个特征是被创造的世界、创造的源泉、创造活动本身。这三者不可分割地联系在一起。没有对某些事物的实际创造，就不可能有创造活动；没有世界被创造出来，就不可能有世界；没有创造，就不会有创造者。每一个都依赖于其

---

① 姚新中著，赵艳霞译：《儒教与基督教——仁与爱的比较研究》，中国社会科学出版社 2002 年版，第 146—147 页。

他两者，他们一起构成了从无创造。"① 由于被创造的世界与被创造物是真实存在与可感知的，那么也就证明创造者是存在的，而上帝就是创造者，基督教关于上帝存在就是采用"第一因"的思维方式来加以证明的。另一方面是确证上帝的性质。上帝存在可以通过被创造的世界与被创造物的存在加以证明，而上帝既然创造了这个被我们可以感知的世界，作为造物主，上帝肯定是超越于尘世世界之上的。那么作为造物主的上帝又具有何种特性呢？基督教同样借助于创造来体现，创造活动就是主体客体化的过程，主体的性质会通过创造过程与创造物反映出来。既然上帝是一个从"无"创造世界的过程，那么一个纷繁复杂的被创造的世界的存在当然说明上帝是无所不能的，上帝的全能得以确证；此在世界既然全是上帝所造，那么作为造物主的上帝理所当然知道整个世界的奥秘，上帝的全知得以确证；既然被上帝所创造出来的世界是如此丰富多彩，这就显示创造活动之艰辛，没有大爱是不会付出创造的，所以作为造物主的上帝是拥有无限的爱心，上帝的全善得以确证。这样，基督教便通过世界被上帝所创造，确证了全知、全能、全善的上帝的存在。

作为被创造物之一的人，在世界中这一出场的定位就决定了人是受限制的。人又是终有一死的，人生之不可逃避的命运又注定了人是有限的。显然，有限而又受限制的人不可能是善的源泉，也不可能是爱的源泉。"因为善是无条件的，因为善的有效性不受时间和空间的限制。"② 既然，"善要求一种无条件的绝对基础。善的根基因此只能到惟一的神那里去寻找。"③ 永恒的善是通过宇宙的产生来

---

① 【美】南乐山著，辛岩、李然译：《在上帝面具的背后——儒教与基督教》，社会科学文献出版社 1999 年版，第 7 页。

② 【德】利奥·拜克著，傅永军、于健译：《犹太教的本质》，山东大学出版社 2002 年版，第 72 页。

③ 【德】利奥·拜克著，傅永军、于健译：《犹太教的本质》，山东大学出版社 2002 年版，第 72 页。

发现善的渊源的，"上帝之爱是一种彻底的自我给予与自我肯定的爱，但是，由于创造过程是隐藏在背后的，上帝之爱的实现只能在创造物的普遍秩序、在人类历史以及人的爱中才能被发现。"[①] 即"上帝之爱是对其创造物的爱，同时又必须通过其创造物的爱才能得以完美实现。"[②] 因此，世界就是上帝之爱的产物与反映，爱就是上帝的本性。这样，"爱"之神性就被基督教从宇宙生成论的角度确定起来。

2. 从道德生成论的角度，"爱"是上帝的诫命

从道德的产生来看，"道德起源于人类早期的社会实践活动，是人类社会发展到一定阶段的产物"[③]，是在调节人际关系和利益关系过程中自然而然产生的。对此，基督教同样是采取否定的思维方式，通过逻辑先构的方法，对自然伦理史进行颠覆。如前所述，基督教的伦理体系是建立在对自然伦理彻底否定的基础之上。就像基督教通过创造世界来确证上帝存在与上帝的全知、全能、全善一样，基督教在道德生成论的方面，则以"原罪"说先将人性界定为恶，然后以此一方面凸显上帝的善，另一方面则将"爱"作为上帝对人的诫命而颁布，要求人们无条件地服从。一方面，基督教的"原罪说"将人性界定为恶，那么善之源泉就根本不可能来自犯有原罪的人自身，这样就在对人性否定的基础上，从与上帝创造世界不同的另一个角度，再一次将爱之源泉归于上帝。另一方面，基督教中将人之爱归于耶稣基督对人发出诫命的响应，

[①] 姚新中著，赵艳霞译：《儒教与基督教——仁与爱的比较研究》，中国社会科学出版社 2002 年版，第 148 页。

[②] 姚新中著，赵艳霞译：《儒教与基督教——仁与爱的比较研究》，中国社会科学出版社 2002 年版，第 148 页。

[③] 朱贻庭主编：《伦理学小辞典》，上海辞书出版社 2004 年版，第 38 页。

"神的命令就是叫我们信他儿子耶稣基督的名，且照他所赐给我们的命令彼此相爱。"（《约翰一书》3：23）这就既昭示人之爱不是来自人本身，只是对耶稣基督诫命的遵守，又强调人之爱必须做到，因为诫命的遵守是无条件性的，它是人行动的根本律法。从而，基督教以此方法解释了犯有原罪的人何以又拥有爱，又将人之爱与神之爱联系起来了，为人之爱找到了神性之源泉。由此，爱之神性也就不言而喻。

3. 从意义生成论的角度，"爱"是走进上帝

从意义生成的角度看，人因为有思想与理性，注定了人的生存不会仅仅以物种的尺度活着，人是一个追寻意义的存在物，而这种追寻的过程本来因为人所具有的主体性，生存的意义应是人能够自身赋予的。但基督教却对人的这种能力进行了彻底的否定，它通过对人性的否定剥夺了人自身获取意义的话语权。在基督教中，必须解决一个问题，既然上帝是至善的，那么，从主体客体化来看，主体的特性必然反映在其所创造的客体身上，客体就是主体的一面镜子。因此，作为被上帝创造物之一的人且是在所有的被创造物中是最具上帝所喜爱的，因为上帝是按照自己的形象创造了人，那么人从本性上就应该是善的，但为什么人又犯有原罪呢？显然，罪恶不可能来自至善的上帝，那么它就只能来自于人所生存的此在世界的利益的诱惑，来自于人的肉体对欲望的追逐。

在基督教看来，人的肉体是属于尘世的，它充满了欲望，它是一切罪恶的根源，它驱使人不断去满足肉体的无穷欲望，从而导致人的灵魂的堕落。人因为肉体欲望的羁绊，常常忘记对灵魂的追求，从而使人的生活限于无意义而空虚的罪恶中。故，基督教指出："体贴肉体的就是死，体贴生灵的乃是生命平安。原来体贴

肉体的就是与上帝为仇"。同时，此在世界又充满着无数诱惑，物质财富不断引诱着人去占有它，从而奴役人的灵魂，使人难免陷于罪恶中，"贪财是万恶之根。有人贪恋钱财，就被引诱了真道，用许多愁苦把自己刺透了。"（《提摩太前书》6：10）。基督教的神学家奥古斯丁认为，恶是"当意志抛弃了比自己优越的事物而转想到低下的事物时，才变成恶。""人作为上帝的造物中的最优越者，只要人的意志欲求其他造物，就必然要沦陷于其中。人的意志只有放弃了对其他造物的欲求，而转向向往上帝那高不可攀的至善实体时，才放弃了恶。"①

　　人本身充满欲望的肉体与人所处的充满诱惑的此在世界往往导致人的意义的迷失。所以，"只有当一个人承认世界的意义与世界相分离并超出这个世界；承认世界的意义与外在的及可感知的因而易于生存及毁灭的东西相区别并超越他们；承认世界的意义不是用因果方式而是用其自身价值的确然性来证明自身意义，赋予世界一种意义，并在其中发现持续的律法和目标才是可能的。"②为此，靠人自身的力量是不行的，人要获取这种"价值必定是'他性'中被发现"，③ 即依靠上帝，通过建立人与上帝之间的内在关联，人才可能超越于肉体与欲望，才能超越此在世界的苦痛与罪恶，从而获得生命存在之意义。在基督教体系中，这种人与上帝的纽带"不是欲求，不是认识，而是爱，众生一体，齐声歌唱上帝，热爱上帝。一旦离开上帝，就罪恶流行。而有爱的地方，

---

　　① 吴光远编著：《听大师讲哲学——活着究竟为什么》，中国民航出版社 2003 年版，第 39 页。

　　② 【德】利奥·拜克著，傅永军、于健译：《犹太教的本质》，山东大学出版社 2002 年版，第 71 页。

　　③ 【德】利奥·拜克著，傅永军、于健译：《犹太教的本质》，山东大学出版社 2002 年版，第 71—72 页。

就有上帝的惠临。"① 对于追求意义世界的人而言，爱就是走进上帝。

"爱"的这种指向是超越于此在世界的，重心则在于上帝与彼岸，人通过感知上帝的爱与回应上帝的爱，才建立了人与上帝的内在关联，也才发现了生活的意义。"只有通过上帝之于我们的存在及我们的灵魂的意义，通过我们的生命因此获得的内在一致性，通过我们富有成效的道德力量，通过因寻找到关于我们的疑问及要求的答案而产生的心满意足，通过发现我们的精神本性与神之间的关系——在我们一生中的每一天，这种感觉兑现了上帝对我们的召唤：'你在哪里？'（《创世纪》3：9）——宗教的必然性才会显示出来。"② 当"爱"是上帝的本性；当"爱"是上帝的诫命；当"爱"是走进上帝，"爱"之神性的特点也就显而易见。

儒家"仁"之人性与基督教"爱"之神性，一方面，既受儒家人性之善与基督教人性之恶理论的不同所预制；另一方面，"仁"之人性与"爱"之神性又将儒家利他主义产生的此在性与基督教利他主义产生的彼岸性的不同，进一步给予了理论形态的诠释，且在一定程度上又决定了儒家修身之路在于己与基督教救赎之路在于神的不同，促使儒家人之本与基督教神之本的根本不同又在两种利他主义的途径方面得到了进一步的体现与加强。

---

① 吴光远编著：《听大师讲哲学——活着究竟为什么》，中国民航出版社 2003 年版，第 40 页。

② 【德】利奥·拜克著，傅永军、于健译：《犹太教的本质》，山东大学出版社 2002 年版，第 84 页。

第二节 儒家的修身在己与基督教的
救赎在神——两条利他之路途径之差异

儒家的"仁"是人本身所固有的，基督教的"爱"是上帝的神赐，由此，决定了儒家与基督教两条利他之路途径的不同。儒家是通过格物、养性、践履去修身成仁，修身成仁之路在于己，以人为本；基督教则是通过信仰、祈祷、等待去渴望上帝的救赎，获救之路在于上帝，以神为本。儒家与基督教两种利他主义人之本与神之本的不同本质又得到了进一步的显示与深入。

一、儒家的修身在己

儒家从"仁是"人本身固有的特性出发，认为人的自我完善与自我实现就是将潜在的善端发挥出来，实现德性的完善，"与命为仁"。即生命的展开是"仁"的展开，生命的成长就是"仁"的实现。由此出发，儒家认为道德的完善取决于主体的自我努力。孔子强调修身成仁关键在于个体自身，提出"求诸己"，主张"君子求诸己，小人求诸人。"（《卫灵公》），肯定了修身成仁之路人的主体能力与价值。[①]

1. 格物致知

要发掘人内心潜在的仁，儒家认为必须经历学思并重的学习过

---

① 儒家修身部分主要参看唐凯麟、张怀承：《成人与成圣——儒家伦理道德精粹》，湖南大学出版社 2003 年版。

程。首先，必须格物致知。"古之欲明明德于天下者，先治其国；欲治其国者，先齐其家；欲齐其家者，先修其身；欲修其身者，先正其心；欲正其心者，先诚其意；欲诚其意者，先致其知；致知在格物。"（《大学》）学习必须通过"格物"而认识外部世界，但认识外部世界并不是儒家学习的最终目的，在一定意义上它只是"正心"的手段。因为人只有在通过对外部世界认识与思考中，才能在正确认识人与外部世界的把握中明确人的位置、人的界定与人的使命与人的价值；才能从对外部世界的认知过程中，回到自己的真我和重新塑造自我的过程。所以，在儒家那里，"格物"不仅仅是认识的活动，儒家并没有在纯粹认识论的意义上谈论格物致知，而是如朱熹所指"格物致知"就是"穷理尽性"，也如王阳明所言"致知"就是"致良知"，即把主体自身固有的良知发掘出来，认识活动是成为主体道德养成的一个重要组成部分。当然在自我修养、扩展仁心的过程中，也必须读经讲道，读四书五经，领教圣贤的教诲，在思考与领悟的过程中，才能"正心养性"。

2. 反省内求

儒家主张性本善，认为道德修养的方法是以"内养"为主，即修身养性，培养自己的内在本心。"苟得其养，无物不长；苟失其养，无物不消。""体有贵贱，有小大。无以小害大，无以贱害归。养其小者为小人，养其大者为大人。"（《孟子·告子上》）养心不仅是人生长发育的前提，而且是人实现道德理想的重要环节。养心一方面必须寡欲，"养心莫善于寡欲。其为人也寡欲，虽有不存焉者，寡矣；其为人也多欲，虽有存焉者，寡矣。"（《孟子·尽心》）在儒家看来人虽然有天赋的良知良能，但如果不努力培育、扩充和践履，如果不能抵制种种欲望的诱惑，原有的善端就可能丧失殆尽。另一方面，养心就是要养气，即养浩然之气。"敢问夫子恶乎长？"曰：

"我知言，我善养吾浩然之气"；"敢问何谓浩然之气?"曰："难言也，其为气也，至大至刚，以直养而无害，则塞于天地之间。其为气也，配义与道；无是，馁也。"（《孟子·公孙丑上》）孟子这里所言的"浩然之气"是一种以仁义礼智为精神支撑的，充满勃勃生机、无限盎然的刚性之力，"充实之谓美、充实而有光辉之大，大而化之之谓圣，圣而不可知之之谓神。"（《孟子·尽心下》）才能超越人的形体与生存空间的有限性，与宇宙同呼吸。孟子之后，宋明理学提出了"心外无物，心外无事，心外无理，心外无义、心外无善"（《与王纯莆》）的思想，认为良知是植根于人的主体意识之中，道德为我的良知所固有，并非由外灌输，也不必由外寻求，只要反省内求便可以培养"知是心之本体，心自然会知，见父自然知孝，见兄自然知弟，见孺子入井自然知恻隐，此便良知，不假外求。"（《传习录》上）所以，每个人在为人处事时应该时时反省自己，主动积极地扩充自己的良心，凭良知办事，则可以达至道德的自我完善。①

3. 慎言力行

"道德作为一种社会意识，它并非是纯粹的抽象思辨，而是一种实践理性。"② 儒家伦理十分重视道德的践履，把"德"规定为"行道有得于心"，即"德"的关键在于行。早在春秋时期，儒者已经表述了重"行"的思想，"非知之实难，将在行之。""非知之艰，行之惟艰。"（《左传·昭公十年》）认识到在知与行的关系中，获得知识相对于行比较容易，而实行则难于知。这种思想对后世儒家产

---

① 反省内求部分参看郑晓江、程林辉：《中国人生精神》，广西人民出版社 1998 年版，第 72—76 页。

② 唐凯麟、张怀承：《成人与成圣——儒家伦理道德精粹》，湖南大学出版社 2003 年版，第 126 页。

生了极大的影响。孔子在一定高度洞见了道德的实质在于行。"子以四教：文、行、忠、信。"（《论语·述而》），把"行"列为教育弟子的重要科目，他说"弟子入则孝，出则悌，谨而信，泛爱众，而亲仁。行有余力，则以学文。"（《论语·学而》）道德并非空谈虚文，它首先是实际的行动。孝敬父母、尊敬师长、谨慎守信、爱人亲仁，是有道德的表现，行有余力才去学文。在他之后，后儒对重行的思想做了进一步的发挥与阐述。在知与行的关系上，首先，提出"行高于知"，行比知具有更高的道德价值。荀子提出："口能言之，身能行之，国宝也。口不能言，身能行之，国器也。口能言之，身不能行之，国用也。口言善，身行恶，国妖也。"（《荀子·大略》）朱熹指出："书固不可不读，但比之行，实差缓耳。"（《答吕子约》，《朱子文集》卷四十八）王夫之主张行的价值高于知："以在人之知行言之，闻见不知，不如心之所喻；心之所喻，不如身之所亲行焉。"（《周易内传》卷五）其次，主张"行先于知"。在道德的知行关系中，行是基础，所谓德，即行道有得。道德规范不能仅仅局限在观念中把握，而是要通过贯穿在行为的实践中才能真正把握其实质，正确的道德认识只能从行为中获得。如王夫之所言："行而后知有道"（《思问录内篇》）、"非力行者，不能知也，力行而后知之真也。"（《四书训义》卷十三），只有在实践中，才能获得道德认识与把握道德的实质。最后，强调"知必实行"。认为"人们获得道德认识，并非是纯粹的知识探求，而是为了用以指导自己的行为，行是知的目的，只有在行之中才能发挥知的实际作用，实现知的价值。"[①] 王守仁认为："知是行的主意，行是知的工夫；知是行之始，行是知之成。"（《传习录》上）；王夫之也主张："知之尽，

---

① 唐凯麟、张怀承：《成人与成圣——儒家伦理道德精粹》，湖南大学出版社 2003 年版，第 129 页。

实践之而已。"（《张子正蒙注》卷四）正是在知与行的关系上，儒家持有上述的思想，所以，特别重视道德的实践，注重人自身的行动。[①]

儒家修身成仁的三种主要方法：格物致知、反省内求与慎言力行，都是不假外求，必须依靠主体自身的力量与努力。因为认识必须通过主体自身的领悟，才能成为自己所拥有的；反省养心成性则更是外人不可代替的；慎言力行同样需要主体的亲力亲为。所以，儒家修身之道在于己，体现的是人之本的本质。

二、基督教的救赎在神

基督教利他主义的核心"爱"是指来自上帝的神爱与人对上帝神爱的回应，与儒家修身之道在于己不同，基督教体现的是以神为本的本质特征。救赎之路在于上帝这是基督教教义的基本思想，在中国出版的《基督教词典》一书中对救赎是这样解释的："救赎（Redemption）基督教主要教义之一。认为由于人类始祖犯罪，致使整个人类都具有与生俱来的原罪，且无法自救；既犯了罪，便需付出'赎价'来补偿，而人又无力自己补偿，故上帝圣父差其独升子耶稣基督为人类的罪代受死亡，流出宝血以赎相信者的罪。"[②] 从词典的这一解释中可以看出三点：第一，人因犯有原罪，必须赎罪；第二，人却无力自赎，是耶稣基督为人类赎罪；第三，耶稣基督只是赎相信者的罪。由此，非常明显地看出基督教的救赎之路取决于上帝，如果没有上帝派耶稣基督为人类赎罪，人类是永远无法自救的；同时，耶稣基督只是赎相信者的罪，人要想为耶稣基督所拯救，

---

① 慎言力行部分参看唐凯麟、张怀承：《成人与成圣——儒家伦理道德精粹》，湖南大学出版社 2003 年版，第 126—129 页。

② 《基督教词典》编写组编：《基督教词典》，北京语言学院出版社 1994 年版，第 347 页。

则必须做到基督教教义所要求的信、望、爱。

1. 信仰与遵从

在基督教的思想中，所谓"信仰"就是相信上帝的全知全能，相信上帝对人类的爱与救赎，因为世界是上帝所创造的。《基督教词典》将"信"解释为："信即信仰。在基督教教义中与望（希望）、爱（仁爱）同列为三种神学美德和耶稣的三大纲领。强调人与神的关系、即人接受上帝的感召，对《圣经》所载上帝之启示和耶稣之教诲表示信奉和遵从。《旧约圣经》突出个人及民族对与上帝所立之约的信守。《新约圣经》则注重对耶稣福音的信赖。"① 从这个定义中可以看出三点：

其一，基督教的"信"是建立在人与神的关系之上。与儒家具有自己通过修身之道，不断挖掘内心已经具有的善端，可以实现成"仁"的信念不同，基督教的"信"只能在人与神两个关系项的存在前提下才能构成。在基督教那里，没有神的存在，没有人所信的上帝的存在，人的"信"就会因对象的不存在而无东西可"信"；更何况按照基督教的教义，连人本身都是神创造的，倘若神不存在，人当然也不存在，又何以有信？所以，当基督教将"信"界定在人与神的关系范围内时，实际上已经预制了在"信"中，神是占主导地位的；人信仰上帝时，人的"信"绝不是投向人自身的，而是向上仰望上帝的。这也许就是20世纪宣布"上帝之死"的哲学家尼采在抨击上帝存在的弊端时，认为当人仰望上帝时，人就忘了他自身，人的生命被上帝之光所遮蔽，生命受到窒息的原因所在。

————————————

① 《基督教词典》编写组编：《基督教词典》，北京语言学院出版社1994年版，第347页。

其二，基督教的"信"强调的是对上帝之启示和耶稣之教诲表示信奉和遵从。从基督教的"信"的内容之要求来说，人也是处于被动地位的，先有上帝之启示，才有人的被感召；先有耶稣基督之教诲，才有人对诫命的听从与遵行。

其三，基督教要求人"信"上帝之启示和耶稣之教诲，遵从诫命与律法其目的是达成人把自己完全交给上帝。在基督教的"信"的内容与要求方面，它要求基督徒"我信其降地狱"、"我信其从死者中复活"。即相信耶稣的无私奉献的被钉在十字架上的死亡，是死而后生，在死亡的废墟上再以一个更为伟大的形式再生。① 这里，一方面表现出上帝为了替人类赎罪让他的儿子耶稣赴死的无私的神爱；另一方面，耶稣基督正是在对人类无私的完全的爱的奉献中得以复活。所以，人类对上帝的无私的爱要感知、要回应，人类要听从耶稣基督的教诲，应该信仰与爱上帝。因为只有上帝无私的爱，只有耶稣基督的替人类赴死，才能赎去人类的罪过，才能为人类建立一种不朽与永恒，才能使人的存在获得意义。当基督教的教徒信上帝之启示和耶稣之教诲，信上帝、爱基督、听教诲、遵诫命时，基督徒也就把自己完全交给了上帝。"基督徒的'信仰'事实上意味着把自己交付于支撑自己和世界的意义—并将其作为一个坚实的基础，在其上无畏地站立。……基督徒的信仰意味着把自己的存在视为对托起、支持一切的圣言（theword）、道（logos）的答复；它也意味着对意义的一种肯定：我们不能创造意义只能接受；意义已经被赐给我们，我们所要做的只是接受它并将我们自己交托给它。"② 而且，"基督信仰不是单

---

① 【德】约瑟夫·拉辛格著，静也译：《基督教导论》，上海三联书店2002 年版，第252 页。

② 【德】约瑟夫·拉辛格著，静也译：《基督教导论》，上海三联书店2002 年版，第34—35 页。

纯的选取这个世界的精神基础；它的主要公式不是'我信某（神性）事物'，而是'我信你，主'。基督信仰是一种与耶稣这个人的相遇；在这种相遇中，人们亲身体会到，这个世界的意义是一个人。在基督来自天父的生命中，及在他通过祈祷与天父形成的亲密关系中，他是天主的见证。通过他这个见证，不可捉摸的成了可以捉摸的，遥远的成为临近的。基督不单纯是一种见证——当他告诉我们他所看到的东西时，我们相信他所提供的证据。他的存在使人们从肤浅的生活转向真理的深层——他还是永升在此世界的临在。在基督完全献身于人类的生活中，世界的意义临于我们中间，这个意义以爱的形式显现给我们，这种爱切实临到了我个人，这是一种难以想象的爱礼，它使我的生活值得活；它不会减弱或消失，也不会沾染上个人主义的恶习。"[①] 在基督教"我信你，主，耶稣，你是这个世界及我生活的意义（logos）。"[②] 的表达方式中，上帝也就毋庸置疑成为人生命中的主宰。

2. 祈祷与忏悔

在基督教中，正是有信与不信，遵从与违背上帝的启示，才有天堂与地狱的赏罚。只有耶稣基督对人类的无私的神爱才可以让人从"原罪"中得到救赎、复活与永生，让个体生命超越对死亡的恐惧。因此，与儒家的"仁"是个体生命本身所固有的，人之道德完善强调主体的修身养性不同，基督教徒固然也有为善行德的要求，但更强调上帝的力量，强调能否获救与赎罪最主要的是依靠耶稣基督。同时，耶稣基督不仅仅是救赎者，而且也是审判者，"人最终会

---

① 【德】约瑟夫·拉辛格著，静也译：《基督教导论》，上海三联书店2002年版，第40页。

② 【德】约瑟夫·拉辛格著，静也译：《基督教导论》，上海三联书店2002年版，第41页。

以其'所作所为'依据受到审判，没有人能够逃避他自己生活方式所带来的后果。"① 因此，基督徒信仰"我信其日后从彼而来审判生者死者"。他们明白两者是同时存在的："一方面是恩宠的成全作用（将孱弱之人解放出来），另一方面是责任的严肃约束作用（每日管束人）。"② 体现了耶稣基督是以公义为基础的，他通过天堂与地狱的回报与赏罚机制显示爱之公义。

秉持这样的信念，基督徒一方面遵从基督之教诲与律法，爱上帝与爱人类；另一方面也常常采用祈祷与忏悔的方法，祈祷上帝的恩宠的降临，忏悔于自己所犯的罪求，祈求上帝的赦免。在基督教义中，耶稣基督概括出一篇教诲门徒的主祷文："我们在天上的父，愿人都尊你的名为圣。愿你的国降临，愿你的旨意行在地上，如同行在天上。我们日用的饮食，今日赐给我们。免我们的债，如同免了别人的债。不叫我们遇见试探，就我们脱离凶恶。因为国度、权柄、荣耀，全是你的，直到永远。阿门。"③ 而基督教信徒们对上帝发出祈求："耶和华啊，求你因你的名赦免我的罪，因为我的罪大。求你转向我，怜恤我，因为我是孤独困苦。我心里的愁苦甚多，求你救我脱离我的祸患，求你看顾我的困苦、我的艰难，赦免我一切的罪。"（《诗篇》25：11—18）基督教徒也因与生俱来的本体的原罪，恳请上帝施恩。"求你将我的罪孽洗除净尽，并洁除我的罪。因为我知道我的过犯，我的罪常在我面前。我向你犯罪，惟独得罪了你，在你眼前行了这恶，以致你责备我的时候显为公义，判断我的时候显为清正。我是在罪孽里生的，在我母亲怀胎的时候就有了

---

① 【德】约瑟夫·拉辛格著，静也译：《基督教导论》，上海三联书店2002年版，第278页。

② 【德】约瑟夫·拉辛格著，静也译：《基督教导论》，上海三联书店2002年版，第279页。

③ 【美】泰勒编写，李云路等译：《简明基督教全书》，中国社会科学出版社1999年版，第47页。

罪。……求你掩面不看我的罪，涂抹我的一切罪孽。神啊，求你为我造清洁的心，使我里面重新有正直的灵。"（诗 51：2—10）基督教徒因相信自己正如圣经所言是与生俱来犯有"原罪"的，带有罪身的人依靠自身的力量是不能自救赎罪的，他必然向外他求。因此，基督教徒的祈祷与忏悔，是向外的，它寄希望于非己的外部的力量，而这便是全能的上帝，上帝成为善恶的最终裁判者。所以，基督教徒的道德完善是以神为本，道德之路是依上帝而行的。

3. 期望与等待

在基督教中，"望"是与"信"、"爱"并列为三种神学美德与耶稣的三大纲领。在《基督教辞典》是这样解释的："望即希望。在基督教教义中与信（信仰）、爱（仁爱）同列为三种神学美德和耶稣的三大纲领。其基础是对上帝普世救赎之意志的确信，具体表现为对基督复临和最后审判所迎来的新天新地和信者永生之希望。在观念上是对尚未实现之上帝应许的记忆犹新，在实践上是为完善未来世界的不断努力。望涉及人与世界的未来及其美好结局。"[1] 可以说，基督教的"望"有几层含义：

其一，基督教的"望"的前提是"信"。"在路德看来，人的获救只在信仰，即所谓的'因信称义'。他说：'既然这信只能在内心的人（里）掌权，如《罗马人书》第十章所说：'心里相信就可以称义'；而且既然只有信才可以使人称义，那么这一个内心的人就显然不能因什么外表的行为或其他方法得称为义，得以自由、得蒙拯救……因此，每一个基督徒所应该留心的第一件事，就是要丢弃倚靠行为的心，单单多求坚固信，并藉着信不求多知道善行，只求多

---

① 《基督教词典》编写组编：《基督教词典》，北京语言学院出版社 1994
年版，第 347 页。

知道那为他受死而且复活的基督耶稣。……"① 所以，在路德教中，"只要信徒真心信仰上帝，一切行为准则就都在心中了。"② 信仰的表现形式一是信其真，相信基督教所言的一切；二是信中有望，期待上帝的救赎。与儒家修身成仁强调慎言力行不同，基督教强调的是信，信是望的前提，望是信自然而然的要求。

其二，基督教的"望"的内容就是对上帝的期盼。渴望得到救赎，渴望得到永生，"望"是一种期盼；一种等待；一种想往。基督教徒寄于希望的对象显然是非人本身，而是人们在信仰领域中创造出来的上帝；基督教徒所渴望达至的目标也是非现世的，而是彼岸世界的永生。这样的期望牵系到人存在的最重要的命运，即人的"原罪"能否赦免；人能否在尘世的苦痛中获救；人能否超越有限的生命与死亡而获永生。这些终极性价值与意义问题的解决，通通需要依赖上帝。对上帝的期望就成为基督徒必须具有的品质。因为没有希望，就不会回应上帝的爱，人在尘世就永远陷于罪恶中，人生也就沉沦在无意义的黑暗中，那样的生活也许只能称做行尸走肉，灵魂的堕落。

其三，基督教的"望"既强调信中有望，也主张望中等待。基督教主张"接受比行为、比成就更重要，更具首要性。……从基督信仰的角度来看，人完全达至他自己，并不是通过他所完成的行为与工作，而是通过他所接受的东西。他必须期待爱的恩赐，而爱只能以恩赐礼物的方式来接受。个人决不能自己创造爱，而不借助于别人；人必须要耐心期待爱，等待爱被赐予。"③ 人为了自己的救

① 董小川：《儒家文化与美国基督教新教文化》，商务印书馆 1999 年版，第 55—56 页。
② 董小川：《儒家文化与美国基督教新教文化》，商务印书馆 1999 年版，第 56 页。
③ 【德】约瑟夫·拉辛格著，静也译：《基督教导论》，上海三联书店 2002 年版，第 223—224 页。

赎，必须在怀有对上帝的期望中，在回应上帝的爱中，在祈祷与等待中，才能超越尘世、超越有限与超越死亡。

可见，基督教的救赎之路的主体则在于上帝。因为，在基督教的信仰与遵从、祈祷与忏悔、期望与等待中，我们无一例外地看到撇开信徒个体的自我努力外，人类整体在与上帝的关系中始终是处于被动的非主体的地位，基督教以神为本的特征与儒家以人为本是截然不同的。对于儒家思想而言，"仁"是儒家利他主义的核心，利他原则是"仁"本性的具体诉求，修身在于成仁。所以，在仁之人性、修身在己的儒家思想中所体现的以人为本的特征，也就理所当然地成为儒家利他主义的本质特征。对于基督教体系而言，"爱"是基督教利他主义的核心，利他原则是"爱"本性的具体体现，救赎则是"爱"的期望。在信、望、爱中，基督教虽然认为三者是合为一体的，但爱在一定意义上是最重要的，没有上帝的爱，我们何以信上帝？没有爱上帝与爱人类，人又何以有救赎的希望？因而，在爱之神性、救赎在神的基督教思想中所体现的以神为本的特征，同样无庸质疑地反映了基督教利他主义的本质特征。人之本与神之本便是儒家与基督教两种利他主义本质的根本不同，这种不同在儒家与基督教的两条利他之路的目标指向方面得到了进一步的证明与显现。

第三节　儒家的内圣外王与基督教的
天堂永生——两条利他之路目标之差异

儒家与基督教两种利他主义伦理观不仅在利他之路的起点、主体上呈现出人之本与神之本的本质差异，而且在利他之路的目标

指向上也呈现出同样的区别。可以说，儒家与基督教利他之路目标指向上的人之本与神之本的差异，既是由利他之路的起点与主体的预制，是顺乎其然的结果，也从目的方面更加凸显了这一本质的差异，从而使其差异以一贯之于儒家与基督教两条利他之路。

一、儒家的圣人

儒家的"仁"是一个动态发展的过程，是一个从人人固有的潜在的善端到逐渐向内修身养性为善的过程。它把仁义作为道德的基本原则，把追求人性的道德完善视为人类一切道德活动的终极目标，从个体的角度表现为"成性"的目标设立。"成性"即是成人，人性的完善即是人的完善，儒家思想的成性成人的目标设立之后，蕴涵一个理想人格的理解、设计与追求。"人格"一词，具有不同学科角度的各种阐释。通常"人格"是指"个人相对稳定的比较重要的心理特征的总和，是指一个人的品格、品质、思想境界、情操格调、道德水平等。"[1] 而"伦理学上讲的人格，则指一个人做人的尊严、价值和品格的总和"[2]。中国儒家以德性作为人区别动物的本质区别，在理想人格的界定上是以道德完善作为标准，根据"道德境界的差异，儒家的理想人格有君子、豪杰、圣贤三个不同层次，它们都是人生的范型，反映了儒家的道德追求。"[3]

儒家强调"仁"是人之为人的根本，是人与动物的本质差异，存心养性修身求仁便成为为善之道、为人之道。君子、豪杰、圣贤

---

[1] 张耀灿、郑永廷等著：《现代思想政治教育学》，人民出版社2001年版，第117页。

[2] 唐凯麟、张怀承：《成人与成圣——儒家伦理道德精粹》，湖南大学出版社2003版，第104页。

[3] 唐凯麟、张怀承：《成人与成圣——儒家伦理道德精粹》，湖南大学出版社2003版，第104页。

既是儒家所设立的道德楷模，又是人生之为善的目标；既起道德榜样的示范，又为人生价值的引领。从君子、豪杰、圣贤来看，他们是儒家理想人格的三个不同层次：君子注重的是内在修养，温文有礼，恭敬谦让，诚信和顺，兼善天下；豪杰则注重胆识超人、直道而行的伟岸气魄，义以为尚，独立特行、刚毅浩然，自强任道；圣人是儒家理想人格的最高层次，是至善至美，完美无瑕的最高范型，代表的是人生所可能达到的最辉煌的境界，这种境界是在现世的，而非彼岸，表现在儒家的圣人境界的内圣外王均面向现世。"君子以仁为本，以礼为质，豪杰以仁为本，以义为质量；而圣人则以天为本，以仁为质。"①

1. 内圣

从内圣的本质而言，儒家所言的"圣人"一个主要的标志就在于内圣，即内心的道德通过自身的修身养性已达到一个完美的境界。道德的完善是成为圣人的根本标准。这种目标的指向不是像基督教的爱是上帝的怜悯和对上帝的爱的回应那样，一切以彼岸的上帝为价值趋向，而是指向人本身固有的内心的道德，是一个为己的成人成性的目标使然，不为上帝，而为自己的成人。在这个意义上，正如杜维民先生所言，儒家是"为己"之学。但注意，这里的"为己"不是道德评价上所常用的自私自利，而是指作为主体的人的道德的自我追求自我完善。因为儒家认为道德是人之为人的根本，是人与动物的本质差异，人生的成长过程就是成全自己的道德性。所以，圣人的内圣的目标来说，它是以人为本的，成就自我是其目的。

---

① 唐凯麟、张怀承：《成人与成圣——儒家伦理道德精粹》，湖南大学出版社 2003 版，第 112 页。

从"内圣"的判断标准而言，道德的完善境界是圣人的境界。那么，如何判断道德的完善？儒家提出了本体的真的标准。在儒家看来，人性为善，能够将人本身固有的道德至诚至真地发挥出来，则是最高的境界。他们认为"诚者，天之道也；诚之者，人之道也。诚者，不勉而中，不思而锝，从容中道，圣人也。"(《中庸》) 所谓"诚"，如朱熹所解释为"真实无妄"，它并非表象的外显，而是本质的呈露；圣人之诚不是重在他对现实社会道德的遵循，而是意指"社会道德已经内化为其本质，他的一切行为，无论是有意识的行为，还是无意识的行为，都是其内在道德本质的自然流露。"① 从"从心所欲而不逾矩"到"无往而非而至善"，这种境界是道德的至高的境界，非一般人所能至；是一个尽性尽真尽善尽美的境界，达至本体的伦理的善。"惟天下至诚，为能尽其性；能尽其性，则能尽人之性；能尽人之性，则能尽物之性；能尽物之性，则可以赞天地之化育；可以赞天地之化育，则可以与天地参矣。"(《中庸》) 显然，"天人合一"是中国儒家追求的，中国思想史上在天人关系上，从来就有天人合一的传统。但在追求的过程中，它不像西方人采用思维的二分法将天与人对立起来，而是将天看成是自然的，或伦理化的神圣性的先在。天之所生，皆有仁义礼智顺善之心；不知天之所生，则无仁义礼智顺善之心；也没有像西方那样对天代表自然宇宙等进行深入研究，而是将它作为神圣性的来源加以悬置，强调的是在天命之下的"知天命"而重人事之道，重视的是"以德配天"。追求"天人合一"并不像基督教那样彻底否认现世、否定肉体，"并不需要取消自我的存在、否定天人之间的差异，而是充分发挥、实现自己的本性，通

---

① 唐凯麟、张怀承：《成人与成圣——儒家伦理道德精粹》，湖南大学出版社2003版，第110页。

过伦理上的真和善连接、沟通本体之真，从而达到天人合一。达到这一境界的就是圣人。"① 本性之真是判断内圣的标准，本性的自然呈露就是天性的自然流露，标准是在人的本真。

从"内圣"的表现方式而言，既然圣人是本性的真，这样一种特质必然要通过外化的形式表现出来。本性自然呈露就是天性的自然流露，而天之特性则在于天之德。"它们无不持载，无不覆育。圣人中和与天，性纯德渊，其浩瀚之仁，与天之生生之道同一，表现为博爱、泛爱。'天地之道，博也，厚也，高也，明也，悠也，久也。今夫天，斯昭昭之多，及其无穷也，如月星辰系焉，万物覆焉。今夫地，一撮土之多，及其广厚，载华岳而不重，振河海而不泄，万物载焉。……大哉，圣人之道！洋洋乎发育万物，峻极于天。'（《中庸》）天地之道并非虚妄，它通过万物得以生长发育而表现与确证，圣人对天之道自觉意识与领悟，于是'至诚通天，从而把他人、把万物都视为自己的同类同伴。'"② 能够打破物我、人己的界限，做到以其博大的胸怀，泛爱众生，厚德润物。圣人至德至爱的施予对象是众生万物，是真实存在的，是现世的，故是以人为本的。

2．外王

"内圣"是圣人的一个衡量向度，着重于道德仁爱品性的特质，是向人本身固有的道德之善的挖掘养成，向内的存心养性的发展。外王则是圣人的另一个衡量向度，是内在的德性的向外的施展，主要表现在法天立道和继往开来的国家民族事业的成就之业上。

---

① 唐凯麟、张怀承：《成人与成圣——儒家伦理道德精粹》，湖南大学出版社 2003 版，第 110 页。

② 唐凯麟、张怀承：《成人与成圣——儒家伦理道德精粹》，湖南大学出版社 2003 年版，第 110—111 页。

"法天立道"。人类社会的发展需要制定符合天道人道的根本原则，这一使命在儒家看来唯有圣人才能也必须担当。儒家认为："立天之道曰阴与阳，立地之道曰柔与刚，立人之道曰仁与义。人道本于天道，是天道在人类社会的表现。但是天以其行而不是以其言表现其道，它要化为现实的人道还须进行理论的概括和宣昭。圣人德合于天，故能法天之意以建人极、立人道。《周易》云，圣人'仰则观象于天，俯则观法于地'，知幽明之故，原始反终，穷神知化，依天之道而立人道。"孔子说"唯天为大，唯尧则之。"（《论语·泰伯》）圣人与天合一，对天的本质有最透彻的理解，并使自己的本质和天的本质融合为一，故能化天道为人道，制定人类社会的基本原则。①

"继往开来"。"儒家以圣人为决定历史发展的关键人物，承担着为天地立心、为生民立命，为往圣继绝学，为万世开太平的崇高历史使命。圣人的不朽功勋、崇高价值，不仅在于他自身实现了道德完善，更在于他所开辟的伟大事业，成就的伟大功业，他的道德光辉，泽被苍生，流芳万世。按照儒家的理解，道德完善本质上并非仅仅指个人道德品格的成就，而内在地包含着把个人的追求与人类的追求和完善结合在一起，只有把自己奉献给人类社会，把个人的生命融入人类发展完善的事业之中，才显示出生命价值的崇高、伟大与永恒。圣人就是自觉地做到了这一点，他以造福人类。促进社会的发展与完善作为自己终身不懈的追求，体现了崇高的、彻底的奉献精神。"② 从圣人的外王来看，显然它是立足于现世的，反映的是一种积极的入世的态度。在儒家理想

---

① 唐凯麟、张怀承：《成人与成圣——儒家伦理道德精粹》，湖南大学出版社 2003 版，第 111 页。

② 唐凯麟、张怀承：《成人与成圣——儒家伦理道德精粹》，湖南大学出版社 2003 版，第 111—112 页。

人格中，无论是君子、豪杰，还是圣人，都具有强烈的积极进取、自强不息的品格，具有强烈的历史使命感，他们把经邦济世、建功立业作为自己的终生追求，把个人的完善与人类的福祉联系在一起，成就事业，造福众生。所以，圣人之境界的实现不在彼岸世界，而在现实世界，圣人不仅能够发展完善人道，而且能够通过自己的主观努力促进天道的完善。

显然，在儒家修身养性成仁为圣的思想中，在内圣与外王的理念里，不难看出儒家与基督教之不同，即在儒家人的理想目标方面明显地充满着对人自身的积极肯定，充满着对此在世界的肯定。儒家的人之本既是中国人伦文化的产物，也是儒家人性之善出发点顺理成章发展的结果。儒家的内圣要求圣人具有如天一样厚德载物的博爱，外王要求圣人拥有为社会福祉全力奉献的精神，这些思想既构成儒家利他主义伦理思想不可缺少的部分，也是儒家利他之路目标所在。不过，由于中国社会特有的文明路径与人伦文化的传统，中国社会呈现出家族主义、整体主义的特点，个体是没有独立自足的地位的。因此，儒家的人之本并非是现代社会所讲的，在个体拥有独立的存在与主体意识基础上的"以人为本"。

二、基督教的天堂

基督教的"圣徒"，和儒家所追求的"圣人"一样，皆被视为是高于普通人的楷模，而为人们所崇拜，担当榜样的示范、目标的引领。这是儒家的"圣人"和基督教的"圣徒"之间的共同之处，但二者的差异却远远大于相同。如果说儒家的"圣人"是指通过个人的修身养性而达至内圣即道德的完美境界的完人的话，那么，基督教的"圣徒"的特征则是：

1. 上帝的恩赐

从"圣徒"的标志而言，是展现了灵的恩赐与力量。"在基督教中，圣徒的概念发源于神圣或神的概念。因此，一个圣徒并非具有道德美德完善的个体，而是一个'被召唤'的人、'选民'及'有信仰'的人。圣徒是一个为圣灵所充满的人，在，《旧约》中我们读到，上帝的子民之所以神圣是因为上帝已经选择了他们，即他们是属于上帝的。《新约》继承了《旧约》的这一理解。基督教徒之所以被称为神圣或者'神圣的子民'，是因为他们受到了上帝的召唤。"①"圣徒"是指被上帝的恩赐选中的人，"圣徒"之境并非个体道德至臻，而是本质上来自上帝的神赐，那些显现出特殊的恩赐迹象的人就会被教会确认为神圣的人或圣徒。这样，"圣徒"在基督教会中扮演了一种双重的角色："作为宗教人物的模范，基督教的圣徒代表着神圣人格的'排他性'与'不可模仿性'，这使得圣徒受到尊崇；另一方面，圣徒也展现了'示范性'与'可模仿性'并成为追随者们极力仿效的对象。"②"圣徒"是上帝所恩赐造就，人是被动的，神之本显而易见。

从"圣徒"的达至来看，与儒家认为圣人之境是由自己的道德修养所决定的人之主体的观点相反，基督教认为不管个人如何努力，他都不能凭自身的力量成为"圣徒"。因为"基督教认为人性是脆弱的，人的能力是有限的。单凭人自己的力量，人不可能顶住物欲和私利的诱惑，不可能在罪恶中自拔，不可能认识终极的真理。必须依靠上帝的干预，人才能真正获救。由于人是按照上帝的肖像而

---

① 姚新中著，赵艳霞译：《儒教与基督教——仁与爱的比较研究》，中国社会科学出版社 2002 年版，第 170 页。

② 姚新中著，赵艳霞译：《儒教与基督教——仁与爱的比较研究》，中国社会科学出版社 2002 年版，第 170—171 页。

造的，人还保持着接受上帝的启示的能力，在上帝的帮助下，获得解放。在这里，来自上帝的外力是起决定性作用的，而来自人内部的人的自由决断和努力，是起辅助性作用的。"① 在基督教思想中，认为"没有神的恩赐，任何人都无法成为圣徒。一个人能成为圣徒，这只能是上帝神爱的证明，是圣灵的力量的证明，而不是他们自己所取得的成就。"② 人能够做的只是放弃个人的本然自我以及所有尘世生活的一切，虔诚地祈祷与期待。显然，在基督教中，人是渺小的，上帝是至上的；现世是需要摈弃的，彼岸是为之追求的；人因上帝而产生，人也惟有依靠上帝才能得以拯救。

2．天堂与永生

在基督教教中，天堂是人类最深期盼的圆满实现，是最终的和至高的幸福境界。关于天堂究竟是什么样子的，尘世的人难以想象。"神为爱他的人所预备的，是眼睛未曾看见，耳朵未曾听见，人心也未曾想到的。"（《歌林多前书》2：9）在 2001 年由上海辞书出版的《基督教小辞典》对天堂是这样解释的："天堂：英文 Heavn 意译。基督教教义之一。在希伯来文 schamajim 和希腊文 ouranos 中既指可见的天空，亦指不可见之天堂。谓系上帝的在天居所。宝座前有众天使侍立，基督则坐在上帝的右边。得救者的灵魂皆升入天堂，与上帝同享永福。"③ 与天堂相对的则是地狱。"地狱则是尘世的人不可想象的可怕境地。耶稣把地狱譬喻为'丢在火炉里'，'用火焚烧'，'往永刑里去。'（《马太福音》13：39，13：42，25：46）天

① 张庆熊：《基督教神学范畴——历史的和文化比较的考察》，上海人民出版社 2003 年版，第 196—197 页。

② 姚新中著，赵艳霞译：《儒教与基督教——仁与爱的比较研究》，中国社会科学出版社 2002 年版，第 175 页。

③ 卓新平主编：《基督教小辞典》，上海辞书出版社 2001 年版，第 349 页。

堂最大的幸福在于与耶稣基督同在，永受主的恩典；地狱最主要的痛苦在于永远与耶稣基督分离，受永刑。"①

天堂是基督教教徒现实苦难得以摆脱之地，是痛苦灵魂的抚慰之庇护所。与至善至慈的上帝同在，这样"虚心的人有福了，因为天国是他的；哀痛的人有福了，因为他们必得安慰；温柔的人有福了，因为他们必承受地土；饥渴的人有福了，因为他们必得饱足，还有，清心的人、为义受逼迫的人、有怜悯心的人、使人和睦的人，都有福了，因为天国的大门向他们洞开。"② 正像马克思所指出的那样，"宗教是被压迫生灵的叹息，是无情世界的心境，正像它是无精神活力的制度的精神一样。宗教是人民的鸦片。"③ 基督教认为只有在天国里，在上帝神爱的恩赐与庇护下，才能忘却尘世的苦痛，享受上帝所赐的幸福。

天堂是对基督教教徒在尘世响应上帝的爱，做到爱人如己、积善为德的肯定，回报便是给予人获得永生。在基督教对人性界定为恶的"原罪"说中，我们已经看到人之所以有罪，是因为破坏了人与上帝所订立的人神契约，人就被上帝驱逐出伊甸园，过有生有死的痛苦而短暂的有限人生。可是当犯有"原罪"的人在感受到上帝的神爱，并对此以爱加以回应时，就有望得到上帝的救赎。在天堂里，人与上帝重新修和，故死者复活，得到永生。那些在尘世生活里不信上帝、为非作恶的人，死后就被上帝罚入地狱，饱受永刑。在基督教的天堂与地狱中，实际上，上帝担当着道德的最终审判者之角色，以它的神圣的权威赋予行道为善的绝对命令，并以天堂与地狱两个截然相反的赏罚与回报机制以保证道德的实行。

---

① 张庆熊：《基督教神学范畴——历史的和文化比较的考察》，上海人民出版社 2003 年版，第 300 页。

② 陈刚：《西方精神史》（上），江苏人民出版社 2000 年版，第 362 页。

③ 《马克思恩格斯选集》第 1 卷，人民出版社 1995 年版，第 2 页。

基督教的永生是指灵魂的永生。在基督教的教义里，人是由
"身体和灵魂两个部分构成的，上帝用地上的尘土造人，将生气吹在
他鼻孔里，他就成了有灵的活人。……人的身体来自物质，人的灵
魂来自上帝。"① 身体与灵魂的不同来源，便形成了肉体与灵魂的二
元及对立，"人的身体是用尘土造的，尘土这一隐喻象征着易碎性，
人不仅易于受伤害和染上疾病，很快从土里来，回归到土里去，结
束短暂的一生，而且容易受到邪恶势力的引诱而犯罪作恶。"② 导致
人的肉体与灵魂处于分裂与对立的痛苦中。"由于人类陷于这一分裂
而不能自拔，所以人类惟一希望就只能依靠耶稣基督，耶稣基督通
过自己的死亡与复活把人类从罪恶的束缚中解脱出来。"③ 从二难的
困境中释放出来。他把被召唤恩赐的教徒"从地球上的生命提升为
光荣天国中的生命，被提升的生命不再是被埋葬的短暂的生命'身
体埋葬了会朽坏，复活后是不朽的。被埋葬的是丑陋衰弱的，复活
的是完美健壮的；被埋葬的是血肉的身体，复活的是属灵身体。'
(《歌林多前书》15：42—44)"④ 肉体与灵魂的分裂之苦在基督教的
天国里，通过上帝的救赎获得灵魂的永生与安宁而得以解脱。故在
《基督教小辞典》中指出："永生：英文 EternalLife 的意译。基督教
教义之一。认为人的物质生命是暂时的，只有灵魂得到基督的拯救，
升入天堂同上帝相结合，才能得到永远不死的真正永恒生命，称为
'永生'。所谓'永恒'，非指时间极长，乃系指超越时间和空间而

---

① 张庆熊：《基督教神学范畴——历史的和文化比较的考察》，上海人民
出版社 2003 年版，第 195 页。
② 张庆熊：《基督教神学范畴——历史的和文化比较的考察》，上海人民
出版社 2003 年版，第 196 页。
③ 姚新中著，赵艳霞译：《儒教与基督教——仁与爱的比较研究》，中国
社会科学出版社 2002 年版，第 206 页。
④ 姚新中著，赵艳霞译：《儒教与基督教——仁与爱的比较研究》，中国
社会科学出版社 2002 年版，第 206 页。

言。"① 这样，犯有原罪的人终于摆脱了罪恶，超越了死亡，从而享受永恒，人生有了恒久的存在与意义。这便是基督教利他之路终极的指向所在。基督教的利他之路体现了神之本的特征，但我们也应注意到在基督教思想中，仍然在一定意义上"肯定人是世间最伟大的存在者"②，因为人是上帝按照自己的肖像造的。

　　概而言之，通过上述三个章节即儒家的人性之仁与基督教的神性之爱、儒家的修身在己与基督教的救赎在神、儒家的内圣外王与基督教的天堂永生，我们既步步递进，层层展示了儒家利他主义人之本与基督教利他主义神之本的本质不同，又揭示了儒家与基督教两条利他之路从起点到途径到目标各部分思想之间的逻辑关联：从儒家与基督教在利他之路人性与神性不同出发，决定了儒家与基督教利他之路主体人与神的不同，并进而又预制了儒家与基督教目标圣人与天国的根本不同。在这样的诠释过程中，反映出儒家与基督教两种利他主义的不同的基本风貌，在一定程度上也决定了儒家与基督教在理论形态上的差异，即儒家的伦理宗教与基督教的宗教伦理之分。

第四节　儒家的伦理宗教与基督教的宗教伦理——两条利他之路形态之差异

　　伦理宗教与宗教伦理二者的共同之处，从关系的构成来说，二者关系项是相同的，皆有宗教与伦理构成；但从区别而言，伦理宗

---

　　①　卓新平主编：《基督教小辞典》，上海辞书出版社 2001 年版，第 347 页。
　　②　张庆熊：《基督教神学范畴——历史的和文化比较的考察》，上海人民出版社 2003 年版，第 197 页。

教的核心是伦理，宗教服务于伦理。与之相反，宗教伦理的核心却是宗教，伦理从属于宗教。中国儒家思想与西方基督教思想分别就是属于伦理宗教与宗教伦理，两者皆是中西化文化发展的产物，但又各自是对中西文化的承继与发展，具体表现在：

一、道德源头不同，奠定了儒家伦理宗教与基督教宗教伦理之分的基础

儒家的仁之人性与基督教的爱之神性奠定了儒家伦理宗教与基督教宗教伦理之分的基础。在道德源头之分就典型地体现儒家的人文性与基督教的神圣性的区分：

1. 儒家的人文性

就儒家而言，儒家将"仁"归之于人性反映了儒家思想并没有将道德的源头归于神，而是归于人类本身，这样一种思想是典型的对人肯定、以人为本的思想，反映了儒家文化的人文性与此在性的特点。这一特点的形成可谓深受在儒家之前的周公与西周文化的影响，"没有周公和西周文化养育的文化气质，孔子的出现是不可想象的。"① 西周的文化是礼乐文化，它处于中国文化的发展"巫觋文化——祭祀文化——礼乐文化——伦理文化"的第三个阶段，呈现出中国文化从神到人的"人间性"的转向，具有了人文伦理的特征，它对儒家学说的伦理宗教的形成具有直接的重要影响。学者陈来在其著作《古代宗教与伦理——儒家思想的根源》对礼乐文化的特点与功能进行了详细地阐述：

就西周文化的特点而言，周朝文化的一个特色是建立了一个无

---

① 陈来：《古代宗教与伦理——儒家思想的根源》，三联书店 1996 年版，第 4 页。

所不包的礼的制度与体系，"三礼"即《仪礼》、《周礼》、《礼记》，《周礼》，"周代的礼乐文化的特色不在于周代是否有政治、职官、土地、经济等制度，而在于周代是以礼仪即一套象征意义的行为及程序结构来规范、调整个人与他人、宗族、群体的关系，并由此使得交往关系'文'化，和社会生活高度仪式化，……我们把它作为一种文化体系而非政治或制度体系来研究。"① 显然礼乐文化着重于人际关系的协调。

就西周礼乐文化的功能来说，陈来将之概括为五大功能：

其一，政治功能。"周礼的特色之一是制礼与行礼有明确的政治功能。西周的礼乐文化中保留了夏商传衍的自然宗教信仰，所以礼制中有明确的祭祀天地鬼神的仪典。……在西周以来的发展中，也越来越多地是注意其人世的社会政治功能，而不是信仰或神界本身。……这样的一种'礼'的体系在整体上已经不能说是宗教礼仪体系，但它仍保留着传统礼仪所具有的神圣性；它还不就是道德规范体系，但有道德规范的功能；它不就是政治制度体系，但包含着政治制度的框架安排。……从西周后期的理解来看，'礼'的最重要的特征不是宗教性，而是'圣''俗'结合、'神圣性'与'人文性'结合的体系，是包容某种宗教性、带有某种神圣性的人文文化体系。"②

其二，道德功能。"由于周代文化不是从自然宗教走向一神教的伦理宗教，而周礼是从氏族习俗演化出来，礼俗的他律变为礼乐的他律，原生的氏族文化转变为再生的宗族文化，独特地发展为具有伦理宗教意义与功能的礼仪文化体系，在其内部，人文性发展得到

① 陈来：《古代宗教与伦理——儒家思想的根源》。三联书店1996年版，第248页。
② 陈来：《古代宗教与伦理——儒家思想的根源》，三联书店1996年版，第264—267页。

了很大的空间，与西方式的文化发展道路终于分道扬镳。……道德教化在礼乐文化中所占的地位越来越重要"宗庙之中，以爵为位，崇德也。宗人授事以官，尊贤也。登、受爵以上嗣，尊祖之道也"（《礼记》）①

其三，节制情感的功能。"由于西周礼仪文化的这种人文化取向愈来愈发展，所以《礼记》虽有'本于天''本于昏'种种讲法，却更强调'人情'作为礼之基础的意义。……人情面对的外物而发生的诱惑无穷无尽，使得人在追求其好恶时无所节制，其结果是悖逆之心必然破坏政治稳定，淫佚之事必然破坏道德秩序，因此礼的作用就是因人之情而为之节文、为人品节，使人好恶有节，有所规限，礼就是一套节制情感、品节行为的规范体系。"②

其四，消费资源的等级分配，亦可谓之社会功能。"古代礼家讲礼的功能时很强调其'去争'的功能，他们认为物感人无穷，人好恶无节，如果资源、生产、财富是有限的，而每个人都要求最大限度地满足自己的自然欲望，社会必然陷于纷争混乱，因而礼所提供的等级制度可以使人各安其分，消除纷争，从而为社会的存在和发展提供了基本条件。"③

"总而言之，西周的礼乐文化的整体功能指向是人间性的秩序，而不是超世间的赐福。"④ 这种思想其实还与西周文化中的天命观有关，因为各宗族国之间争权夺利，战争动乱，王朝更替，导致"天

---

① 陈来：《古代宗教与伦理——儒家思想的根源》，三联书店1996年版，第267页。
② 陈来：《古代宗教与伦理——儒家思想的根源》，三联书店1996年版，第268—269页。
③ 陈来：《古代宗教与伦理——儒家思想的根源》，三联书店1996年版，第269页。
④ 陈来：《古代宗教与伦理——儒家思想的根源》，三联书店1996年版，第272页。

命无常"成为周人的典型观念，"保天命也是在天命靡常的观念基础上提出来的，体现了周人天命观的特色。天的道德化明显是周人的思想……商周世界观的根本区别，是商人对'帝'或'天'的信仰中并无伦理的内容在其中，总体上还不能达到伦理宗教的水平，而周人的理解中'天'与'天命'已经有了确定的道德内涵，这种道德内涵是以'敬德'和'保民'为主要特征的。天的神性的渐趋淡化和'人'与'民'的相对于'神'的地位的上升，是周代思想发展的方向。用宗教学的语言来说，商人的世界观是'自然宗教'的信仰，周代的天命观则已经具有'伦理宗教的品格'。"① 学者杨江在其著作《王权的图腾化——政教合一与中国社会》中也指出"天命的退隐、礼向人文世界的挪移，是西周传统宗教和社会长期演变的结果。"②

西周礼乐文化特征与功能显现出中国文化到西周礼乐文化的发展过程，中国文化的"人间"转向。这一时期，正是卡尔·雅斯贝斯所说的人类文化发展的"第一次轴心时期"，同处轴心时代的其他文明不同，中国文化的转向特点"并不是认识到自身的局限而转向超越的无限存在，理性的发展不是向神话的诸神进行伦理的反抗，更未导致惟一神论的信仰。在中国的这一过程里，更多的似乎是认识到神与神性的局限性，而更多地趋向此世和'人间性'，对于它来说，与其说是'超越'的突破，毋宁说是'人文的'的转向。"③ 中国文化的这种人文转向背后是对此在世界的积极肯定，即对人的肯定。而儒家思想的人性善学说便是从理论形态对人的肯定，它既受

① 陈来：《古代宗教与伦理——儒家思想的根源》，三联书店1996年版，第168页。

② 杨江：《王权的图腾化——政教合一与中国社会》，浙江人民出版社2000年版，第162页。

③ 陈来：《古代宗教与伦理——儒家思想的根源》，三联书店1996年版，第4页。

西周注重人文的文化气质所预制，又是对它的发扬光大。孔孟的人性理论，将"仁"从最初的只是指人际友善的品性到人与人道德水平相区分的标准，再到人与禽兽相区别的根本标志，从而将中国文化中的"仁"提升到人之本质的高度，儒家伦理思想中的仁之人性的特点昭然呈显。至此，从西周开始的中国文化"人间性"的转向到儒家的仁之人性的立论形成，儒家文化的人文性的发展方向已经指明，伦理世俗性的向度也显端倪，它为儒家伦理宗教化的形成奠定了基础。

2. 基督教的神圣性

基督教将爱归于神性，既是它的人性恶的理论的必然结果，也反映了对此在世界的否定，为其理论形态的宗教伦理化打下了基础。这一思想从内容来看，一方面是对犹太教伦理宗教化思想的承继，另一方面，从思维方式上则是对古希腊理性方法的发扬。

从犹太教中所包含的宗教与伦理的关系来看，现代著名的德国犹太社区及进步犹太教世界运动领导人，犹太教拉比和宗教哲学家利奥·拜克在其著作《犹太教的本质》一书中给予了深刻地论述，他明确指出："无论人们如何评价犹太教，有一点是大家共识，即犹太教是一种让伦理特征在宗教中凸现的一神论宗教。"[①] 犹太教的这一特征鲜明与集中地体现在《犹太教的本质》一书的一段话中：

"犹太教所要求的决断不仅是伦理性的，从根本上说它还是宗教性的，是对惟一神的信仰决断。在犹太教看来，信仰上帝不仅是宗教的一个部分，而且更是其生活的根本源泉和对现实的真正知识。犹太教伦理学的基本本质就是伦理学的本质就是上帝的戒律。犹太

---

① 【德】利奥·拜克著，傅永军、于健译：《犹太教的本质》，山东大学出版社 2002 年版，第 8 页。

教并不仅仅认识义务和律例相关联的有限生活——这不过是单纯道德主义的观点。毋宁说，犹太教发现并体验到存在的意义在于信仰上帝，借助此种信仰，受情欲、习惯等所支配的生活就转而与上帝相关联了。只要遵行此道，宗教才能升华为伦理的宗教，并且也只有这样，伦理学才能完成宗教的伦理。体现在有限德性中的那些明确而受限定的律令在这里就被升华到无限境地，有限的生活融入永恒，诫律的领域融入信仰的世界。在这里实现了起源的神秘性与道路的必然性的统一，实现了信仰与道德律的统一。犹太教的特征在于它的上帝信仰的完满性，它不允许信仰有任何暧昧之处或动摇不定，要求公开明了的信仰表白。人对这种弥漫于他的生活中的意识把握的程度就是衡量他对犹太教从精神上接受程度的尺度。

正是为了这惟一的神，那创造和支配的惟一的神，犹太教的殉道者不惜牺牲生命；正是为了这个上帝，成千上万的人，作为真理的见证者，抛家舍业，摈弃所有，从堕落宗教的迫害中拯救自己。在上帝信仰中，犹太教的历史获得了意义，它的史诗般意义。谁在那惟一的、仅有的神那里找到自己存在的根基与目的，谁就体验到了犹太教。他也就是一个真正的犹太人。"① 这一段话包含下面的意思：

其一，犹太教对上帝完全确信，这种确信并不是关于对上帝存在理性知识与理智沉思的结果，而是从人存在意义的角度确信上帝对人的意义的不可缺少。在本章第一节我们已经说过，以色列民族独特的历史使他们迫切需要生存意义的解释，迫切需要人生希望之揭示。所以，"较之于对上帝的思考来说，他们更重视对生活的思考。对他们来说，宗教是一种意义，是他们生存的最为内

---

① 【德】利奥·拜克著，傅永军、于健译：《犹太教的本质》，山东大学出版社 2002 年版，第 19—20 页。

在的核心，而不是某种可以获取或者可以学习的外在东西。世界则是日常生活的领域。人真诚地生活，必虔敬神明，在世生存而皈依先知的宗教。因为先知的宗教提供了关于人与世界通过行为和意志反映出来的关系在价值方面的肯定。"① 犹太教并不是从理性上确立上帝的存在与证明，而是从意义的角度，只要他们感到上帝与人的内在关联，即上帝对人意味着什么，对世界意味着什么之时，上帝因其意义便敞亮显明了存在。借助于上帝意义的显示与人对意义的领悟，人就与上帝"实际"地相遇。正是在此意义上，以色列民族的"先知们由此一再强调宗教就活在人们的心中，对伦理一神教的信仰成为以色列人生活中最重要的部分，也是犹太民族得以世代延续的民族魂。"②

其二，犹太教中所具有的独特的宗教伦理的理念建立的依据，在于他们找到了人与上帝的内在关联。"与上帝内在地关联这样一种自由信念，构成了先知们话语惟一的伦理依据，亦成为犹太教的中心所在。"③ 人与上帝的关联表现为两个方面：第一，就其人的生命的指向来说，"上帝是造物主、神圣的惟一，与尘世凡人相分离。另一方面，我们又与他相联系；我们的生命和自由来自上帝，将来要归于上帝并与上帝同在。犹太教中所有信仰都是对与上帝之间关系的信仰。我们的生命面对两个世界：一个是现世的世界，另一个则是永恒的赎罪悔过的世界。生命既是世俗的寄存又指向超越并将人从世俗的存在中解放出来，它是一种有限的、

---

① 【德】利奥·拜克著，傅永军、于健译：《犹太教的本质》，山东大学出版社 2002 年版，第 10 页。

② 【德】利奥·拜克著，傅永军、于健译：《犹太教的本质》，山东大学出版社 2002 年版，第 10—11 页。

③ 【德】利奥·拜克著，傅永军、于健译：《犹太教的本质》，山东大学出版社 2002 年版，第 11 页。

既定的事实又具有走向无限的使命。"① 这里，流露出以色列民族渴望超越现世的苦难，追求无限与永恒的人生的向往，而上帝的意义就在于是永恒、自由、神圣的化身，人生因上帝有了目标、方向与意义。第二，人与上帝的关联在于人借助对上帝之道德诫命的遵守，通过自己的善行走近上帝。上帝的本质是正义与不朽；是仁爱慈祥与宽宏大量；是磨炼人心促使人向善。"善属于上帝，是他为有能力把握到善的人设定的"② 上帝的诫命是善的律令，"借助对上帝的认知，人们知道了人应该如何生、如何行。上帝之路即为人之路。"③ 遵行上帝之路，人们才会秉公行义。"在善与伦理中，人体验到某些区别于这个世界而且不是自然一部分的东西，人藉此接近惟一的上帝，这个上帝对人言说并向人提出要求。由于伦理的因素融入了人的最内在的自我，人感到区别于自然的本质和命运：他察觉到他自己就是那惟一者，即为上帝所召唤并引导自己趋向上帝。"④ 由此两方面，故在"整个犹太教历史始终响着这样一个声音：人占据了历史，承担义务，人通过自己的善行接近上帝。"⑤

在犹太教中，上帝已经具有强烈的伦理色彩。上帝的善是自身的显现，上帝的善的诫律也是生活意义之律法的源泉，人们借助善发现上帝，人们通过遵行善走近上帝；人的为善来自上帝，人爱他

---

① 【德】利奥·拜克著，傅永军、于健译：《犹太教的本质》，山东大学出版社 2002 年版，第 12 页。
② 【德】利奥·拜克著，傅永军、于健译：《犹太教的本质》，山东大学出版社 2002 年版，第 15—16 页。
③ 【德】利奥·拜克著，傅永军、于健译：《犹太教的本质》，山东大学出版社 2002 年版，第 11 页。
④ 【德】利奥·拜克著，傅永军、于健译：《犹太教的本质》，山东大学出版社 2002 年版，第 16—17 页。
⑤ 【德】利奥·拜克著，傅永军、于健译：《犹太教的本质》，山东大学出版社 2002 年版，第 16 页。

人，因为人人都是上帝的子民，人人都遵守善的律令，人人的道路都最终归于神，人发现了生活的意义与道德的神圣价值。"我们要圣洁，因为我们的神耶和华是圣洁的。这是人对上帝的责任。对于我们的邻居，我们也负有同样的责任；我们必须知道'他的心'，我们要尊奉他的上帝的形象，他与我们同住，我们必须爱他，因为他喜欢我们。最后，是我们以上帝的名义承担对人类的责任：我们是在世的上帝的见证，秉承他的名为将世界再造为上帝的王国铺平道路。"①

在犹太教中，上帝始终是中心与主导，伦理之善的上帝是服务于信仰之尊的上帝的。

作为基督教前身的犹太教的伦理宗教化的思想倾向，直接成为基督教伦理宗教理论形态的基础。而将爱归于神，将道德的善的制定归于上帝，从思维方法来说，却深受古希腊理性思维的影响，即追求绝对的本原、绝对的善。古希腊自由文化的一个极其重要的成分是理性精神，它体现在"对事物的本质、思维的形式、存在的意义、以及绝对、无限和永恒"② 的形而上的追求与探究中，体现的是一种"逻各斯"至上的品质。在古希腊最早的自然哲学家对世界本原的追问中就已经初显端倪，"去发现那不能为感官所感知、只能为理性所把握的现象背后的真实'本原'。德谟克利特通过原子论确立了原则中的机械结构，毕达哥拉斯则为自然界确立了数学秩序，由感知界转向逻辑界。爱利亚哲学家巴门尼德运用逻辑证明的理性方法，建立了第一个关于'存在'的本体论哲学体系，强调只有关于存在的理性知识才是真理，关于现象界即非存在的感性知识只配

---

① 【德】利奥·拜克著，傅永军、于健译：《犹太教的本质》，山东大学出版社2002年版，第17—18页。

② 陈刚：《西方精神史》（上），江苏人民出版社2000年版，第55—56页。

称为意见。哲学追求的正是存在和真理。一批智者思想家则通过诘
问人生伦理和社会政治，开始了对人及人类社会的理性探索，将传
统的价值观念置于理性的批判之下。苏格拉底的'认识你自己'，深
入追问人的本质、生活的目的、道德的根据，将人类所有的信仰和
行为都置于理性之光的照耀下，把理性作为解决人类生活中的最重
要的问题——善与恶的惟一指南。柏拉图坚持认为，存在着一个独
立于我们现实生活之外的更高层次的实在，即由美、善、正义、真
理之永恒的、绝对的、普遍的原则构成的'理念王国'或'形式王
国'。只有当个人和社会按照这些原则行事，才能构成善的生活。古
希腊哲学的集大成者亚里士多德。……主张个人的伦理知识和生活
以及社会的政治事务，都必须接受理性的指引，而城邦制度就是使
人过上理性和道德生活的保障。"① 基督教将爱归于神性，将超越于
尘世生活之外的全知、全能、全善的上帝作为道德的源头，将上帝
作为人间秩序的制定者，在一定意义上则是古希腊纯粹理性的继承
与发展，只不过是以宗教的理性发展而已，其精神却是源自希腊理
性的血脉的。也正由于此，基督教的理论形态宗教伦理有了坚实的
基础。

二、道德途径不同，促进了儒家伦理宗教与基督教宗教伦理之分的形成

就道德的实现机制来说，儒家伦理主张修身成仁在己，因而重
视道德的践履；基督教主张救赎之路在神，由此强调道德的信仰。
儒家与基督教在道德途径上的不同，既反映了人之本与神之本的根
本差异，又促进了儒家伦理宗教与基督教宗教伦理之分的形成。

---

① 田薇：《信仰与理性——中世纪基督教文化的兴衰》，河北大学出版社
2001 年版，第 17—18 页。

1. 儒家的实践性

儒家伦理之所以形成重视道德实践性这一特征，既是解决社会现实危机的要求使然，也是儒家思想体系本身发展的产物。从现实性的视角看，儒家思想产生之时，正面临着西周"礼崩乐坏"的社会危机，现实的迫切问题必须通过实际行动来解决，儒家思想力图通过克己复礼来为重建社会秩序服务，因此，在重视道德中强调道德力行就是解决现实问题的需要在儒家思想上的反映。儒家思想体系如前所述是从人性是善的起点出发，既然人性是善，仁是人的本身固有的善端，道德修身成仁就在人的主体的努力，这就是对人的肯定与此在世界的肯定，因而儒家人的道德实现是在此在世界的经纬空间展开。由于人类思维的定势，人的眼光首先必然是外投的，关注呈现在他面前的宇宙或自然界，对客观世界的认识就是人类把握此在世界的第一步，因而儒家实现道德途径或方法的第一步就是格物致知，而在知道了认识后下一步就是如何行的问题，由于如何实践又是由道德实践的主体人决定的，有什么样的人就有什么样的道德行为，正己就是非常重要，儒家认为正己就要通过反省内求，把自身的仁发掘出来，于是道德途径的第二步是就是反省内求。但道德毕竟是要通过行动表现出来，"道德作为一种社会意识，它并非是纯粹的抽象思辩，而是一种实践理性。"① 所以，儒家伦理十分重视道德的践履，把德规定为"行道有得于心"，即德的关键在于行，强调行高于知。道德践履在三个步骤中处于最重要的落脚点的地位，是实现人的道德自我完善的关键。可以说，儒家从格物致知到道德力行，是符合人类认识的一般规律即认识——实践——认识的，儒

---

① 唐凯麟、张怀承：《成人与成圣——儒家伦理道德精粹》，湖南大学出版社 2003 年版，第 126 页。

家重视道德践履在一定程度上也符合实践是人把握与改造世界的方式，实践是人的存在方式，同时，因为儒家的道德就是对人际原则规范的遵行，而这些人际关系是实存的，并不是存在于人的头脑中，这一实存性质也为儒家强调道德践履提供了现实基础。不过，"儒教的知，在很大程度上就是知晓比以往更多的礼的知识；儒教的行，基本上就是践行礼。"①

2. 基督教的信仰性

就基督教而言，由于基督教设定人性为恶，道德的完善当然不能通过人本身来实现，只能依靠上帝。所以，基督教伦理以神为本的道德实现之路，实际上是由人性恶的假定所预制的。基督教伦理强调道德信仰有两方面的原因：一是由于上帝是神，是彼岸的，是无法眼见为实的，"基督教神学用各种具有绝对性的品质来描述上帝，如全能、全在、至善、无限的爱，这些品质本身我们无法观察到，尽管我们能够看到有限的力量、局部的存在、有限的善和人类之爱等等有限的品质。一个人能够认识他所'遭遇'的存在物具有一定的力量，但他如何认识一个存在物有无限的力量呢？一个人如何观察出他所遭遇的存在物是全能的呢？一个人如何知觉到他的善和爱——一个人或许可以领会这种善和爱超越任何人的善和爱——的确是无限的呢？这样的品质不可能呈现在人的经验之中。"② 因此，对于超越于尘世与人的经验之外的上帝只能依靠信仰。二是由于人们处在对尘世生活的厌倦与无奈和对人生命运无可解释的心灵危机中，所以，寻找意义就成为重点。而意义问题不是认知问题，

---

① 姚新中著，赵艳霞译：《儒教与基督教——仁与爱的比较研究》，中国社会科学出版社 2002 年版，第 217 页。

② 【英】约翰·希克著，陈志平、王志成译：《理性与信仰》，四川人民出版社 2003 年版，第 137 页。

"信仰主客体之间的关系是一种价值关系，不是实践关系，也不是认识关系。"① 基督教告诉人们，上帝可以帮助人类赎罪，摆脱现实的苦难，进入天堂获得永生，从而使人在此在世界的生活因此希望而获得了意义，这样的人生意义指向，在一定程度上导致了基督教不重视道德实践而执着于道德信仰的伦理态度。由于上帝能够给人以生活意义的寄托，故对救世主的上帝应抱有理所当然的信仰。当基督教徒信上帝之启示和耶稣之教诲，信上帝、爱基督、听教诲、遵诫命时，基督徒也就把自己完全交给了上帝。"基督徒的'信仰'事实上意味着把自己交付于支撑自己和世界的意义——并将其作为一个坚实的基础，在其上无畏地站立。……基督徒的信仰意味着把自己的存在视为对托起、支持一切的圣言、道（logos）的答复；它也意味着对意义的一种肯定：我们不能创造意义只能接受；意义已经被赐给我们，我们所要做的只是接受它并将我们自己交托给它。"② 基督信仰的公式不是"我信某个神性的事物"，而是"我信上帝"。"在基督完全献身于人类的生活中，世界的意义临于我们中间，这个意义以爱的形式显现给我们，这种爱切实临到了我个人，这是一种难以想象的爱礼，它使我的生活值得活；它不会减弱或消失，也不会沾染上个人主义的恶习。"③ 因此，在信仰中，人生才能有意义，上帝就是"这个世界及我生活的意义（logos）"④。在基督徒信仰的表达方式中，上帝无容置疑地成为人生命中的主宰，成为人的生命意义的来源与支撑。

---

① 荆学民："试论信仰危机"，《求是学刊》1995 年第 4 期。

② 【德】约瑟夫·拉辛格著，静也译：《基督教导论》，上海三联书店2002 年版，第 34—35 页。

③ 【德】约瑟夫·拉辛格著，静也译：《基督教导论》，上海三联书店2002 年版，第 40 页。

④ 【德】约瑟夫·拉辛格著，静也译：《基督教导论》，上海三联书店2002 年版，第 41 页。

客观而言，儒家伦理与基督教伦理分别阐述了道德实践和道德信仰的重要性，但是，在强调道德实现机制某一方面重要性的同时，有可能忽视外外的一面。儒家伦理在重视道德践履之时，如果忽视道德信仰的作用，人的道德生活缺乏神圣意义的支撑，有可能使道德实践难以坚持不懈。基督教伦理重视道德信仰，则可能忽略人的道德力行。同时，基督教过于强调对彼岸的追寻，虽使人生有了超越尘世的追求目标和人生意义，但也有可能使人忽视真实的此在世界与现实生活，而使人生易于陷入虚幻。人的道德实现需要道德实践和道德信仰两者的有机结合，离开道德实践，道德信仰无以落实；离开道德信仰，道德实践无所寄托。

三、道德指向的不同，实现了儒家伦理宗教与基督教宗教伦理之分的完成

就道德之路的目标来说，儒家伦理是注重此在，重视内圣外王的达成。基督教却寄托彼岸，关注天堂永生的实现。这样，就从道德的指向方面，实现了各儒家伦理宗教与基督教宗教伦理的完成。在这样的本质差异之后反映的是儒家与基督教对人在宇宙中的地位的设定和对人类所共同面临的生与死问题的如何超越的不同思考。

1. 儒家的此世性

生与死是人类自从产生到现在的共同的境遇，也是人类产生意识以来一直困惑痛苦思考的问题。在人类思想发展的历史中，正是在对死亡的必然性与死亡的终极性问题的思考中，哲学得以产生。因为死亡问题实质上是对灵肉问题或身心问题的思考，哲学的基本问题便是在灵肉关系上发展起来的物质与精神关系的探讨。不仅如此，死亡问题还把人与自然界的关系问题尖锐并痛苦地提出来，人类正是在无可避免的死亡面前感到生命的有限，与亘古的宇宙相比

的渺小，促使了人与外部世界，人在宇宙中的地位的思考。所以，死亡问题的思考既关涉到人生观或价值观的问题，也具有世界观或本体论的意义。儒家与基督教作为两大思想体系，在一定意义上也是两种不同的世界观，它们在众多问题上的思考实质上都会不可避免地受其影响与预制。就儒家伦理的道德目标而言，内圣与外王在一定意义上是儒家对人生有限性的超越方式：从内圣来看，儒家是以人本身固有的"仁"作为超越的强大动力，"仁"内在于人的心灵，但"仁"最初只是善端，因而人在其一生中必须通过自身的修身养性，积善行德，无私利他，不断追求德性的自我完善，才能够实现个人的仁德。实现自己的仁德也就是把自我扩展到最大限度，从而尽人之性，尽物之性，最终达到"赞天地之化育"、"与天地参矣"的境界。人一旦与宇宙和谐为一，便超越了个体生命的有限性，在"仁"中寻找到生命的超越方式与终极意义。显然，儒家的这种超越是伦理的超越，因为"仁"是动力也是目标。同时，儒家的超越也是人本主义的超越，因为人是超越的主体，是靠人自身的修养达至完善与升华的。从外王看，儒家是通过法天立道、继往开来、成就功业、英名永存来达至超越的，这种超越是积极入世的，立足于现实世界。儒家还主张通过繁衍后代、血脉相续的方式超越个体生命的有限，这就是儒家为什么在道德规范上强调"不孝有三，无后为大"的深层原因所在。概而言之，儒家倡导以人为中心来超越生命的有限，实现超越的责任主要在人自身而不在个人之外的神与物，因此，儒家的超越是伦理方式的超越，"人性可以通过道德的自我修养而获得超越，超越的实现也就是仁的实现，仁的实现也就是伦理的实现。"① 人道与天道合一，这样的伦理实践就获得了比仅仅

---

① 姚新中著，赵艳霞译：《儒教与基督教——仁与爱的比较研究》，中国社会科学出版社 2002 年版，第 221 页。

修养个体的善德更为深远的终极价值。正因为此，儒家伦理虽是注重此在世界的人伦道德，但也不乏终极性的意义。有学者认为儒家思想体系带有形而上的性质，故把它称为伦理宗教。不过，在儒家思想中，伦理是核心，宗教只是为伦理服务。"孔子建立了一种伦理宗教，在这一宗教中，伦理优于或同于宗教。对于儒家来说，道德是超越的主要道路。它之所以有价值，不是因为在他有服务于人类需要的意义，而且因为它使人类在短暂中发现永恒成为可能。在孔子的思想中，发现永恒，就是成就德行。"①

2. 基督教的彼岸性

从基督教的超越方式看，"基督教的超越运动的始点和终点都不在人性之内，超越过程由神之爱激活，从神爱中汲取力量，其最终目标是融入神之爱中。"② 在基督教的教义中，人之要死是缘于人违背了人与上帝之间的契约，上帝曾叮咛人类的始祖亚当："园中各样树上的果子，你可以随意吃，只是分别善恶树上的果子，你不可吃，因为你吃的日子必定死。"（《创世纪》2：16—17）人正是由于违背了上帝的旨意，死的命运才落到人的头上，于是上帝将人类驱逐出伊甸园。死亡并非人的本性所有，只是因人的原罪而受到的惩罚。"因为罪的工价乃是死。"（《罗马书》6：23）要摆脱死亡，人必须达成重新与上帝的和好，上帝对人的神爱与人对上帝的爱的回应就成为人超越死亡的关键。神爱是来自上帝对人的怜悯，上帝以自己儿子耶稣基督的死赎了人在前约之时所犯的罪过，从而使人在死后可以得到拯救。人为了回应上帝的神爱，就必须像耶稣基督无私奉

---

① 姚新中著，赵艳霞译：《儒教与基督教——仁与爱的比较研究》，中国社会科学出版社 2002 年版，第 75 页。

② 姚新中著，赵艳霞译：《儒教与基督教——仁与爱的比较研究》，中国社会科学出版社 2002 年版，第 159 页。

献那样，舍己爱人。所以，耶稣基督对门徒说："若有人要跟从我，就当舍己，背起他的十字架，来跟从我。因为凡要救自己生命的，必丧掉生命；凡为我丧掉生命的，必得着生命。"（《马太福音》16：24—25）正是人听从诫命，人才能和耶稣一起死亡又能和他一起复活，进入上帝的永恒的王国。可见，基督教的超越是以神为中心的，人是被动的，只能消极地等待恩赐、召唤和救赎；同时，基督教的超越也是出世的，是投向彼岸世界的，是关注彼岸的天堂和灵魂的不死。基督教这种以神为本、以彼岸为目标的特点，使得基督教伦理呈现出典型的宗教伦理特征。耶稣的"道德说教以人类对于上帝的未来天国的响应为基础。尽管这里并没有我们在旧约中发现的、根植于上帝的直接命令的那种要求，尽管耶稣更多地是以人的形象出现且更为接近普通人，然而他强调的是信仰——因为上帝的要求是绝对的，而人类道德性的要求却是相对的。忏悔人们的罪孽，对于减轻良心的压力或者对于社会公益而言并不是主要的，但对于未来天国而言则是必要的准备。在这种意义上，道德学说的价值是第二位的，不应该允许它去分散最重要的价值关怀。"①

儒家思想的伦理宗教与基督教的宗教伦理是有区别的，"儒家的理想与基督教的理想是有区别的。一种是伦理的，而另一个则是属灵的，但是，二者都关注人类超越自己生命的局限而达到永恒的问题。尽管儒教的追求超越的方式与基督教实现超越的途径很不相同，但二者都强调，只有实现与终极（天或上帝）的合一，人才能说是达到了超越。"② 不过，由于"在神圣与世俗之间，西方从神界降临

① 姚新中著，赵艳霞译：《儒教与基督教——仁与爱的比较研究》，中国社会科学出版社2002年版，第75页。
② 姚新中著，赵艳霞译：《儒教与基督教——仁与爱的比较研究》，中国社会科学出版社2002年版，第277页。

到人间，而孔子则是从人间达到神界，前者下凡，后者升天。"① 因此，使其儒家与基督教两者在实现过程中皆存在流产的危险。儒家由于从此在世界为起点，此在世界的利益、名望、权力、情欲等各种羁绊，常常使超越无法实现，半途而夭，这就是中国从古到今所谓实现了超越的人数区区可数之故。基督教的从上到下的问题，正如美国学者雅克·乔朗在谈到基督教的死亡观时曾深刻地指出那样，"在某种程度上正是在基督教对死亡回答的关联中发展出来的不可抗拒的张力不仅暗中破坏了基督教的回答，而且也是致使基督教对西方思想统治终结的一个酵素，这些张力有两类分力：一是关于不死和复活允诺的'不确实性'所致的张力；另一类是有今生和来世永恒苦难的'确实性'所致的张力。"② 从而也易使基督教由上往下的道路悬至半空，无法落到现实的土地。

四、在道德之路的方向上，呈现出儒家伦理宗教与基督教宗教 伦理之分的直观

儒家伦理宗教与基督教的宗教伦理的特征也决定了儒家与基督教道德教育之路的不同。儒家的道德之路是由下而上的引导，而基督教的道德之路却是由上而下的核准。

1. 儒家的引领性

就儒家道德教育而言，儒家注重对人的道德的引导。儒家认为人性为善，每个人的内心都有"仁、义、礼、智"的善端。于是，儒家道德教育突出明人伦的特点，围绕着建立在血缘伦理基础上的"五伦"制定出一系列的详尽系统的伦理规范。这里注意，儒家所有

---

① 刘晓竹：《思辨儒学引论》，中国妇女出版社 2003 年版，第 333 页。
② 转引自段德智：《死亡哲学》，湖北人民出版社 1996 年版，第 133—134 页。

的伦理规范不是像基督教那样是建立在人与神的关系之上，也非来自上帝的诚命，而是建立在反映人与人现实关系的人伦基础之上，通过教育把伦理规范传递予人，通过克己修身、反省内求，通过身体力行的道德践履来实现成性成仁。儒家的道德教育可谓是从现实的人伦伦理出发，力图由下往上一步步将人引向儒家道德理想的圣人境界。儒家的圣人不是如基督教的圣徒是上帝选中恩赐的，而是自身修身力行的结果。儒家强调圣人的内圣外王是以存在世界为主，内圣是道德践履的结果，是对现实的人的肯定；外王也是指向现实世界，不是在基督教的天国里的永生，而是为现实社会福祉奉献，经邦济业，从而体现儒家道德现实性的显著特点。但在儒家的思想中依然含有圣人与天地参也的形而上的对人生意义的终极引导之意蕴。儒家的道德之路是由下往上的，是对人的善端肯定基础上的道德引领。

2. 基督教的核准性

与儒家的由下而上的道德引导方式不同，基督教走的是由上而下的道德命令与服从的核准之路。由于全知、全能、全善的上帝的存在，而人又被上帝判予"原罪"。人在现实的罪恶与痛苦中不能自救，只能依靠上帝的恩赐。于是，来自超越于尘世的上帝对人发布的诚命便成为道德的绝对命令，成为人不可违背的神圣律法。听命于上帝的意旨，聆听上帝的教诲，遵从上帝的道德律法，成为人祈求免罪获救与渴望天堂与永生的基督教信徒的终极目标。基督教徒的道德律法是来自上帝，救赎也是在于上帝，道德目的也是指向与上帝同在的天国，基督教的道德之路是由上而下的核准乃是毋庸置疑的。基督教的由上而下的核准也是与其思想体系逻辑先构方法相关联的，"宗教对道德的核准实质上是一种根本的逻辑论证过程。由于这一自上而下的逻辑论证存在，'因信称义'才是可能的，道德生

活也才具有了神圣的性质。"①

儒家由下而上引导的道德之路与基督教自上而下核准的道德之路显然是不同的路径，② 两者都只重视道德之路的一个向度，儒家体现了其道德教育注重现实性，基督教反映的则是其道德教育的神圣性的特点，各有益处与弊端，儒家的现实性使道德教育落于现实，为现实社会服务；基督教的神圣性却使道德教育具有权威性，易于使人遵从。这是两者值得肯定与借鉴的，但同样儒家与基督教也存在局限，儒家的引导因注重现实，圣人境界除内圣之外还强调外王，即经邦济世，这样的目标指向就易于使中国的道德教育呈现出道德泛政治化的特点，易于丧失道德教育终极意义的引领。基督教的核准凸显神圣，但因是建立在对人性否定的基础之上，体现的是对现实世界的否定，因而又易使道德教育为现实社会需要的本真性迷失。真正完善的道德教育是需要世俗性与神圣性的有机结合。

综上所述，我们从儒家与基督教两条利他之路的不同起点、不同途径、不同指向、不同的理论形态方面，解释了儒家与基督教两种利他主义的人之本与神之本的本质差异，这既是儒家人性善与人性恶的人性论的不同所致，也是儒家与基督教两种利他主义之不同的进一步展开与深化。可以说，儒家的伦理宗教化与基督教的宗教伦理化的特征观照到社会秩序的层面，儒家从内圣外王出发，就走向了道德与政治的联姻；基督教从天堂永生出发，导致了宗教与道

---

① 檀传宝：《信仰教育与道德教育》，教育科学出版社 2002 年版，第55 页。

② 这里说明，儒家思想中也有由上而下的方向（但不占主导），基督教也有由下而上的方向（也不是首要），我们在此只是从强调与凸显二者的不同。

德的密合，从而在伦理道德对社会秩序发生作用时，呈现出儒家"政治化"与基督教"宗教化"的显著不同。不了解儒家道德与政治的关系和基督教的宗教与道德的关系，实际上便无法真正从理论的高度把握儒家与基督教两种利他主义的不同。

第五章
儒家的"政治化"与基督教的"宗教化"
——两种利他主义不同的秩序介入

　　儒家与基督教两种伦理思想由于在利他主义这一根本原则上有着共同的基点，因此，皆归属于利他主义。两种利他主义原则的倡导在一定意义上是为实现人类存在不可缺少的秩序的稳定。但由于儒家与基督教两种利他主义在历史文化预制、人性善恶的哲学基础、利他之路的出发点、途径与目标指向上皆存在着重大的差异，也在一定程度上导致儒家与基督教两种利他主义在介入秩序之时方式的根本不同，即儒家通过道德与政治的联姻，反映出介入秩序维护时的政治化的显著特征；基督教则凭借宗教与道德的密合，体现出介入秩序维护时的宗教化的特征。那么，为什么会产生儒家"政治化"与基督教"宗教化"的根本不同？这种不同对中西社会的发展又产生了怎样的影响？这便是本章研究的重点，其方法是以秩序为中介，聚焦于道德与政治、道德与宗教关系展开探讨与分析，以把握儒家与基督教两种利他主义的不同理论焦点，促进从本体的角度对伦理道德功能的进一步思考。

第一节　秩序的存在纬度与建构的方式

众所周知，无论是儒家思想还是基督教学说，两者产生均源于时代的危机。儒家思想产生时代背景是西周的"礼崩乐坏"，基督教学说则是源于犹太民族与罗马帝国心灵的危机。危机从本质上而言，是一种对原有秩序的否定的力量。当危机来临时，原有的社会阶级的格局、原有的利益分配方式、原有的规则制度、原有的价值信念与原有的生活样态均有可能遭遇被否定与被改变的命运，从而滋生个人在混乱无序的社会危机面前巨大的紧张感。但危机从性质上而言，它本身却存在着双重的性质，既是表达对现存处境的威胁或灾难，又蕴涵着对未来趋势发生转化的机遇或可能。灾难是对现有的否定，是一种否定、摧毁的力量，而机遇却是对未来的转化力量，是一种事物发展的肯定力量，社会的发展常以这样的辩证法表现出来，这是危机的本质。但这样的本质却非一般人可以洞见，危机的状态也非社会生活的常态，对于人与社会的存在与发展而言，人类总是渴求在有序的常态下生存，稳定的秩序成为个体与社会发展的必不可少的前提条件。人类社会在一定意义上是在不断建立有序的秩序中发展，其中道德、政治、法律、宗教等皆是人类建立秩序的不同手段，利他主义实质上是以伦理道德方式，调节人际关系与利益关系，从而维持社会有序。因此，从秩序的视角，也许有助于我

们从一个更广阔的视野，去探究为重建社会的现实秩序而产生的儒家思想、为解决人的意义迷失而产生的基督教体系的最本真的本质与核心。那么，人类秩序的存在表现在哪几个纬度，人类建构秩序的方式又有几种？它们历经怎样的承继与变化？

一、人类秩序存在的纬度

所谓"秩序"，根据辞典就是将人或物组合起来的一种特殊方式，即有序性，"有条理，不混乱的情况。"① 从秩序的产生来看，它是在人的存在所面临的三大关系中逐渐建构的，用以消弭人生存的紧张感，提供生存的安全感与稳定感，保障个体与社会发展的相对稳定的量的积累时间。人类生存与发展所面临的关系总体上分为三大类，即人与自然的关系、人与社会（人与他人的关系）、人与自身的关系。三大关系构成了个体生存的境遇，人类在这三大关系之中生存与发展，由此也形成了三大秩序的存在。

1. 宇宙秩序

从人与自然的关系而言，这是一种宇宙的秩序。人作为世界万物中的一员，必然与世界其他万物发生关联，达成一定的相互关系，这种关系的产生是自然而然的；在关系中也必定形成一定的秩序，这种秩序当然也是自然而然协调的。这是宇宙或大自然本身固有的秩序，人类倘若是无意识的存在，它会将于其他万物一样，以马克思所言的"物种的尺度"，安然于大自然的怀抱休养生息。但人毕竟不同于其他万物，它是一种有意识的类的存在，面对这自然而然的人与自然的关系，它会体验、观察与审视。

从人与自然关系发展的历史过程来看，在人与自然关系的第一

---

① 《新华字典》，商务印书馆 1998 年修订本，第 640 页。

阶段，人在自然中产生的是深深的紧张感与恐惧感，因为人的力量的渺小，自然力量的强大，人类只能通过对自然神崇拜的原始宗教形式，祈求神灵的庇护与保佑，以缓解人类生存的紧张与焦虑。人类对人与自然关系中所处于的弱势的处境是无奈与不甘，弱小的人类完全被自然的强大威力所征服。随着历史的发展，当人的生存能力和知识能力不断提高之时，人便开始企图重构人与自然的秩序，开始了对自然的探索和征服的人与自然关系的第二阶段。表现在主客体关系上，人类的主体性不断增强，具有了改造自然、征服自然甚至是驾驭自然的能力，客体在对自然的实践活动中使之尽量满足人类主体利益的需要，并在与自然的关系中逐渐占据着支配地位；表现在价值观层面，人类一改"敬畏自然"、"敬畏神灵"的思想，开始转向"敬畏人类"，即"人是万物的尺度""人是目的"，"人类中心主义"的价值观开始产生，并随着18、19世纪自然科学的巨大进步，人类对自然的掌握和支配力量的增强而不断膨胀而发展成极至的地步。① "人类是世界存在的最高目的，人类的价值是最崇高且是惟一的，其他物种的价值只有在人类使用它们的时候才表现出来，也就是说他们自身并没有价值……因而一切从人类的利益出发，维护人的价值和权利就成为人类活动的最根本的出发点或最终价值依据。"② 至此，自然沦落为仅仅是被人类所支配利用的对象、需要和利益满足的工具、能力与主体性体现的手段，人占据了绝对的中心地位，人对自然也不再具有恐惧感与敬畏心。不过，作为实践活动的主体，人类在改造自然客体的活动中，虽然不可避免地要按照主体的目的、需要、利益等进行活动，使主体客体化。但实践活动是双向的活动，在主体客体化的同时，也发生着客体主体化的活动，

---

① 林滨："建立环境科学发展观的三个纬度"，《求索》2004年第8期。
② 陈刚主编，例培超著：《环境伦理》，作家出版社1998年版，第138页。

体现为环境的改变和人的改变的一致。因此，当人类的主体性极度膨胀之时，客体必被破坏。此时，遭致破坏的客体也必然通过客体主体化的方式，影响或改变着人类，使人类的生存与发展打上了遭致破坏的客体的缺陷，从而危及人类自身的生存与发展。如全球性环境问题的产生，其重要原因便是因为人对自然开始大肆的利用、开发和破坏，导致生态系统原有的平衡和谐的状态被打破，造成"气候变暖；臭氧层破坏；酸雨蔓延；生物多样性减少；森林锐减；土地荒漠化；大气污染；水体；海洋污染和固体废弃物污染。"[①] 自然以它的被破坏反过来又严重地危及到人类的生存与发展。不仅如此，我们发现在人与自然关系的第二个阶段，人类并没有在更高的意义上达成人与自然的新的和谐秩序，人类与自然的紧张感依然存在，人与自然的紧张关系反而从第一阶段人类心理的层面发展到第二阶段实质形态的层面。其实，从终极的层面上而言，人与自然的关系即使能够达成新的和谐，但紧张感也并不能真正彻底地消弭。因为世界上万事万物皆是在不停地变化当中，不确定性永远存在。固然人类的历史永远在不停地对自然界规律的探求中，力求通过对规律的把握减低紧张感，但因为宇宙是无限的，任何一个时代人的认识能力总是有限的，而且必然性中也永远存在着偶然性，所以不确定性是永远无法消除的，紧张感也难以彻底摆脱。不过，即使如此，伴随着社会的不断发展，人类依然追求着发挥自己的主体性和能动性，不断积极主动地建构人与自然的新关系新秩序。

2. 社会秩序

从人与社会的关系来看，人类社会的发展固然也有其发展的客观规律，但由于社会的构成是具有主体意识的人，因而相比较自然

---

① 任安主编：《环境教育》，上海科技教育出版社 2001 年版，第 43 页。

界，人类社会的发展带有人类意识的自为性的特点。正如恩格斯所言："在自然界中（如果我们把人对自然界的反作用撇开不谈）全是不自觉的、盲目的动力，这些动力彼此发生作用，而一般规律就表现在这些动力的相互作用中。在所发生的任何事情中……都没有任何事情是作为预期的自觉的目的发生的。反之，在社会历史领域内进行活动的，全是具有意识的、经过思虑或凭激情行动的、追求某种目的的人；任何事情的发生都不是没有自觉的意图，没有预期的目的的。"① 不过，"历史是这样创造的：最终的结果总是从许多单个的意志的相互冲突中产生出来的，而其中每一个意志，又是由于许多特殊的生活条件，才成为它所成为的那样。这样就有无数互相交错的力量，有无数个力的平行四边形，由此就产生出一个总的合力，即历史事变，而这个结果又可以看作一个作为整体的、不自觉地和不自主地起着作用的力量的产物。因为任何一个人的愿望都会受到任何另一个人的妨碍，而最后出现的结果就是谁都没有希望过的事物。所以到目前为止的历史总是像一种自然过程一样地进行，而且实质上也是服从于同一运动规律的。"② 对于个体存在而言，尽管人们都在进行着有目的的、有意识的活动，但社会发展的结果却是历史合力运动的结果，社会发展的总趋势是不以任何人的意志为转移的，社会形态的产生和更替也是一种自然历史过程，社会存在与发展具有自身的客观规律性。由此，在一定程度上，个体于社会之间也必然存在着一种个体无以把握社会的紧张感与无力感。个体又必须在社会中生存与发展，消除个体与社会之间的紧张感也许能够做的就是保有社会秩序的相当时间的稳定性，因为无论是社会的发展还是个体的发展皆需要秩序的稳定，以保证发展的量变积累的

① 《马克思恩格斯选集》第 4 卷，人民出版社 1995 年版，第 247 页。
② 《马克思恩格斯选集》第 4 卷，人民出版社 1995 年版，第 697 页。

过程。

　　3. 心灵秩序

　　从人与自身的关系来看，人的本质并不是先天就被预设好的，也不是处于凝固不变的静止中，而是不断发展与丰富的。个体生命具有从潜在到不断选择和造就自我的能力。从潜在的自我到选择成为什么样的自我，再到自我的造就，这是一个生命动态的不断发展、不断形塑的过程。潜在与现实是不同的，个体在发展过程中必然产生对自身能否从原有的自我到想成为的自我的紧张感。现代西方著名哲学家海德格尔对此曾给予哲学本体论的解释，认为如果世界上客观存在的事物皆以存在冠之的话，那么他给予人这个独特的存在者一个专门名称——此在。原因在于"他认为人与其他一切存在者相比具有明显的优先地位。第一，在存在者状态上的优先地位。此在只是它的存在本身，先于任何其他规定性。它不是现成已有的、实体性意义的存在，而只是一种显现、一种可能性。第二，本体论的优先地位。此在能追问自己的存在。关于一般存在的本体论是对存在者状态上的意义作理论阐述，对此在的本体论的论述则不是简单地论述其存在者状态，而是去追问此在的存在本身。这种追问本身就是此在作为存在者的存在的意义。第三，此在不仅包括了对其本身的存在的领会，也包括了对一切其他存在者的存在的领会。此在打开了通向一切其他存在者的门户。对一切其他存在者作本体论研究，均应通过此在来进行。"① 海德格尔认为此在的基本存在结构是在世，即此在不能孤立地、单独地存在。它总是处于一世界中，和其世界不可分割，在世表明此在的存在是处于一个敞开的状态，人与其世界共处一体。因此，人必然要与外物、他人发生关系，人

---

　　① 刘放桐主编：《新编现代西方哲学》，人民出版社 2000 年版，第341 页。

在世的存在状态就是烦（德语 Sorge，焦虑、烦恼、关切、担心、操心等意），与他物发生关系，就产生烦忙，与他人发生关系就产生烦心。在他看来，"只要此在是'在世的存在'，它就彻头彻尾地被烦所支配，'在世'打上了烦的印章，这烦与此在是一而二二而一的。"① 烦的展开状态是通过畏来现身和领会的，"畏所畏者就是在世的存在本身。"② 只要此在在世，畏就永远在此。存在主义的另一位著名哲学家萨特在继承海德格尔思想的基础上，提出焦虑是人生存的常态。焦虑不同于害怕（惧），害怕是对世界上存在的东西害怕；焦虑则是在我自身面前的焦虑；害怕是对超越的东西的非反思的领悟，焦虑则是对自我是自由的反思的领悟，是我面临各种选择的可能性时所具有的情绪体验。正是这种焦虑，使我意识到我是自由的；人正是在焦虑中选择自己，领悟自己。"正是在焦虑中，人获得了对他的自由的意识，如果人们愿意的话，还可以说焦虑是自由，这存在着的意识的存在方式，正是在焦虑中自由在其存在里对自身提出问题。"③ 换句话说，焦虑是不可消除的，因为"我们就是焦虑。"存在主义哲学家的观点虽然我们不敢完全赞同，但有一点是不可否认的，即他们在一定程度上看到了人作为有主体选择性的特殊存在，在与世界、与他人共在的此世状态，必然存在着作为本体意义上的烦或焦虑。因为，人的本质不是早已被设定好的，有着无数发展的可能性，存在着众多的不确定性，人生的有限性与不确定性，让人在选择造就自己的本质时充满着责任、孤寂、烦恼等，使得人的一生也始终存在着对自身能否从原有的自我到想成为的自我的紧

---

① 【德】海德格尔著，陈嘉映、王庆节译：《存在与时间》，商务印书馆1987年版，第243页。

② 【德】海德格尔著，陈嘉映、王庆节译：《存在与时间》，商务印书馆1987年版，第232页。

③ 【法】萨特著，乔立良、李爱萍译：《存在与虚无》，三联书店1987年版，第61页。

张感。紧张感对于个体而言，是人主体性的体现，也由此具有本体的意义。面对本体的紧张感的存在，与人需要社会秩序的稳定有序相同，在人与自身的关系向度也需要建立个体的心灵秩序，以对抗与人的存在必然相伴随的紧张感。

二、人类秩序建构的方式与更替

从中西方社会的历史发展过程，我们将秩序的产生划分为秩序的本能建构、秩序的文化建构与秩序的制度建构，体现的是从自然性和自发性到自为性的建构方式的发展变化。

1. 秩序的本能建构

从自然界的物种的观察来看，"自达尔文以来的科学家得出的结论是，生物界呈现出高度秩序，并非是由上帝或某位别的造物主所创造，而是由于比较简单的物种之间的相互作用而产生的，正如《有线网》杂志执行编辑凯文·凯利所指出的那样，蜜蜂表现出的行为很复杂，但它们并不是由蜂王或其他任何蜜蜂所控制，而是由单个蜜蜂按照相对简单的行为规则产生出来的（如飞往有花蜜的地方，避免碰上障碍物，不和其他蜜蜂分开等）。……凡此种种，足见在整个自然界，秩序是在进化和自然选择这一盲目和非理性过程中创造出来的。"[1] 秩序是可以自发产生的，是出于生存的需要，正是在物种外部之间与物种内部之间的相互作用的过程，出于自我保存和进化的目的，形成了自然界的秩序。人来自于动物界，也必然具有为了生存而天然具有的遵从规则，形成一定秩序的能力。

从人类社会发展的历程来看，在原始社会，由于人类刚刚从茹

---

① 【美】弗朗西斯·福山著，刘榜离等译：《大分裂——人类本性与社会秩序的重建》，中国社会科学出版社 2002 年版，第 186—187 页。

毛饮血的野蛮状态中走出来，开始人类文明的起端，人类的生产力
水平与人的认识能力水平皆十分低下。因此，在人与自然的力量对
比中，相比较于人类的力量的渺小，自然的力量便凸显得异常强大。
人类为了生存，必须过群居的生活，共同劳动、集体协作与相互依
赖，以维持生存的需要，这即是马克思所讲的人的发展的第一阶段
"对人的依赖"的阶段。在这一阶段中，人类最早的共同体得以形
成，人类社会秩序的最初雏形也开始显现。社会秩序是对人与人构
成的社会关系的协调，共同体则是构成人们各种各样社会关系产生
的平台，社会秩序的前提条件便是人类共同体的存在。在人类最早
的共同体之中，最基本的社会关系是来自原始的、天然的血缘关系，
血缘关系是人类交际的起点"人类的交际始于亲属关系"①，也是社
会合作的基础，是人们形成合作的群体的最基本的凝聚力量，其目
的是满足生存的需要。生存的共同利益的需要促使人们相互依赖与
社会合作，此时的社会合作是通过亲属选择和互惠来进行的。"出于
个体利益而进行的社会合作主要遵循两条主线：亲属选择和互
惠。"② 其中，亲属选择是为保存和延续基因而形成的亲缘利他行为
的社会合作；互惠则是非亲缘关系的不同群体之间为了生存而进行
的社会合作。人类作为自然动物界的一个物种，本身在长期的进化
过程中，与其他动物一样，也具有了通过进化和自然性质而产生的
互惠利他机制。如生物学家罗伯特·特里弗斯指出："在人类进化史
上（至少最近500万年来，对我们的祖先很可能进行了严格的选择，
以产生多种互惠的相互作用。"③ 对于早期的人类来说，无论是通过

---

① 【美】弗朗西斯·福山著，刘榜离等译：《大分裂——人类本性与社会
秩序的重建》，中国社会科学出版社 2002 年版，第 217 页。
② 【美】弗朗西斯·福山著，刘榜离等译：《大分裂——人类本性与社会
秩序的重建》，中国社会科学出版社 2002 年版，第 216 页。
③ 【美】弗朗西斯·福山著，刘榜离等译：《大分裂——人类本性与社会
秩序的重建》，中国社会科学出版社 2002 年版，第 221 页。

亲缘利他还是通过互惠利他而形成的社会关系和社会合作，皆是基于本能的生存需要，生物属性在早期的社会合作与社会关系的形成与协调中起着主要的作用。"我们发现，社会秩序和社会资本拥有两大支撑的基础。第一种是生物学基础，源于人性本身。近年来，生命科学取得了重要进展，这产生了重树古典观念的强烈效果。古典观念认为人性是存在的，人性使人成为社会和政治的创造物，人具有伟大的建立社会准则的能力。"① 哈耶克也认为人的社会生活，之所以可能，乃是因为个体依照某些规则行事，人不仅是一种追求目的的动物而且在很大程度上也是一种遵循规则（rule – following）的动物。在一定的意义上，我们可以说人类社会最早的秩序的产生是自然或自发的，亲缘利他与互惠合作协调着社会关系，达成社会共同体为生存而形成的一定的秩序。

血缘利他是从善的行为本能建构秩序的一种方式；暴力则是从恶的行为本能建构秩序的另一种方式。人类社会同样也曾沿袭动物界建构统治与秩序的暴力方式，人类的战争就是动物的暴力的承袭与演化，现代军事暴力的强权统治则是生物暴力的变异，国家政权中的军队等国家机器实际上也是一种暴力的变异。虽然在暴力的淫威之下也能够产生服从，在"拳头"之上也可能建立权威，但这种暴力基础之上建立的秩序的不稳定性是显而易见的。"有一种强制性的秩序，它公开压制，靠恫吓和威吓为主，这是一种摇摇欲坠的秩序"② 也是"有效性匮乏"的秩序，这种秩序统治是不太容易长久的。因为争权霸位层出不穷，势必造成共同体内部秩序的混乱、自相残杀。因此，随着人类共同体的不断扩大，随着人类理性认识能

---

① 【美】弗朗西斯·福山著，刘榜离等译：《大分裂——人类本性与社会秩序的重建》，中国社会科学出版社 2002 年版，第 177 页。

② 【德】尤尔根·哈贝马斯著，曹卫东译：《交往行为理论》，上海人民出版社 2004 年版，第 182 页。

力的逐渐发展，一种新的建立统治的权威性的机制开始形成，这便是中西文明早期皆有的通过神圣王权的观念来建构与维持秩序，它代表着秩序的建构从本能建构进入文化建构。

2. 秩序的文化建构

神圣王权的建立不是诉诸于暴力之上的权威，而是开始采用观念的方法，让共同体成员从心里自觉服从统治。这样，共同体的统治与服从便从暴力性过渡到神圣性。与暴力性建立统治关系的成本相比较，神圣性的成本代价从生命的角度看小得多，一般不会危及生命，而且效果反而好得多。这是因为神授王权，神圣性必然带有敬畏性，神圣性也必然具有不可置疑性，王权的合法性披上了神圣的外衣，便具有了绝对的权威性、服从性与稳定性，共同体内部的统治与服从的关系也由暴力胁迫下的他律方式到神圣性解释下的自律服从。这便是为什么中西化文明早期都存在神圣王权之缘故，那时对王权神圣解释的观念体系在达成共同体的统治秩序方面起着决定性的作用。

从暴力性到神圣性的转化，从一个角度说明人类在历史的发展进程中，思想、意识与观念体系的形成与发展对人的社会行为与社会组织方式的影响，即文化的进化与秩序的关系逐渐形成。神圣王权制度，实质上是人类最早在人与自然的关系对比审思中产生的宗教思想转移到人类制度的投射。人类对自然神的崇拜，既是人类的祖先对人与自然关系最早的思想解释与把握，也是缘于人类现实的生存性的焦虑所引发，因为那时的人类自身能力水平的低下，出于最基本的生存需要，人类希望通过崇拜自然神，既把人类对自然的敬畏与崇拜的心理表达释放出来，而更主要的则是借崇拜与敬奉来获取自然神的庇护与保佑，同时也希望藉此获取力量。人类崇拜自然神的价值目的与需要是不可否认的，它缓解了人与自然关系中的

生存的焦虑，以敬畏与崇拜消弭了人与自然的对立，使人在与自然的关系与秩序中得到一种稳定。神圣王权的思想实质上是用观念来阐释政治秩序的合法性，它的思维机制是与人类面对自然界所产生的宗教心理是一脉相承的，只不过投射的对象由自然界转向人类社会。人类社会与自然界一样是人类生存与发展的不可缺少的，一个有序的社会同样对个体或社会的发展都是必要的。社会如韦伯所指出的，同样具有神圣性，当人类理性认识能力有限，当社会的发展因时间的有限而无法完全展示时，社会与自然界一样对认识能力尚低的人类来说同样具有许多的不解，也由此充满神秘性，一种君权神授的观念便以维护统治阶级的合法性而应运而生。可以说，神圣性的观念与秩序的联结是在人类最早的宗教文化的土壤里产生的，人类的宗教情结与思维方式也构成了人类思想观念最初的表现形式，并且通过文化的进化得以保存，就像生物性是通过生物的进化得以保存，思想性也通过文化的进化积淀下来。"从发生学的角度看，文化是基于个体组成社会的需要而产生的，所以文化首先是一个社会所遵循的基本规则，这些规则将一个民族的法律、制度，习俗、价值、思想体系以及与此相关的心理结构等不同层面串联在一起，构成一个彼此协调的统一系统。"①

由此，文化进化也就成为建构秩序的人类特有的方式，"文化本身是一种把行为规范以非基因遗传方式世代相传的能力，文化本身也紧紧地与大脑连在一起，构成了人类进化优势的一个主要来源。"② 文化是通过规则的制定与传递发挥协调社会秩序的功能的，这时的社会群体开始以共同的价值认同、规则和经历结合而成。"一群人碰巧在一起相互作用，并非每次都能形成一个团体。真正的团

---

① 杨江：《王权的图腾化》，浙江人民出版社 2000 年版，第 14 页。

② 【美】弗朗西斯·福山著，刘榜离等译：《大分裂——人类本性与社会秩序的重建》，中国社会科学出版社 2002 年版，第 203 页。

体是由其成员共有的价值观、规范和经历结合而成的。这种共同的
价值观结合得越是紧密牢固，团体感就越发强烈。"① 可以说，"某
些特定行为准则的创立属于文化范畴，而不是属于天性范畴"②，文
化的进化则开始成为人类规则传递与养成的一个重要的方式，成为
替代天然的血缘关系被瓦解本能的凝聚力量缺失的空场，或者血缘
关系随着社会关系的日益扩大化和丰富化而呈现出弱化后的主要弥
补力量。如果说基于生物性上的社会合作与秩序的产生具有自然性
的特点的话，那么，学者们认为文化基础上产生的秩序则带有自发
性。这种自发性不同于自然性，自然性主要是讲生命的本能，而自
发性则是通过文化的方式。"道德、宗教、法律、语言、书写、货
币、市场以及社会的整个秩序，都是自生自发的社会秩序。这里，
哈耶克之所以把这些自发的社会秩序都归属于同一范畴的预设，是
由于它们生成演化的过程极其相似，即它们都不是因计划或设计而
生成的，而是'人之行动而非人之设计的结果。'"③ 福山则指出：
"我们还发现，在文化来源里，秩序往往是个体间的横向谈判过程、
争论以及对话所产生的结果。秩序无须自上而下地产生，无须始自
立法者，由他来制定法律；也无须从教士或牧师那里开始，由他来
传播上帝的心声。"④ 在他看来，"社会秩序有着自然性和自发性两
种重要源泉""但不论是天然的还是自发的秩序，它们自身都不足以
产生出构成社会秩序的全部规则，在关键时刻，它们都需要由等级

---

① 【美】弗朗西斯·福山著，刘榜离等译：《大分裂——人类本性与社会
秩序的重建》，中国社会科学出版社 2002 年版，第 4 页。

② 【美】弗朗西斯·福山著，刘榜离等译：《大分裂——人类本性与社会
秩序的重建》，中国社会科学出版社 2002 年版，第 117 页。

③ 【美】弗朗西斯·福山著，刘榜离等译：《大分裂——人类本性与社会
秩序的重建》，中国社会科学出版社 2002 年版，第 178 页。

④ 【美】弗朗西斯·福山著，刘榜离等译：《大分裂——人类本性与社会
秩序的重建》，中国社会科学出版社 2002 年版 ，第 117—178 页。

制权威来进行必要的补充。"① 因为，自然性与自发性产生的社会秩序往往局限在小规模的群体，"而当群体变得过大时，各种公共财产问题，比如谁来制定规则，谁来监督不劳而获者，谁来执行规范等，都变得无法解决了。"② 于是，社会秩序与政治的关联就无可避免与日益凸显，秩序的政治③建构开始形成。

3. 秩序的制度建构

秩序的制度建构与本能建构秩序、文化建构秩序不同，人们服从由权力制定出的政治秩序，则更主要地是作为理性人在自由与利益二者之间权衡利益度量的结果。从利益出发，也就内生出对政治秩序的必然要求，它必须达成共同体利益的保证，即保证个体在出让一定的自由服从遵循社会秩序的前提下，个体的利益在共同体利益获得的基础上共享利益。只有这样，政治秩序才能够享有稳定与认同。

"要弥补自发性秩序的缺陷和局限，等级制度是必需的。至少它提供了防御和财产权保护之类等公共财产。但除此之外，政治秩序至少在三个方面有助于产生社会秩序。第一，它可以直接通过立法创立规范。……国家不能迫使个人去遵守那些违反与生俱来的本能或兴趣的规范。但是国家却能够创立非正式规范。……政治秩序建立社会秩序的第二种方式是为平和的市场交换创造条件……在没有国家的情况下，我们所认为的现代经济世界肯定不会产生。最后，

---

① 【美】弗朗西斯·福山著，刘榜离等译：《大分裂——人类本性与社会秩序的重建》，中国社会科学出版社 2002 年版，第 178 页。
② 【美】弗朗西斯·福山著，刘榜离等译：《大分裂——人类本性与社会秩序的重建》，中国社会科学出版社 2002 年版，第 295 页。
③ 因为文化建构更多具有自发性，而制度建构却带有自为性与制度性，具有国家机器依助，制度建构在此是指政治建构，更多是指现代政治制度。

政治通过领导和领导人的魅力来创造社会秩序。"① 政治秩序的产生是人为的制度建构，是哈耶克所指的人造的秩序，政治秩序主要是通过权力机构，制定强制的政策，调整利益冲突关系，人的自由与利益、人的权利与义务等诸多关系。

从个体而言，每个人皆是追求自由的。正如萨特所言，自由在一定意义上就是人的本体的存在，"我们命定是自由"。但人的自由天性骨子里是反抗秩序的，不过因个体必须在与他构成的社会关系中才能生存与发展，建立协调人际关系与利益关系的秩序也就成为个体与社会存在与发展的内在诉求。从上面人类秩序的演进历史中，我们可以看到秩序的建构有通过人类身上作为动物本能为生存为保存基因而服从自然秩序的生物进化；有通过诸如道德、宗教等传递的社会规则的文化进化；有作为理性人在自由与利益二者之间权衡的利益度量基础之上，被人们心甘情愿服从的由权力制定出的政治秩序。虽然三种方式呈现出逐渐演绎替代的历史进程，但由于它们都是建构方式，社会存在与发展具有与历史割不断的联系，人类社会发展的复杂性与非单线性，从而在秩序的框架内衍生出本能、文化、政治的错综关联，也就产生自发利他、道德、宗教、政治之间的复杂关系。就秩序而言，儒家利他主义最主要是通过道德与政治的关系，介入秩序；基督教利他主义则依靠宗教与道德的关系对秩序产生作用。

---

① 【美】弗朗西斯·福山著，刘榜离等译：《大分裂——人类本性与社会秩序的重建》，中国社会科学出版社 2002 年版，第 297 页。

第二节　儒家道德与政治的联姻

在秩序的向度，儒家思想体系非常典型地体现了人类建构秩序方式的演化与各种方式错综复杂的关系。儒家的产生是面对西周"礼崩乐坏"的社会秩序遭致破坏的社会危机，重建社会秩序是儒家思想担负的历史使命。儒家通过血缘利他基础上建立的利他主义，实际上折射出从本能建构到文化建构的演化；儒家圣人的内圣外王的要求与境界追求，也使儒家的道德与政治发生必然的关联，体现了文化建构与政治建构二者难以割舍的关系。儒家道德与政治的联姻这一特征，主要表现在本来是为维持社会秩序服务的儒家道德，最后却沦落成为统治阶级巩固政权的工具，形成儒家道德政治化的特征。究其原因，它是由多维因素决定的。

一、学理之维：儒家道德政治化的学理基础

儒家道德与政治的关系，正如学界很多学者所认为的，二者呈现出非常紧密的联系，表现为政治道德化与道德政治化，在中国道德教育方面则明显地体现出"政教统合的传统"①。究其原因，从历史的历时性来看，在秩序的建构方面，道德属于秩序的文化建构中的主要方式，政治则属于秩序的制度建构的根本形式。两者虽方式不同，秩序的文化建构是自发性的；秩序的制度建构却是自为性，但目的则相同，皆为社会秩序的建立与维护服务。从秩序的文化建构到秩序的制度建构的承继，则体现了这一共同点，也由此形成了

---

① 李萍：《现代道德教育论》，广东人民出版社 1999 年版，第 41 页。

道德与政治的不可分割的历史联系。这是因为历史的发展是无法割断的，当秩序的文化建构发展到秩序的制度建构的变迁中，为社会秩序的建立这一共同目标则成为连接二者之间的桥梁，秩序的文化建构中的这一价值认同直接承接到其后的秩序的制度建构中。从历史的共时性析之，无论秩序的建构采用何种形式，其目的皆是建构秩序并使之长久，这里就蕴含着共同的合法性要素的存在，它使政治与道德在维持统治阶级政权的这一共同之处相连，以达成社会成员的价值认同为契合点，从而预制了两者之间的联系。在此，我们以合法性为介入点，展开对这一问题的深入探讨。

1. 合法性与价值认同

从人类秩序的建构方式的发展与演化来看，如前所述，秩序的政治建构方式既不同于以自然性为特点的本能建构方式，也不同于自发性为特点的文化建构方式，它是一种通过理性达成权力与义务的方式，担负着实现为社会立法、协调社会各等级之间的权利与利益关系的功能。对秩序的政治建构必然产生内在的诉求，即本身一定要具备合法性的特质，才能享有无可质疑的领导权，达成权威性与服从性，从而形成以服从和同意为基础的统治，来建立和稳定社会秩序。因此，政治秩序与合法性问题是紧密相连的，合法性问题的产生一开始就与政治秩序联系在一起。哈贝马斯认为"合法性意味着某种政治秩序被认可的价值。"[1] 韦伯也指出合法性是指任何命令（统治）服从关系中，那种促使一些人服从某种命令的动机。一句话，合法性是统治阶级维持其政治秩序系统的稳定性的根基。

从政治秩序的产生来看，它的存在的基础是政治共同体的存在，

---

① 【德】尤尔根·哈贝马斯著，张博树译：《交往与社会进化》，重庆出版社 1989 年版，第 184 页。

没有政治共同体的存在，也就无从谈政治秩序的存在，故政治秩序是伴随着政治共同体的出现而出现的。所谓政治共同体，如马克斯·韦伯所界定的："政治共同体这一术语被指运用于一定领土里，社会成员的行为都服从于秩序性统治这样的共同体。"① 从这个定义中，可以看出政治共同体的存在是以统治与服从关系为核心的，"如何通过影响社会成员的行为，使其服从于政治统治的需要是政治共同体的最基本的任务之一。政治合法性就是为了适应这一任务的需要而产生的。合法性并非只停留在观念层面上，其效力的发挥不可避免要指向社会成员的行为。能不能通过对社会行为的影响和约束，来使之服从于现存政治统治秩序，是合法性获得的关键所在。"② 合法性获得的关键在于实现价值认同，"合法性完全取决于政治系统的价值与其成员的价值是否一致而定。""任何政治系统，若具有能力形成并维护一种使其成员确信现行政治制度对于该社会最为恰当的信念，即具有统治的合法性。"③ 政治合法性的核心则在于能否达成社会成员的价值与其政治系统的价值一致，二者一致性愈大，合法性就愈强，政治秩序也就愈稳定。

2. 意识形态与合法性

文化恰是使社会成员形成相同价值与认同的主要途径。克利福德·格尔茨指出"文化是指由历史传递的、体现在象征符号中的意义模式，它是由各种象征性形式表达的概念系统，人们借助这些系

---

① 【德】马克斯·韦伯著，张乃根译：《论经济与社会中的法律》，中国大百科全书出版社 1998 年版，第 340 页。
② 王宏强："论政治合法性的三个层面"（论文），百度搜索。
③ 转引自胡伟《合法性问题研究：政治学研究的新视角》，《政治学研究》1996 年第 1 期。

统来交流、维持并发展有关生活的知识以及对待生活的态度。"① 哈贝马斯则认为："无论是个别行为者，还是集体行为者，在社会行为中都把价值当作取向，而价值又体现在文化的对象和制度的秩序当中。"② 在政治合法性的达成中，在一个文化体系中占据主导地位的意识形态便成为统摄价值的至关重要的核心。

从"意识形态"一词来看，最早使用意识形态概念的是法国资产阶级革命时期的思想家德斯杜特·德·特拉西，在其《意识形态原理》一书中他从哲学认识论和政治伦理实践的双重意义上来规定意识形态，把意识形态界定为"思想科学"或"观念的科学"；意识形态不是一种纯粹的解释性理论，而是一种负有使命的拯救人类和为人类服务的、使人类摆脱过去的种种偏见的科学。现在，意识形态不仅是哲学的一个基本范畴，也是政治和政治学、社会学的一个基本范畴。一般意义上，"意识形态是指反映着一定社会集团的利益和要求，在阶级社会中具有强烈的阶级性的意识形式。"③

（1）政治意识形态的功能之一是通过价值认同服务于政治秩序中的权力巩固。"合法性即是对统治权利的承认。从这个角度来说，它试图解决一个基本的政治问题，而解决的办法即在于同时证明政治权力与服从性。"④ 合法性的第一要旨便是要同时证明权力与服从的合法性。具体而言：

---

① 【德】尤尔根·哈贝马斯著，曹卫东译：《交往行为理论》，上海人民出版社 2004 年版，第 179 页。

② 【德】尤尔根·哈贝马斯著，曹卫东译：《交往行为理论》，上海人民出版社 2004 年版，第 179 页。

③ 教育部社会科学研究与思想政治工作斯组编：《马克思主义哲学原理》，高等教育出版社 2004 年版，第 156 页。

④ 【法】让－马克著，佟心平、王远飞译：《合法性与政治》，中央编译出版社 2002 年版，第 12 页。

其一，通过主导意识形态让人们产生对合法性前提的赞同。① 合法性是对统治权利的承认，权利它所涉及的并不是个人一己的空间，而是超越个人的公共体的存在空间，它与某种共存关系共存共在。"权利这一观念本身便意味着存在某个共同体，因为在只有一个人生存的世界上权利并没有存在的理由。"② 它的产生与实质是解决人与他人的冲突与协调，目的是在双方达成共识中划定归属，这种共识是通过权利与义务互利的目的达成而获得的。权利与义务是不可分割的，"任何一种权利都是与义务相对应的……而一项权利如果没有任何人承认它的有效性，那么它也就不具备真正意义上的权利特性，权利的属性即在于它是一份有效的产权证书，因而可以非常安全地享有它。"③ 义务是对权利有效性的承认，承认必然涉及到赞同。从统治权利而言，所有的政治机构虽然是公共空间的保证人，是权利的工具，也是权利的表达，但它却必须在获得了全体人民赞同的条件下，才能够拥有这些特性。因此，赞同对于权利的常规行使与良好运行皆是必要的。正如让·马克所言："当赞同在一开始就将政治指挥纳入到互利的范畴之后，它在将合法性定义为统治权利时就扮演了一个重要的角色。赞同建立了义务感，并使政治生活成为了对规则与程序的追寻，因为正是通过后面这二者，共同体的成员互相谅解以便互相遵循义务。从这个角度来说，赞同与那些惟一地建立在暴力基础上的政治活动不同，它在明确的界限之内证明了对强制

---

① 这里借用与参看让－马克在《合法性与政治》中提出的合法性实现的三个补充条件的框架与相关内容。

② 【法】让－马克著，佟心平、王远飞译：《合法性与政治》，中央编译出版社 2002 年版，第 13 页。

③ 【法】让－马克著，佟心平、王远飞译：《合法性与政治》，中央编译出版社 2002 年版，第 14 页。

力诉求的合法性。"① 赞同构成了合法性的前提。

其二，通过主导意识形态让人们达成对合法性规范的价值认同。赞同是构成合法性的前提，它是政治秩序构建的基础，只有在赞同的前提下，政治权利与义务才可以建构。不过赞同只是形式，其内隐其后的是价值，为何赞同？赞同实质上是价值判断与肯定的外在形式，当人们表示赞同时，实际上表示他们对于政府的活动"将何种价值作为自己所推动的目标已经给予认同，处于统治地位的人和处于服从地位的人在这一点上显然是已经达于共识，这样统治才会成为一种权利。"② 从价值与权利的关系来看，"价值构成了权利的内容，权利的存在将价值作为先决条件。"③ 换句话说，没有共同的价值认同，人与人之间的合作关系不可能产生，也无法产生权利与义务的达成，实际上正是"对价值的认同使得个体之间的活动得以共存，交换成为可能。"④ 共同价值便是促成人们共存合作的凝聚剂，它使社会个体形成享有共同价值的共同体的存在，并使社会在共有价值的情况下建立权利与义务的行为运作规范，形成一定的秩序，确保社会正常有序有效地持续运转。"同一性表达出一个既定社会的价值，而个体作为共同体的成员，也正是从体现之中汲取他们各自的特性，这些特性并非只是存在的方式。它们也可以通过具有多种形式的活动表现出来，这也就是为何能够将一个社会的同一性描绘成为个体在一个团体的内部、在其运转的不同层次之间所相互

---

① 【法】让－马克著，佟心平、王远飞译：《合法性与政治》，中央编译出版社 2002 年版，第 16 页。
② 【法】让－马克著，佟心平、王远飞译：《合法性与政治》，中央编译出版社 2002 年版，第 19 页。
③ 【法】让－马克著，佟心平、王远飞译：《合法性与政治》，中央编译出版社 2002 年版，第 19 页。
④ 【法】让－马克著，佟心平、王远飞译：《合法性与政治》，中央编译出版社 2002 年版，第 20 页。

给予的行为的总和。因此，价值就在塔尔科特·帕森斯称之为行为体系的组织内部制度化。构成社会的个体或是其组合便在这些体系所构成的框架中活动。"①

在共同价值中，其中最为重要的是基本价值或称核心价值，它们在形成社会的共同生活与基本制度方面起着最基本有效的作用。"共同体中的每个成员，对于这些核心价值的破坏或是践踏，其自身都会感到不安，都会将其作为对其自身统一性的威胁。因而正是在与这些核心价值的联系中才建立起每个人的个性和集体的团结，才可能使集体的同一性的不同形式表现出来。所以，核心价值既是集体社会的源头也是其终极目标，它们构成了基本规范。"② 规范本质上是价值的凝结方式，共同认同的价值通过制定成规范，变成一种标准的方式明确表达出来，并继而成为人们行动的约束，同时将"社会的那些最基本的价值正式化，保护并促进这些价值，也即是说使这些价值作为合法（律）的规范而制度化。"③ 这样，规范演变为法律，以保证社会共同体的运行，政治秩序的有序。规范的形成本质实际上是共有的价值的制度化。

其三，通过主导意识形态让人们产生对合法性形式的合法律化。具有了合法性前提的权利赞同，具有了对合法性规范的价值认同，合法性还必须具有合法律化的外在形式。"合法性与法律之间所存在的关系是大部分字典在定义合法性之时必会提及的第一要素，在那

---

① 【法】让－马克著，佟心平、王远飞译：《合法性与政治》，中央编译出版社 2002 年版，第 21—22 页。
② 【法】让－马克著，佟心平、王远飞译：《合法性与政治》，中央编译出版社 2002 年版，第 22 页。
③ 【法】让－马克著，佟心平、王远飞译：《合法性与政治》，中央编译出版社 2002 年版，第 23 页。

里，合法性被定义为"符合法律的东西"①。"合法性一词第一次在中世纪的文献中使用，其词义仍然保留着有法律相一致"这一理念。同时，通过思考对权力授予是否合乎正义的证明，合法性概念的政治特性得到了加强。因而合法性被等同于统治资格的质，并被当作一种以法律途径而获得有效性的政治活动。② 法律制定本身就是社会价值选择的产物，什么规范应该用法律的形式反映，什么规范成为人的行为的底线本身的判断与选择则是涉及社会价值的认同问题，法律制度也无可避免地与价值发生关联，"首先，有关法律的叙述必须要与社会同一性的构成性价值协调一致。由于这些价值既是权利的来源又是其保障，因此只有当法律源自社会同一性之时，它才能够被认为是合法的。……其次，法律陈述必须要以一种可信的方式促进社会价值的实现。否则将最终导致对这些法律陈述的放弃，甚至使价值本身失去信誉。"③ 由此，"法律就必须要和那些被统治者所承认的价值协调一致"④，主导意识形态的作用以此显现。

合法律性内隐的主要价值便是合道德性。从政治合法性的内涵观之，"对合法性'认可'的本身就蕴涵着一种道德判断。所谓'正当性'或是'正统'也是合法性概念的应有之意。在汉语语境中，'合法'的'法'本意就有'标准'、'规范'、'正义'、'公'等含义。"⑤ 中国古代的古籍《管子·任法》篇中曾指出"法者，天下至道也"；再如《慎子·威德》篇中"法制礼籍，所以立公义

① 【法】让－马克著，佟心平、王远飞译：《合法性与政治》，中央编译出版社2002年版，第24页。
② 【法】让－马克著，佟心平、王远飞译：《合法性与政治》，中央编译出版社2002年版，第25页。
③ 【法】让－马克著，佟心平、王远飞译：《合法性与政治》，中央编译出版社2002年版，第33页。
④ 王宏强："论政治合法性的三个层面"（论文），百度搜索。
⑤ 王宏强："论政治合法性的三个层面"（论文），百度搜索。

也";到中国当代的辞典《辞海》也指出法的解释除了"法律","标准和规范"外,也有法在世界各国语源上都兼有公平、正直、正义等含义。① 从法律与道德的产生关联看,法律是在道德基础上产生的,它将道德之中最基本的人人可以做到、而社会又不可缺之的部分分离出来,上升为国家所颁布的法规条文,要求人人必须遵守,成为维护社会秩序的不可缺少的保障与人的行为的最低底线。"合道德性优先于合法律性。合法性首先在于合道德性,法律必须体现道德的价值,这也是合法性的必然要求。"② 合法律性与合道德性两者之间存在着原生固有的联系。

（2）政治意识形态的功能之二便是再生产出与其统治需要相匹配的社会关系,以保证政治秩序的长久稳定。就生产而言,在生产条件中劳动力是主要因素,没有劳动力生产是无法进行的;没有劳动力的再生产,生产也是无法持久的。"劳动力的再生产需要的不仅是其技术的再生产,同时,还有劳动力对既有秩序准则的顺从的再生产,即工人对主导意识形态的顺从的再生产,以及为剥削、压迫的代理人正确使用主导意识形态的能力的再生产,以便他们也将能够用'语言'规定统治阶级的统治。"③ 在生产关系的再生产中,"强制的国家机器（主要它是一种强制的机器）的作用,本质上包括通过强制力量（物质的或其他的）保证了最终是剥削关系的生产关系再生产的政治条件。不仅国家机器充分地服务于其身的再生产,而且最重要的,国家机器通过强制保证意识形态国家机器起作用的政治条件。事实上正是后者,在强制性国家机器提供的'盾牌'后

---

① 王宏强:"论政治合法性的三个层面"（论文）,百度搜索。
② 王宏强:"论政治合法性的三个层面"（论文）,百度搜索。
③ 【捷克】斯拉沃热·齐泽克、泰奥德·阿多尔诺等著,方杰译:《图绘意识形态》,南京大学出版社 2002 年版,第 137 页。

面，才极大地保证了尤其是生产关系的再生产。"① 在资本主义生产关系再生产的实例中，我们可以看到主导意识形态以惟一的绝对的主体的名义，迫使个体主动顺从在社会关系中被指令的角色，促使统治与被统治的社会关系不断地稳固持久地延续下去，保证统治阶级所拥有的权力关系与社会秩序葆有稳定性，以抑制社会其他群体的反抗与斗争。

我们通过政治秩序的建立与维持必须具有合法性的角度，得出政治秩序的建立和维持与文化系统的主导意识形态紧密相关，政治合法性必须具有合道德性与合法律性的两个结论。由此观照中国社会与儒家传统：第一，对于中国社会而言，虽然在漫长的封建社会，政治秩序的建构并没有和我们刚才所讲的现代政治秩序架构方式相同，也无法达至现代政治制度的发展程度。但由今溯古，政治秩序的存在与发展需要社会成员的价值认同却是相同的，这是秩序得以存在与维持的根本条件。作为长期占据中国主导意识形态地位的儒家思想体系担当维持社会秩序、服务统治统治阶级的功能也就难于避免。第二，政治合法性必须具有合道德性与合法律性，从学理层面支撑与说明作为伦理道德思想为主的儒家思想为什么与政治发生关系，也就预制了道德与政治的关联。儒家是从道德介入合法性，而西方社会则着重合法律性。中西社会的这一差异归根到底，与儒家和基督教思想的不同密切相关。

二、历史之维：儒家道德政治化的历史基础

儒家思想作为在中国社会中长期占据主导地位的国家意识形态，曾在巩固中国封建王权的统治和维护社会秩序的稳定中地起着重要

---

① 【捷克】斯拉沃热·齐泽克、泰奥德·阿多尔诺等著，方杰译：《图绘意识形态》，南京大学出版社 2002 年版，第 150—151 页。

的作用，其显著特点是通过道德来架构合法性的桥梁，道德与政治的密合成为儒家思想的典型特征。我们在学理层面已经对这一问题进行了阐述，下面，我们则从历史之维，以中国政治的特点为对象，分析占据统治地位的儒家意识形态从道德入手，是承继历史上中国政治的哪些特点的影响？不了解这个问题，也就无法真正解释儒家道德与政治为何具有密切关系的问题。

1. 受其历史发展中形成的中国政治秩序建构思维方式的特点所影响

从中国政治秩序建构的思维方式来看，一个民族的思维方式最早是在人与自然的关系中形塑。在中国人的思维中，最早时期是主张中国社会秩序的源头在于天，因为天具有下列特点①：其一，"天是一个最高的存在，它是整个宇宙的'君主'或'帝王'，它决定着宇宙中的一切。"② 天是宇宙的化身，也是权力的象征。天是宇宙，宇宙在先人的思维中具有规律性，也具有神秘性。天命"作为一种秩序，天命远远超出了个人的预知能力与实践所能控制的范围，在这个意义上，它表现为一种强大的自发的参与中，人们不可能也不必要对之有清晰的意识。"③ 正是因为神秘，同时又拥有权力，才会令人产生敬畏与崇拜心理，而权力与神圣一旦相连接便使权力拥有了合法性的神圣基础。反映在中国古代思想中，天的神圣性便转化为对现实的政治权力王权的神圣性即神圣王权。其二，天是宇宙，宇宙万物是有着和谐秩序的，正是这样的和谐，自然万物在有序的

---

① 这一部分的内容参看陈："自发的秩序与无为的政治"，河南社科院 HNASS，2004 年 9 月 7 日，百度搜索。

② 陈："自发的秩序与无为的政治"，河南社科院 HNASS，2004 年 9 月 7 日，百度搜索。

③ 陈："自发的秩序与无为的政治"，河南社科院 HNASS，2004 年 9 月 7 日，百度搜索。

自然界才能各得其所、和平共处与和谐生长。因此，对秩序的要求与渴望也沉淀在人类的内心与思维的趋向中，自然的秩序在人的眼中是自然而然。反映在中国古代思想中，把"政治秩序在内的秩序总称为'道'，'道原出于天'，道的特点是'道者，非圣人智力之所能为，皆其事势自然，渐形渐著，不得已而出之，故曰天也'即道是宇宙中的自发性秩序，它的形成是自然而然的，随时而渐著的，而不是人为制作的，也不是人的智力所能窥测的。可以说，对于秩序的自发性的认识，对于天命的独特理解，极大地影响了中国的思想世界。……天命意识在这里承担的真正功能就是社会的秩序被理解为一个没有终点的过程，这个过程具有自然而然、非计划性的特点。"① 自然的秩序既是自然而然的，那么，人间的秩序也是自然而然形成的，这样的类推的思维方式使得儒家在社会政治秩序的建构中没有走实行法律化外在强制建立秩序的路径，而是力图从自然而然形成的"礼"的基础上维持社会秩序的整合，并且把思问的方向转向如何顺应这种秩序，以人合（配）天如何可能。其三，天的特性是天行有道，厚德载物。"天合言哉！四时行焉，百物生焉，天何言载"，天不干预百物、四时，而是让四时、百物行。与天的性质相匹配，社会政治合法性的基础或是统治者的合理性在于有没有德性来配享天命。而"德性是出于自然的'天性'，在周文化里，德性并不像后来所认为的那样，是单个人的独善，是个人自证自明的智慧。它关涉的不仅仅是个人，而且是群体生活及其秩序，德并不能仅局限在内在心性领域，它在本质上是对于天命的自发性秩序的尊重。"② 君王能否尊重并且保护自然而然形成的秩序，便成为是否能

---

① 陈："自发的秩序与无为的政治"，河南社科院 HNASS，2004 年 9 月 7 日，百度搜索。

② 陈："自发的秩序与无为的政治"，河南社科院 HNASS，2004 年 9 月 7 日，百度搜索。

够与天相配的关键所在，也是政治合法性能否拥有的关键所在。故，从德性入手便成为社会政治合法性建立的最主要的路径，这也是中国社会走道德合法性的思维趋向，它是通过比照宇宙法则而形成的，借助自然秩序到人类秩序相类比方式推及而成。此外，中国的思维发生与原始思维中巫术产生的机制相比，并没有太大的变化，"巫术思维中的人与宇宙浑然一体的有机论仍被保留下来。人们仍然相信，人类和宇宙有着毋庸置疑的同一性，都遵循着同一种道。"①因而，没有达至超越。巫术是希望通过神灵崇拜保佑现世的人们，神化的天"高高在上，现实的宗法政治世界对应于下，而连接这两者的就是半人半神的祖灵。这一'天——祖——人'的结构图式，贯通其中的是'德'，德的人格化展现是'祖'，而贯通的方式是巫术仪式（礼）活动。因'祖'是'德'的化身，故而向上投射到天命信仰中，向下照临宗法政治世界，天与人的世界均因此而在一定程度上被德化了。这种传统，不仅已具有了相当的人文色彩，而且还有进一步向世俗世界挪移和演化的可能。"②中国的思维方式没有像西方那样从原始的巫术思维发展到宗教理性，从多神到一神，从对现世的福祉到超越现世的彼岸。因此，虽同样皆是从最早的神圣王权出发，西方由于宗教对现世的超越，宗教与现实政治秩序的关联在走过一段合一后，便形成政教分离，宗教多是关注信仰，法律则成为现世政治秩序维护和合法性的主要途径。从神圣性出发，西方走的是再向上超越之路，而中国则走向现世转移的向下之路。儒家承继这一传统，从道德入手介入秩序，创造出圣王用以代替神灵，走向圣化政治。

---

① 杨江：《王权的图腾化》，浙江人民出版社2000年版，第232页。
② 杨江：《王权的图腾化》，浙江人民出版社2000年版，第229页。

2. 受其历史发展中形成的中国社会政权体制的特点所影响

从中国社会政权体制的发展来看，随着"中国轴心时代的降临，虽然也伴随着人口的激增、交换活动的扩大和社会的急剧分化等经济和社会的变迁，但这一时期最引人注目的却是以下三个方面。一是兼并战争愈演愈烈，政治上逐渐呈现出归一统的发展态势。二是中央集权的体制形式逐渐为列国所采用，国家权力一元化的体制逐渐形成。三是思想界的百家争鸣，虽各执一端，但却对"一"情有独钟，在精心构筑"大一统"的政治模式的同时，对扫荡百见、万流归宗的思想的"大一统"也充满热情的期待与渴望。上述这三个方面的趋向都预示和决定着，在纷纷攘攘的社会转型运动结束后，实现大一统之后的国家体制将采取中央集权的形式。思想的活动在君主专制的一元化体制下将失去其自由活动的空间，必将在政治权力的整塑之下逐渐归于一统。[①] 从秦朝、汉代直至其后中国社会发展的二千多年的历史过程中，国家的形式皆是中央集权的君主专制。从国家的这一体制来看，它需要与之相匹配的社会基础。可是，"不论是在春秋战国，还是在其以后的漫长历史时期，中国社会都不是以一个交换为连接纽带的商业社会，更不是一个以肯定多元利益分化为前提而达成整合的社会共同体。虽然经过了轴心时代的理性革命，但不论是政治技术本身，还是与其相联系的其他各种技术的进化都是十分有限的。这就决定了统一帝国的体制形式仍然带有明显的早熟特征。"[②] 正如费孝通先生所言："农业的帝国是虚弱的，因为皇权并不能滋长壮健，能支配强大的横暴权力的基础不足。"[③] 中国社会政治共同体的同一性缺乏基础，而且在中国社会政治秩序发

---

① 杨江：《王权的图腾化》，浙江人民出版社 2000 年版，第 205 页。
② 杨江：《王权的图腾化》，浙江人民出版社 2000 年版，第 205 页。
③ 费孝通：《乡土中国》，三联书店 1985 年版，第 63 页。

展的历史中，"一般而言，中国历史上的王权，不论是其最初的发育形成，还是以后在不同家族之间的传递，都无一例外地采取了战争、政变等暴力形式，庄子言'窃国者为大盗'，正是对这种无规则的权威生成路径的深刻认识。"① 这样一种无规则的、建立在暴力和强权基础上的专制政体统治，合法性的资源是极其匮乏的。暴力强权可以征服国土，但很难用此征服人心，也难于消除社会的反抗意识和为争王权的战争，且暴力强权是不可能获得长久维持统治与社会秩序稳定的。中国也曾有过向西方那样走建立合法律性的尝试，如"法家曾不惜一切，努力营造一元化的君主专制体制，试图运用国家暴力彻底取缔一切与中央集权的君主专制权力不协调的领域。"② 但由于"帝国控制手段本身并没有充分发达，其现有的主观和客观的技术条件，都不足以对全国实现整齐划一的行政控制，在县以下的基层社会，还必须依赖聚落共同体自发的整合作用；在全国这一宏观的层次上，千差万别的地区性足以使任何严格细密的法令失去实际操作效力。"③ 最重要的是在法家所倡导的行政方式的理性化却缺少价值合理性的基础与引领。出于对人性的不信任，为建构君主专制的一元化社会体制，"法家曾大力倡言法治，全力推进国家行政体制的规范化。这种体制在达成了鲸吞海内的目标之后，便从此失去了目标动力，转变成秦始皇父子'独擅天下之利'的工具。……由于缺乏对价值合理性的关注，法家无法为'抟力'、'战胜'、'极权'找到合理性的说明，也无法在它们之外抟铸出一套有效的制约规范。"④ 其最终的运行反而走上非理性与非道德性，秦也被斥为"虎狼之国"。从法家之举与及其效果审思，我们不难看出通过法律

① 杨江：《王权的图腾化》，浙江人民出版社2000年版，第211页。
② 杨江：《王权的图腾化》，浙江人民出版社2000年版，第207页。
③ 杨江：《王权的图腾化》，浙江人民出版社2000年版，第208页。
④ 杨江：《王权的图腾化》，浙江人民出版社2000年版，第209页。

化运用强制手段维持社会政治秩序的做法，在中国这样一个幅员广大的农业国家显然是缺乏基础的。在中华文明的发展过程中，中国社会的血缘关系没有像西方社会文明路径那样被打破，契约关系没有建立，商品经济不发达，个体的主体性意识乏弱，在一定程度上不具备与法律制度相匹配的人际组织形态、经济形态与个体意识等。虽然有前瞻性的思想家如法家提出以法维持社会的秩序，但因其社会存在的基础不具备，思想虽超前但难免因早熟而易夭折，致使在中国政治秩序的架构方式上，没有像西方社会逐渐走上注重合法律性之路，而是儒家注重合道德性的思想长期占据着主导地位。

3. 受其历史发展中形成的中国社会政治秩序的建构方式所影响

从中国国家政权的架构方式而言，中华文明在其开端便走上与西方文明不同的东方"亚细亚"模式的路径。著名历史学家侯外庐先生指出，"西方是从家族制、私产再到国家，国家代替了家族；中国是由家族到国家，国家混合在家族里。"① "国家"的概念是指天下、邦国和家庭的统一体。家是国的根基，国是家的扩大。"周公创制，显然是将权力重叠于血缘关系上面，把血统关系发展成王朝统治关系，即伦理权力化。事实证明这还不够。要使权力与宗法族制水乳交融合为一体，还需要一个相反的运动：即权力的伦理化，使社会成员对权力的服从不仅出于强制，而且要出于主动认可。这就需要一套从宗法族制中总结提炼出来的理论去对之加以阐释、提升和倡导，使人们能自觉认同现存制度、秩序，使君臣官民、主从上下、贵贱尊卑关系成为一种冠冕堂皇、无可置疑的伦理顺从，这一

---

① 侯外庐等著：《中国思想通史》第 1 卷，人民出版社 1957 年版，第 6—12 页。

历史使命正是由儒家学说完成的。"① 儒家思想能够担当这一工具实质上是源于它自身便是在宗法血缘关系中产生的,有着同质的社会结构,它"由家庭中的父子关系引伸出君臣关系,由家族中的'孝悌'引伸出政治上的忠君,由以血缘为基础的人伦关系延伸为以阶级为基础的统治与被统治之间的各种等级关系"② 在这种架构中,一方面对统治者而言,提出了"以德治国"即"敬德保民"、"为政以德"的要求。这个要求包括了执政者应当实行利民的政策和措施,并且以"君德"自律,率先垂范,从而实现"圣王"——"德政"的理想,用"贤人政治"统治和管理国家;另一方面,对于被统治者而言,提出了忠孝节义的要求。由于君与国一体,国与家不分,君主与家长同体,人臣和人子同体,君臣关系与父子同构,忠君与孝父合一。因此,按照伦理原则,人民必须"事君以敬,事父以孝",服从为德,"臣无二心"。由此,便形成了中国道德与政治密合的显著特征,形成了以道德作为政治的载体和基础,道德原则即为政治原则,"德政同构"的中国伦理化的政治传统。家国一体、家国同构的文明路径决定了中国伦理文化的道德政治化的必然性,也成为中国伦理教育的历史的、逻辑的起点。这种传统在教育方面,经以孔子孟子为代表的儒家伦理教育思想的发扬光大,特别是随着汉代"罢黜百家,独尊儒术"儒学获得"国教"的独尊地位之后,便长期成为了主导中国道德教育的主流思想。儒家的"德教"把"明人伦"作为"兴国"以致"王天下"的大法,作为教育的根本目标,这种教育的意义和信念一直给中国人提供相当稳定的价值认同,国家儒学体制与权威主义思想的结合,从而使中国传统的道德

---

① 马庆钰:《告别西西弗斯——中国政治文化分析与展望》,中国社会科学出版社 2002 年版,第 79 页。

② 马啸源:"道德的政治化与政治的道德化",《思想战线》1994 年第 3 期。

教育具有了明显地为政治服务，将教育作为教化和输导政治要求的工具的"政教一体"的特质。占据主导意识形态的儒家思想不仅充分发挥了意识形态对民众价值统摄的作用，而且也不断生产出同质的社会关系，既使中国的封建王朝的政治统治绵延几千年，也使儒学自身长期成为中国社会主导的意识形态而源远流长。

三、 现实之维：儒家道德政治化的现实基础

以注重伦理道德学说为典型特征的儒家思想，之所以形成道德与政治的联姻，除了上述两个纬度的考量外，还不能排除现实之维的因素制约。所谓现实之维，主要就是从需要与功利的角度出发，采取最有效的方式解决问题。

1. 满足西周"礼崩乐坏"的社会危机之时重建社会秩序的需要

儒家思想产生的时代背景是西周"礼崩乐坏"的社会危机，其直接指向是重建社会秩序。正是这一社会的现实需要决定了儒家思想对此在世界的关注，它是在社会危机中应运而生。那么，建立什么样内容的理论体系，用什么样的思想可以重建社会秩序便成为儒家创始人孔子必须思考的内容与担负的使命。孔子发现，西周之所以灭亡，在于人的利益欲望的相争，导致原有的维持社会人际关系与利益关系的礼乐制度的破坏，这是西周社会危机产生的根本原因。为重建稳定的社会秩序，孔子提出了"克己复礼"，重建被破坏的西周的礼乐制度。显然，孔子解决社会危机，重建社会秩序的思维方法是一种思维的经济方法，一是直接从危机的症结出发，然后对症下药。他认为礼存在，社会稳定，礼破坏，社会危机发生，礼的存在与否关系到政权的存亡，正如他在《论语》中指出的那样："夏因于殷礼，所损益可知也，周因于姻礼，所损益可知也。"因而，孔

子主张复礼。二是在解决问题的方法上，孔子并没有另辟思路，而是在原有的西周礼乐文化的基础上加以发展。这是受中国文化传统保守稳定的精神气质与肯定的思维方式所影响，但也不失为最明智的选择，因为风险小、成本低、成效快、接受易。

西周礼乐文化的特点决定了儒家思想的主要趋向与内容。西周礼乐文化的总体趋向如陈来在《古代宗教与伦理——儒家思想的根源》所指出的："西周的礼乐文化不是'神的他律'，而是立足于人的组织结构（宗族或家庭）的'礼的他律'，这种立足于人的他律又不是以所谓'法律'的形式表现和存在的，而是以礼仪或礼俗的形态体现和存在的。在六礼中可以说都是围绕着人的生命过程而展开的，这使得礼乐文化本身具有一种强大的人文主义的基础或取向。"① 西周礼乐文化的人文主义基础体现了对此在世界与对人肯定的精神雏形，在一定程度上决定了承继西周文化的孔子思想的人文倾向。同时，由于周礼制度中已经突出了政治功能与道德功能，其二者都是为社会秩序的维持与人际关系的协调服务的。因而，它实际上在一定程度上也预制了重建礼制的儒家文化的特点即道德与政治的关联，注重人伦伦理，主张克己利他，突出关系协调等，克己复礼也就顺乎其然成为儒家解决社会危机的主要之道。儒家思想形成的道德与政治的联姻实际上是解决社会危机，重建社会秩序采用"克己复礼"之道的必然结果和顺乎其然的发展。

2. 满足建立稳定社会秩序的最少成本付出的经济需要

从社会秩序的稳定来说，需要通过诸多的手段，军事、法律，道德，宗教等等，但所有的方法中，惟有道德的方法最为经济和有

① 陈来：《古代宗教与伦理——儒家思想的根源》，三联书店1996年版，第263页。

效。例如军事的手段需要军队，需要庞大的经济付出，维持士兵生存的需要，提供武器的供给等，而且建立在暴力统治的社会，是一种"有效性匮乏"的秩序，难于长久；法律制度的实施也离不开国家机器的维护，相比较道德，经济成本的代价为高，而且法律是他律的，带有强制性，没有转化为自觉遵守的规范制度，也在一定程度上存在作用范围和效果有限的局限；宗教由于关注彼岸世界，对此在世界也难有直接影响，就像基督教也只能让"恺撒的归恺撒，上帝的归上帝"。

道德与其他相比，按照儒家的思想，它是每一个人内心所固有的，不需要外求，也不需要外在的物质基础，只是需要精神的"反省内求"与道德践履。因而，经济的成本最低，且道德是具有自律的特点，当人们对规范与制度产生自觉的价值认同，便会具有最大的效果性与持久性。因为价值观一旦建立，一般是具有稳定与持久性的，形成人们的固定的价值取向与思维方式不太容易改变；自觉性则意味着不需要外在的手段，在一般情况下，不需要强制会自觉遵从维持社会秩序所需要的规范与制度等。从经济成本与有效持久性来说，道德可谓是付出的成本最低，有效性最大。这也许就是建立在中国庞大疆域之上的封建大帝国从古到今的统治阶级都注重德治的原因所在，因为居大不易，难于控制。道德的这一特点正好迎合了统治阶级维持统治的需要。这也许是儒家思想为什么成为长期占据统治地位的主导意识形态的主要原因。

3. 满足儒家思想体系自身存在与发展的切实需要

儒家思想作为一种社会意识形态，从它的产生是由社会存在所决定，是社会的需要孕育与产生的结果；儒家思想的发展也必须在满足社会存在的需要基础上才能发展壮大。可以说，不能满足社会需要的思想在现实的社会中一般难以产生很大的影响力与被普遍接

受。从思想发展的经济原则来看，一般而言，迎合统治阶级巩固政权需要的思想最受统治阶级的欢迎，对中国封建社会的统治阶级而言，维持统治就是最大之事；对思想的发展而言，能够被统治阶级所接受的思想才易成为主导意识形态和具有影响力，因其得到统治阶级的拥护与支持，易于得到广泛宣传与大力推广，思想便得以在不断扩大影响的过程中不断发展。

儒家思想撇开其创始人是否拥有上述的自觉意识，但从汉代董仲舒开始却已显示出有意为之的自觉意识。至此，儒家思想注重人伦伦理与道德教化，把道德上升为人与禽兽的根本区别，把内圣外王作为人的终极理想与追求的思想特征，以"三纲五常"等道德规范满足了中国封建统治阶级的政治需要。儒家与国家威权主义相结合，长期成为统治阶级的意识形态，并通过"罢黜百家，独尊儒术"在中国思想界长期占据主导地位。这也便是中国道德教育传统具有伦理本位、经世致用、政教统合的原由之一。

通过上面的分析概括，我们不难看出儒家思想形成道德与政治密合的特质，在一定意义上是中国社会历史发展的客观需要与意识形态的主体诉求相契合所致，具有其历史发展的必然性与逻辑演绎的合理性，既是中国社会历史与文化发展的结果，也是儒家思想的发展使然。道德与政治的结合在一定意义上是有合理性的，有益于政治秩序的合道德性，拓展了道德的现实性的发展。然而，当儒家思想这样一种担负文化教化使命的思想体系变成主要为统治阶级服务的主导意识形态，将道德与政治的联系推至极端即将道德变成为单纯为政治服务的工具之时，其弊端也就十分彰显：一方面，这违背了儒家思想"仁"的精神实质，因为在儒家思想体系中仁政只是仁的外在诉求与表现形式，人的内心的善的完善才是仁之本；另一方面也违背了道德的本质，因为道德虽然是为了协调人与人之间的行为规范而产生，是个体对社会共同体应尽的义务，应遵守的行为规范，但它更是人之为人的本质。人类之所以有道德，正是因为理性能够给自己、给人类立下行为准则，使人不会顺从感性欲望的驱使；人是一种主体性的存在，他除了生存的需要外，他还要使其道德本性丰盈发展。如果说道德最初是因为共同体的需要自然而产生，原本是一种外在于个体生命之外共同体的要求的话，那么随着对规则的遵从变成如柏格森所言："该义务愈加倾向于成为必然性，在其绝对性方面愈加接近本能时"①，道德其实在人的发展过程中也就逐渐内化为人生命的一部分特性，这从人的良心机制的形成便可加以佐证；如果说最初人的行为是否做到符合道德，主要是受到外在于自身的他人及舆论的评价与制约外，那么随着个体仁性德行的发展，当外在的道德拷问变成行为者自对自身的拷问之时，个体行为对道德规则的遵守已然内化于人本身之中，变成人自身发展的内在需求，变成生命自身的一种不断的生长的力量，一种追求至善的永不停止的追求，这才是道德应有的予人的价值和意义，也是伦理道德文化必须担负的历史使命与功能。道德可以为现实秩序的稳定服务，这本无可非议，但道德绝不可以因其工具而忘却使命，更不应该为利益而堕落为仅是工具的地位，因为"有两样东西，人们越是经常持久地对之凝神思索，它们就越是使内心充满常新而日增的惊奇和敬畏：我头上的星空和我心中的道德律。"② 客观而言，当中国儒家道德与政治的密合走到极至之时，极易导致道德变成只是为政治服务的工具，道德予人应有的终极价值与意义也就在政治的淫威之下悄然沦落，这也许就是中国的人生意义很难超越世俗的一个原因，但

---

① 【法】亨利·柏格森著，王作虹、成穷译：《道德与宗教的两个来源》，贵州人民出版社 2000 年版，第 24 页。

② 【德】康德著，邓晓芒译：《实践理性批判》，人民出版社 2003 年版，第 220 页。

也恰是值得我们认真反思警醒之处。

第三节 基督教宗教与道德的密合

秩序的建立与稳定，对于中西方社会的发展皆有着相同的作用与地位。但由于中西方文明路径的不同，致使中西方社会在神圣王权的观念消解后便逐渐分道扬镳，"大概人类社会秩序，最初形成于宗教。其后，乃有礼俗、道德、法律等，陆续从宗教中孕育分化而出。……离开宗教而有道德，在中古西洋殆难想象；离开法律而有秩序；在近代国家弥觉希罕。然而在旧日中国却正是以道德代宗教，以礼俗代法律，恰与所见于西洋者相反。道德存于个人，礼俗起自社会；像他们中古之教会，近代之国家，皆以一绝大权威临于个人临于社会者，实非中国之所有。"[1] 因此，与儒家伦理道德在社会秩序维持方面呈现出道德政治化的特点不同，基督教因为其在西方中世纪的统治地位，在整个秩序的三大领域皆反映出鲜明的宗教化的显著特征，宗教与道德的密合十分凸显。那么，基督教以宗教介入秩序，以宗教统领道德又是如何表现与反映的？

追溯人类文明发展的历史，宗教是人类所有的文化形式中最早产生的。马克思在《黑格尔法哲学批判》导言中曾经精辟地指出："宗教是这个世界的总理论，是它的包罗万象的纲要。"[2] 当代学者何光沪先生也认为"人类文明的各个部门，人类活动的各个方面，

---

① 《梁漱溟学术论著自选集》，北京师范学院出版社 1992 年版，第 360 页。
② 《马克思恩格斯选集》第 1 卷，人民出版社 1995 年版，第 1 页。

从哲学思想到文学艺术，从政治经济到文化教育，从道德伦理到惯例习俗，从科学理论到音乐美术，无论是社会的价值取向和共同素质，还是个人的心态结构和行为模式，都同宗教有着起初是浑然一体，尔后又相互渗透的关系。"① 对于西方社会历史发展而言，宗教在人类三大秩序即人与自然的宇宙秩序、人与人的社会秩序、人与自身的心灵秩序的向度皆有过全面统摄作用的时期，而在现代，宗教在人类三大秩序的领域却呈现出逐渐退至以人与自身的心灵秩序为主的境遇，反映了秩序建构方式的历史变化，折射出宗教本身的发展轨迹。基督教因其在西方文化中的主导地位，所起作用非常重大。因此，我们以基督教与三大秩序的联系为本节研究重点，一方面，力图从中说明基督教宗教与道德的密合何以形成；另一方面，也借此折射基督教对西方社会存在与发展，对西方文化发展不可低估的巨大影响。

一、在人与自然的宇宙秩序的向度——上帝以道德之善成为创造宇宙的造物主

秩序，从人的存在而言，其本质在一定意义上是以消弭人生存的紧张感，给人提供生存的安全感与稳定感；从社会存在而言，秩序力图协调各种社会关系与利益分配，从保障社会的存在和稳定发展。就人类的三大秩序领域而言，人与自然的关系是最早的，宗教是在人与自然的关系审视中产生。从发生学的角度考察，宗教是如何产生的问题是一个长期存在并始终被思想家们所关注的问题，"有

---

① 何光沪为《宗教与世界丛书》的序言，引自【英】约翰·希克著，陈志平、王志成译：《理性与信仰——宗教多元化诸问题》，四川人民出版社2003年版，第1页。

关宗教起源的问题在思想史上具有永久的重要性是有一定魅力的。"① 从本质上思考，宗教的产生归根到底是人运用于想象力对人与自然关系的解释，"原始思维的无序性以及人与自然结成的必然关系，使神灵观念成为人类追究自然的起点。从这一起点出发，在原始思维作用的作用下而产生的神话，首先表现出的文化特征就是关注自然和演绎自然。"②正是因为宗教是在人与自然的关系中产生，它也就成为对人与自然关系的最早的解释者与建构者：

1. 宗教的产生实际上是人类对自然的解释的一种表达

宗教的产生实际上是人类对自然的解释的一种表达，这种表达是宗教建构人与自然的宇宙秩序的第一步。人类认识世界的方法是一个逐步发展的过程，是一个从感性认识到理性认识不断发展的过程。在人类的幼年时期，人的思维也处于幼稚状态，人类面对自然界首先依据的是直观的观察与经验，在此基础上再做出大胆地想象与推测，给予解释。斯宾塞认为远古时代的人类只具备发育不充分的儿童思维的特征，他认为"影子、水中倒影、梦、出神或中风都使人确信自己有一个可以随意离开或者返回身体的'幻影''或灵魂'，而恶梦、鬼魂的出现以及死亡的事实在他身上培植起一种已去世的祖先的灵魂无所不在的感觉，这就是宗教如何开始的，一个人自己的灵魂或已亡故者的灵魂具有自由运动的性质，这必然引起灵魂能进入无生命的物体或寓存于曾经和某一死去的人相联系的某些自然现象之中的信念。"③ 这就是宗教起源之鬼神说。泰勒则从万物

---

① 【澳】加里·特朗普著，孙善玲、朱代强译：《宗教起源探索》，四川人民出版社 2003 年版，第 23 页。

② 尚永亮、张强：《人与自然的对话》，安徽教育出版社 2001 年版，第 5 页。

③ 【英】斯宾塞：《社会学原理》第 1 卷，伦敦 1885 年版，第 97 页。

有灵论的角度对宗教的产生进行探讨，"认为宗教起源于万物有灵的观念，因此，其本质乃是对于精灵实体的信仰。"① 即 "泰勒认为对于神的信仰来之于初民关于灵魂可以脱离肉体而存在的愿望，这种设想后来就导致了对祖先、精灵与神的崇拜并最终发展为宗教的一神观念。"② 恩格斯在其著作《路德维希·费尔巴哈与德国古典哲学的终结》一书中指出："在远古时代，人们还完全不知道自己身体的构造，并且受梦中景象的影响，于是就产生一种观念：他们的思维和感觉并不是他们身体的活动，而是一种独特的寓于这个身体之中而在人死亡时就离开这个身体的灵魂的活动。……通过自然力的人格化，产生了最初的神。"③ 宗教的产生是以人类对灵魂与肉体的关系为契机，一是不明白人类自身，不明白自己身体的构造，二是不明白自然界，于是在思维方法上采用 "拟人" 与想象、推测的方法，认为自然界与人一样是有生命的存在，从而产生物活论与万物有灵论的思想，灵魂不死导致了自然神的崇拜现象的产生。

从本质上看，在一定意义上，人与其他动物的根本区别在于：人有符号化的想象力与理智，而其他动物没有，人的这一特征决定了人是悬挂在由他们自己编织的意义之网上的动物，因而 "人类总是想给自己周围的事物赋予意义，而且，这时的给予意义完全是根据与人类自己的关系进行的，哪怕是对象属于自然界，也将根据它与人类的关系来判断其价值，然后编入人类世界。"④ 不仅如此，"人类是从事构造化活动的动物，并且把自己所居住的世界秩序化，

---

① 单纯：《宗教哲学》，中国社会科学出版社 2003 年版，第 3 页。
② 谭桂林：《人与神的对话》，安徽教育出版社 2001 年版，第 2 页。
③ 《马克思恩格斯选集》第 4 卷，人民出版社 1995 年版，第 223 页。
④ 【日】池上嘉彦著，张晓文译：《符号学入门》，国际文化出版公司 1985 年版，第 6 页。

这就是把'自然'改造成文化的活动。"① 所以，在人与自然关系中产生的"神的形象与意志本来只不过是人类自己的企求、恐惧、理想、感觉、经验等搅到一起的产物。人是把自己的这些情感、欲望、经验投射到外部世界的巨大荧屏上，并赋予它一种放大了无数倍的超人力量，从而构筑起了自己的理解体系，产生了他们对自然、社会、人类之谜的解释——神话的解释。"②

2. 宗教的解释实际上是人类建立自然秩序的一种努力

宗教对人与自然关系的解释实际上反映人类建立自然秩序的一种努力，"从人对自然的解读来看，体系神话的出现标志着人类在朦胧的状态中，已经初步提出了建构以自然秩序为特征的宇宙观要求……独立神话在思维方面依旧是以无序性为基本特征，而体系神话在思维方面则以有序性为基本特征，进而表达着对宇宙万物的深层次的思考。"③ 原始思维是无序的，表现在独立神话中，认识的只是自然万物的某一个具体的对象或对象的某一方面，随着"人类思维能力的进步，一方面促进着人类认知能力的生成，另一方面则使人类产生出解释自然和建立宇宙秩序的欲望。"④

人类建立自然秩序的努力集中体现在改变人在自然关系中的弱势地位上。人类采用两种方法，一是通过对自然神崇拜祈求获得自然的庇护。对自然神的崇拜实际上是由于人与自然力量对比中，人自身力量的渺小而产生，"宗教起源于自然之不可控制与原始人的技

---

① 【日】池上嘉彦著，张晓文译：《符号学入门》，国际文化出版公司1985年版，第6页。

② 葛兆光：《道教与中国文化》，上海人民出版社1987年版，第24页。

③ 尚永亮、张强：《人与自然的对话》，安徽教育出版社2001年版，第6页。

④ 尚永亮、张强：《人与自然的对话》，安徽教育出版社2001年版，第6页。

术显然不足之间的巨大差距，宗教之所以必要是因为物理世界的未知力量既没有被驯服也没有被认识，这些力量是神灵，从一开始人们就像牲畜一样服从它的权力。"① 人类意在通过对自然神的崇拜以获得依赖感。费尔巴哈认为一切宗教本质上都是人类某些基本需要的产物；马克思认为神起源于原始初民在极低下的生产力水平中对自然力的一种敬畏；弗雷泽认为宗教是"对高于人类的被认为是引导……与控制自然与人生之进程的力量的邀宠或者安抚"②；鲁道夫·奥托认为"宗教的本质既是对神圣之物既敬畏又向往的感情交织"③；约翰·麦克伦南认为宗教"为获取食物和求得安全进行的一场'基本斗争'而起源于狩猎原始群之中。"④ 尽管上述思想家们的表述各具特色，但有一共同处却是显而易见的，即他们都看到了宗教的产生原因之一则是满足人类渴望获得自然的庇护的安全感、依赖感的需要，"无论如何，有文献记载的宗教几乎特有地使操纵力量的努力以及巧妙地利用力量以求总体安全（即物质的和非物质的安全成为必要）。"⑤

二是通过宗教力图控制与支配自然。人是具有主体性的存在，人类即使是在他力量十分弱小的幼年时期；即使是在对自然的敬畏与崇拜以祈求庇护的同时，也不同于完全被动适应自然的动物，在人类自身滋生着渴望控制与支配自然的力量。柏格森在《道德与宗

---

① 【澳】加里·特朗普著，孙善玲、朱代强译：《宗教起源探索》，四川人民出版社 2003 年版，第 79 页。

② 【澳】加里·特朗普著，孙善玲、朱代强译：《宗教起源探索》，四川人民出版社 2003 年版，第 90 页。

③ 【澳】加里·特朗普著，孙善玲、朱代强译：《宗教起源探索》，四川人民出版社 2003 年版，第 96 页。

④ 【澳】加里·特朗普著，孙善玲、朱代强译：《宗教起源探索》，四川人民出版社 2003 年版，第 96 页。

⑤ 【澳】加里·特朗普著，孙善玲、朱代强译：《宗教起源探索》，四川人民出版社 2003 年版，第 211 页。

教的两个来源》一书中指出"人只要有思维，只要他想到的只是自身，那么，原始宗教就是人为了对付危险而采用的一种防范手段。"① 他认为"宗教与其说是发源于恐惧，还不如是一种对恐惧的抗拒。"② 加里·特普朗也持基本相同的见解，在其著作《宗教起源探索》中认为法术是为人的目的而操纵自然，"法师和科学家都根据自己能够控制自然这条共同的原则来进行工作，只不过科学的前提是正确的，因此，要求邀宠于神灵的宗教使人类依赖神圣的力量或外在的道具。"③ 在《苏联大百科全书》中也明确界定"巫术是一种附有信仰的仪式，即相信人能通过超自然的途径对他人、动物、自然现象，以及想象中的鬼神产生影响。"④ 固然法术与巫与宗教不能完全对等，但他们作为宗教最初的形式却保留着一定的同质关系显然是不能否认的。马克思也在《政治经济学批判导言》中认为神话是原始社会时期人类企图征服自然力和支配自然力的愿望，"任何神话都是用想象和借助想象以征服自然力，支配自然力，把自然力加以形象化；因而，随着这些自然力实际上被支配，神话也就消失了。"⑤

3. 宗教的产生实质上是人的本质的对象化

宗教的产生实质上是人类认识自然的过程中，将人与自然逐渐进行主客二分，并运用想象力或幻想力把主体的人的需要或意图投

---

① 【法】亨利·柏格森著，王作虹、成穷译：《道德与宗教的两个来源》，贵州人民出版社 2000 年版，第 109 页。

② 【法】亨利·柏格森著，王作虹、成穷译：《道德与宗教的两个来源》，贵州人民出版社 2000 年版，第 134 页。

③ 【澳】加里·特朗普著，孙善玲、朱代强译：《宗教起源探索》，四川人民出版社 2003 年版，第 92 页。

④ 转引自谭桂林：《人与神的对话》，安徽教育出版社 2001 年版，第 19 页。

⑤ 《马克思恩格斯选集》第 2 卷，人民出版社 1995 年版，第 29 页。

射到客体上去。黑格尔认为"人一方面把自然和客观世界看作与自己对立的、自己所赖以生存的基础，把它作为一种威力来崇拜；另一方面人又要满足自己的要求，把主体方面所感觉到的较高的真实而普遍的东西化成外在的，使它成为观照的对象。"① 费尔巴哈在《基督教的本质》一书中揭示了宗教产生的本质，他主张人类学是神学之秘密，他认为上帝的本质不过是人的本质，是人创造了上帝而不是上帝创造了人，"宗教——至少是基督教——，就是人对自身的关系，或者，说得更确切一些，就是人对自己的本质的关系，不过他是把自己的本质当作一个另外的本质来对待的。属神的本质不是别的，正就是属人的本质。"② 马克思在对费尔巴哈思想的继承与批判的基础之上，则一针见血地精辟指出宗教就是人的本质的异化："反宗教的批判的根据就是：人创造了宗教，而不是宗教创造了人。"③ 即宗教产生的本质是主体的人根据自身的需要创造了客体，而客体一旦创造出来，又反过来支配了人，这就是人的本质的异化，这便是宗教的本质，也是宗教的秘密所在。"宗教是关于超人间、超自然力量的一种社会意识，以及因此而对之表示信仰和崇拜的行为，是综合这种意识和行为并使之规范化、体制化的社会文化体系。"④

4. 基督教是通过至善的上帝来重建宇宙秩序

在前面的章节中，我们已经指出基督教的思想体系是为了解决对处在此在世界饱受人生痛苦与心灵迷茫的意义危机而产生的。既

---

① 【德】黑格尔著，朱光潜译：《美学》，商务印书馆1979年版，第23页。
② 【德】费尔巴哈著，荣震华译：《基督教的本质》，商务印书馆1997年版，第44页。
③ 《马克思恩格斯选集》第1卷，人民出版社1995年版，第1页。
④ 吕大吉：《宗教学通论新编》，中国社会科学出版社1998年版，第79页。

然此在世界是痛苦的，于是基督教意在建立一个以上帝为中心的彼岸世界来拯救人的意义危机。那么，接下来的问题便是如何要人们信仰上帝、遵从上帝，这是基督教所面临的一个难题，上帝的权威不建立，基督教就无人可信。树立上帝的至高无上性与引导人们投注彼岸世界便成为基督教的核心任务。基督教采取一种否定的思维方式，在否定原有的观念传统伦理的基础上才能建立上帝的威严。在宇宙秩序方面，它否定人是自然的产物，通过其思想体系中的创世纪说，指出上帝创造了自然、创造了人即创造了宇宙。基督教从道德入手，指出上帝的至善、博爱、无私是宇宙产生的根源，因为爱，因为善，因为奉献，于是创造了自然与人。可以说，基督教的创世纪是对自然宇宙观的颠覆，意图推出造物主上帝的存在，而凭借的方法则是通过道德之善成就万物上帝出场，目的是既然整个宇宙都是上帝所创造，上帝也就理所当然地拥有至高无上的地位和绝对的权威，因为它全知、全能、全善，上帝创造万物便反映了他所具有的这些特质，无人能比。由此，上帝对自然与人具有绝对的掌控权、统治权，这样在人与自然的宇宙秩序方面，上帝的至高无上性藉此建立。在基督教的创世纪和上帝造物主的思想中，道德的善是至关重要的，它成就了上帝造物主的地位，也奠定了上帝的权威，也才有了基督教思想的演绎与展开。

由上可知，宗教是在人与自然关系的思考中产生，它的产生既出于对自然的无知与恐惧，也源于人类寻求安全感与依赖感的需要；它既是人类对自然的一种解释，也是对抗自然的一种方式；它既是人类建立秩序的一种努力，也是人的本质的异化。当人类随着社会的发展自身的力量不断增强；当人的理性认识能力不断提高；当自然的奥秘与规律不断被人类所掌握；当人类的主体性不断去征服自然与支配自然时，一句话当自然界的神秘性不再之时，宗教在人与自然的关系中的地位与作用便逐渐发生了质的变化，导致双重的后果：一方面，宗教从对自然的解释与自然秩序的建构的角色逐渐退场，科学技术逐渐成为人认识自然把握自然利用自然的主要手段；另一方面，在人与宗教的关系上，也是随着人类社会的不断发展"人给予上帝的越来越少，给自己的越来越多"，逐渐由宗教转向人自身。不过，这只是后人对基督教本质的正确认识与历史的真实变化。但在基督教自身的体系中，上帝与善在宇宙秩序重建中的紧密关联，成为基督教宗教与道德密合的开始，但基督教对世界的建构并没有停留在宇宙秩序的向度，而是在社会秩序的向度继续重建，借助的依然是道德，从而将宗教与道德的密合更向前推进一大步。

二、在人与人构成的社会秩序的向度——上帝以道德之爱成为律法的制定者

社会秩序从本质上而言是对人与人构成的社会关系的协调，它产生于相互作用中，功能是协调相互关系，目的是生存与发展的需要。社会秩序的建立是人类生存与发展的核心或基础，宗教在社会秩序的建构则经历着通过神圣王权的全面统摄到有限介入的变化过程。基督教在社会秩序向度的作用也是如此，上帝以道德之爱成为社会律法的制定者，也以道德作为宗教在此在世界的介入点：

1. 宗教最早通过神圣王权全面统摄社会秩序的合法性

从人类社会秩序建构的历史来看，宗教最早是通过神圣王权的观念来全面统摄社会秩序的合法性。"宗教是人类社会发展到一定时出现的一种社会意识形态和社会文化历史现象。其特点是相信在现实世界之外存在着超自然、超人间的神秘力量或实体。信仰者相信这种神秘力量超越一切并统摄万物，拥有绝对权威，主宰着自然和社会的进程，决定着人世的命运及祸福，从而使人对这一神秘境界

产生敬畏和崇拜的思想感情。"① 在人与自然的关系中产生的宗教绝对不会仅仅停留在对自然的解释方面，必然要扩展到社会领域，神圣王权便是宗教建构社会秩序的方式。神圣王权的观念从产生的机制来说，与自然神崇拜产生的心理是相同的。因为自然是人类认识的第一个对象，人类在对自然关系的思考过程中产生了人类的心理与思维机制，而思维机制一旦形成就很容易变成惯性思维，也必定不会仅仅停留在人与自然的层面，必然影响人对社会生活的思考。神圣王权就是这样一种产物，它是文化观念体系中对社会秩序稳定和合法性的神圣解释，是从自然到社会的投射。它采用的是比照的方式，既然自然界是有秩序的，那么人类社会也应该是有秩序的；既然自然界是稳定的系统，那么人类社会也应该具有稳定的秩序或系统；既然自然界是有神灵掌控的，那么人类社会的秩序也应是由神所决定的。恩格斯《在反杜林论》一书中指出："一切宗教都不过是支配着人们日常生活的外部力量在人们头脑中的幻想的反映，在这种反映中，人间的力量采取了超人间的力量的形式。在历史初期，首先是自然力量获得了这样的反映……但是除自然力量外，不久社会力量也起了作用，这种力量和自然力量本身一样，对人来说是异己的，最初也是不能解释的，它以同样的表面上的自然必然性支配着人。最初仅仅反映自然界的神秘力量的幻象，现在又获得了社会的属性，成为历史力量的代表者。"② 当人类对社会现象无法洞悉、对社会发展的规律无法掌握，社会在人的面前呈现扑朔迷离的神秘性时，人类思维同样也必然会将之神秘化，中西方文明都在起始阶段共同经历神圣王权就说明了这一点。当社会秩序建构的神秘化被去掉后，神圣王权也就自然而然地消亡，宗教也就不再担负着

---

① 单纯：《宗教哲学》，中国社会科学出版社 2003 年版，第 9 页。
② 《马克思恩格斯选集》第 3 卷，人民出版社 1995 年版，第 417—418 页。

为社会秩序的合法性给予神圣性解释的使命。

2. 宗教通过与道德的关联来参与社会秩序的维护与稳定

从社会秩序建构的发展来说，当神圣王权的解释消弥之后，中国社会走的是道德与政治相密合建构政治合法性的路径；西方社会则通过基督教宗教与道德的密合，即通过上帝绝对命令颁布的道德律令来为现实生活中的道德做神圣的论证和核准，以维护和强化社会的规范要求。两者的关系，一方面宗教是通过道德找到与现实世界的关联；另一方面，宗教又成为道德超越现实变为信仰的指向。宗教与道德在现实世界的重要的一个连接点在于用神圣性填充社会命令与自然法规之间的鸿沟。基督教之所以能够达成宗教与道德的密合，在于它承接了宗教与道德关联的历史文化传统。

宗教与道德的历史渊源关系表现为两个方面：从产生而言，道德产生于宗教的母体。人类文明发展的历史已经向我们揭示人类最早绽放的思想之花是在宗教、艺术、神话的领域，在一定意义上人类思想与文化就是从宗教开始的，是从宗教的母腹中产生的，马克思说"宗教是这个世界的总理论，是它的包罗万象的纲要。"① 道德是在宗教的母体中产生，是在宗教的禁忌等基础上逐渐形成，然后从宗教中分化与独立出来，"起初，整个道德都是习俗，由于宗教禁止任何对习俗的背离，所以道德与宗教共存。"② 从功能而言，道德与宗教皆有维护社会存在的作用。人类从动物人进化为文化人的一个重要标志，则是以群的方式结成了人的社会组织，如恩格斯所言：人类"为了在发展过程中脱离动物状态，实现自然界中的最伟大的进步，还需要一种因素：以群的联合力量和集体行动来弥补个体自

---

① 《马克思恩格斯选集》第1卷，人民出版社1995年版，第1页。
② 【法】亨利·柏格森著，王作虹、成穷译：《道德与宗教的两个来源》，贵州人民出版社2001年版，第109页。

卫能力的不足。"① 最早的人类是以天然的血缘，形成自发的群的形式与自然抗争，但随着文化的产生，文化成为人类进化的主要力量。宗教作为人类文化的最早的形式，实际上担当着维护社会存在的功能，正如柏格森在《道德与宗教的两个来源》时指出"实际上仪式、禁忌、献祭、虔敬在一定意义上是人类社会整体潜在的基因保存的需要——正是这一点，宗教与社会秩序相关。"② 法国著名社会学家涂尔干也认为："一切宗教的祭祀、礼仪、大的诫命、神学信条、宗教团体和宗教制度，都是由社会需要所决定、为维护社会的一体化而产生的。"③ 在他看来，每一个氏族都被认为通过对某一图腾的忠诚而达到其团结的。宗教最初的图腾崇拜、宗教仪式，除了表达对自然界的崇拜之外，还起着通过共同信仰凝聚社会成员，为社会整体的存在服务的目的。

原始道德是在宗教的禁忌、仪式等基础上逐渐形成的，其出发点是基于调节人与人之间形成的社会交往而产生的建立一定社会秩序的需要。从社会的组织结构来看，"无论是人的还是动物的社会，都是一种有机组织；它含有某种协同配合以及总的来说各种因素的相互隶属；它因此展示出一系列规则和法则。"④ 对于动物，每一种规则都是由自然给出的，因此是必须的；人对社会，只有一种东西是自然的，此即规则的必要性。规则是社会这一共同体对其成员所提出的行为要求，反过来也是社会成员对社会应尽的义务。"社会有许多要求，这些要求无论是大是小，都表达了社会生命的整体。……人的共同体是由自由个体的结合。共同体规定了义务，义

---

① 《马克思恩格斯选集》第4卷，人民出版社1976年版，第29页。
② 【法】亨利·柏格森著，王作虹、成穷译：《道德与宗教的两个来源》，贵州人民出版社2001年版，第116页。
③ 转引自单纯：《宗教哲学》，中国社会科学出版社2003年版，第5页。
④ 【法】亨利·柏格森著，王作虹、成穷译：《道德与宗教的两个来源》，贵州人民出版社2001年版，第19页。

务又使共同体得以维持，并为共同体引入了某种规律性，这种规律性仅仅类似于生命现象的稳固秩序。"① 以使社会生活表现为一个多少是稳固的习惯的系统，与共同体的各种需要相适应，与社会的存在与发展的需要相适应。原始道德便是维持社会共同体存在的最基本的规则，"是原始人在聚集群居、共同劳动中为维护部落或氏族生存及部落之间关系而产生的调节个人之间、个人与集体之间、集体与集体之间的行为规范。"② 原始道德产生的出发点是人的生活的现实需要，是在人与人的社会关系与社会交往中产生，调节的是以物质利益为主的各种关系，目的是通过一定的规范达成一定的社会秩序，从而保障共同体的利益，使社会生活得以保持一定规范，不至于因为人们失范的行为而使生活的正常进行受到破坏，社会与个人皆能够发展。正是在这维持社会存在与发展的功能方面，原始道德与宗教是一致的，宗教与道德在历史渊源的密切关系，为基督教宗教与道德的密合提供了历史渊源的支持。

3. 基督教是上帝以道德之爱成为律法的制定者，协调人际
   关系维持社会秩序

在西方文化中生长与发展的基督教的思想，从宗教最早通过神圣王权全面统摄社会秩序的合法性的思想中吸取了神圣性对于秩序建构的思维影响；从原始道德与原始宗教皆为社会共同体的存在与发展服务的历史联系中，找到了关注彼岸世界的宗教与此在世界的关联。故，基督教在社会秩序的建构上采用道德为中介，用上帝的神圣性赋予其道德命令的绝对权威性与遵从的无条件性，以对社会

---

① 【法】亨利·柏格森著，王作虹、成穷译：《道德与宗教的两个来源》，贵州人民出版社 2001 年版，第 3 页。

② 王晓朝："文化视域中的宗教与道德"（论文），引自《宗教与道德之关系》，清华大学出版社 2003 年版，第 63 页。

成员的行为进行规范与约束，达成人际关系与利益关系的协调，维持社会秩序的存在与稳定。

基督教在宇宙秩序中是通过上帝创世纪，以道德之善成为造物主而确立至高无上的地位。在社会秩序领域，基督教仍然是采取否定的思维方式，对原有的社会伦理的彻底颠覆，借助的仍然是道德，一是通过"原罪说"对人性加以否定。否定人性是为了建立神性，把善恶判断的标准归于上帝。二是通过道德之爱，上帝从爱人类出发，派耶稣基督赴死替人类赎罪，上帝爱人类，人类也必须爱上帝与爱人如己，这是对上帝之爱的回应，也是上帝对人所颁布的律法。这样，人与人的关系便在遵从神圣的诫命与律法中重新建立。显然，基督教通过上帝绝对命令所颁布的道德的基本律令来为现实生活中的道德做神圣的论证和核准，从而维护和强化社会的种种要求。同时，宗教通过道德在社会秩序的向度保留上帝存在的空间。

4. 基督教通过宗教的共同信仰来重新实现社会共同体成员的凝聚

宗教的社会功能是通过共同的信仰成为社会共同体的一种凝聚方式。因为人是社会性的存在物，个体必须在社会共同体中生存，最早的社会共同体主要是靠天然的生命物种的繁衍而形成的血缘关系作为凝聚方式，这种关系具有天然性，是个体不可选择的，而且形成的社会共同体的范围规模相对都比较小，大多深受地域的限制，主要是靠自发形成的风俗、习惯、礼仪、道德等调节共同体成员之间的各种关系，那时的社会形态属于涂尔干所称之的"机械团结社会"。随着社会的发展，天然的血缘关系被打破，契约关系开始建立，再加上社会分工的形成，社会逐渐成为一个有机联系社会。社会共同体的基础开始超越血缘关系而更多是出于共同利益的需要，道德固然仍是社会中调节社会关系的一个手段，但从社会层面的管理上已经更多的是依靠法律的强制。从血缘关系到契约关系的变化，虽然如历史学家梅因所评价的是社会进步的重大标志，是一次质的飞跃。但不可否认社会共同体成员之间的关系由血缘的天然亲密到契约关系的冰冷，原有的情感基础可能会在这一过程中被逐渐磨损，当物质利益关系成为社会共同体形成的主要出发点时，也易于形成人们之间的冲突；特别是基督教产生与发展面对的是被迫离开家园的犹太人，是一个在征服兼并中壮大、拥有庞大疆域的罗马大帝国。因此，社会共同体的凝聚需要就更加突出。

基督教用大家都是上帝的子民的方式再造了共同体人与人之间的亲密关系。同时，它倡导上帝与你同在，人与人应该相亲相爱，个体应该禁欲以回归精神，行为应该奉献自我牺牲而利他等诸多教义满足人的心灵需要，力图使人们在基督教会中重新找到归属，找到依赖感与安全感，也找到自我的认同。"和睦共处奠定了作为集体生活形式的整合性的基础，可是，由它建立起来的整合性又总是相对的和局部的，只有在宗教范围内才能真正彻底地实现和睦共处。跟对待信仰一样，这里也可以认为宗教在本质上表现为调控集体生活的形式和功能，在某种程度上甚至可以说就是这些形式和功能的实质化。"① 基督教用共同的对上帝的信仰，对道德之律法的敬畏与遵从，成为社会共同体的一种精神连接，成为一种凝聚社会的黏合剂，从而对社会秩序的稳定与社会的发展起着一定的作用。不过，我们也应看到宗教信仰的不同也会导致社会的冲突与分裂，其对社会秩序所具有的双刃剑的两面作用也是不可否认的。

5. 基督教的社会功能在于麻痹人们对社会制度的思考

宗教的社会功能还有一点，即马克思所指出的在于麻痹人们对

---

① 【德】西美尔著，曹卫东译：《现代人与宗教》，中国人民大学出版社2003年版，第15页。

社会制度的思考。它借助的仍然是道德的力量，因为人犯有原罪，人必须通过遵从上帝的道德律法，爱上帝与爱人如己等，才能被上帝所救赎，从而摆脱现实生活的苦痛，进入天堂，获得灵魂的永生。道德的赏罚机制不仅规范限制人们的行为，而且成为进入天堂的凭证，在引导人们投向对天堂的向往与热情中，企图使人们忽略对现有社会制度的思考与反抗，以达成巩固社会秩序的目的。

对此，马克思曾一针见血地指出，"宗教里的苦难既是现实苦难的表现，又是对这种现实的苦难的抗议。宗教是被压迫生灵的叹息，是无情世界的感情，正像它是没有精神的制度的精神一样。宗教是人民的鸦片。"[①] "宗教是还没有获得自身或已经再度丧失了自身的人的自我意识和自我感觉。"[②] 与马克思的观点基本相同，密尔顿·英格认为"社会中的人的根本问题即是存在问题，其中包括死亡、罪恶、痛苦、不幸等，宗教的功能在于将这些存在问题进行转化、趋利避害、达到追求幸福的矛盾目的。因此，宗教就成为人们获取最高幸福的手段。"[③] 宗教是人们忘却现实苦难与人生无奈的一种方式，它将人们的希望投向一个超越于现实的彼岸世界与美好天堂，从而维护现有的社会秩序与社会制度的稳定。

在社会秩序的建构方面，马克思对基督教的批判无疑是深刻的，一针见血地指出了基督教的本质。但恰恰因其本质，基督教在西方社会的发展过程中，对社会秩序的存在与稳定所起的作用也是不可否认的。基督教的方法则是通过宗教与道德的密合特质神化道德，力图以上帝的至高无上的地位，自上而下地观照此在世界，以上帝的神圣性赋予道德律法以绝对的权威与无条件的服从，赋予道德以神圣性的核准，维护和强化社会的道德规范与行为要求，以此协调

---

① 《马克思恩格斯选集》第 1 卷，人民出版社 1995 年版，第 2 页。
② 《马克思恩格斯选集》第 1 卷，人民出版社 1995 年版，第 1 页。
③ 单纯：《宗教哲学》，中国社会科学出版社 2003 年版，第 5—6 页。

人际关系与利益关系，从而维持社会秩序的存在与稳定。

客观而言，撇开基督教的其他目的，从学理的层面来看，宗教的神圣性即道德命令的绝对性之所以必要，乃是因为道德本身在撇开法律而成为调节社会共同体成员社会关系的主要方式时，道德在担当这一使命时也存在着自身难以克服的局限。其原因在于，道德的特性是自律性，要求社会成员自觉遵守社会的规范与准则。道德的这种自律性能够实现的话，则要求社会成员遵守道德规范时应该变成一种无条件的对社会应尽的义务，一种类似本能的行为，"义务之于必然性，正如习惯之于自然。"① 不过，在现实的社会中，人却难以做到真正的自律。从外在的原因来看，当人的理性认识能力的发展，人们对利益日趋关注，当物质利益成为影响社会成员选择的最重要因素时；当道德行为的奖赏与惩罚，社会舆论的评价等外在因素存在错误的导向时，或者利己主义价值观占主导之时，人对道德规范的自觉遵守也就难于做到。从内在的因素看，对道德规范的遵守在一定意义上也是与人追求自由的本性相冲突的。从构成社会的成员个体来说，一方面个人从本质上而言都是渴望自由的，也或如存在主义哲学家萨特所言，自由与存在是相同的，自由是人的本体存在；但另一方面，个体的生存又必须在社会中生存，共同体出于生存和共同利益的目的要求社会共同体的成员必须遵循一定的规则和义务社会。这一点，在自然界中许多动物的生存也是如此，"在某种有机组织中存在，这个组织的细胞在得到高度发展的等序中各遂其位，并且为了整体的最大益处，能自动服从要求牺牲部分的原则"，② 动物的行为如蜜蜂社会各种蜂种是各尽其职，这是自然界在

---

① 【法】亨利·柏格森著，王作虹、成穷译：《道德与宗教的两个来源》，贵州人民出版社 2001 年版，第 6 页。
② 【法】亨利·柏格森著，王作虹、成穷译：《道德与宗教的两个来源》，贵州人民出版社 2001 年版，第 2 页。

长期的生存中形成的,对于动物来说是一种本能的行为。人类社会一方面在社会的存在与发展同样需要有机的组织结构和稳定的秩序与动物界存在着共同外,但构成人类社会组织的最小细胞——个体的人,却是与动物有显著的区别,他一方面是按物种的尺度生存,另一方面又是按人的尺度生存,而人是自由意志的存在物,遵守道德规则一旦变成仅仅是出于理性的选择使然的话,或者遵守道德规则变成仅仅是在外在因素左右的结果时,那么在一定时候必然常常与人追求自由的本性相冲突,仅遵从自由的本性的人就有可能放弃对规则的遵守,社会与个人自由便在一定程度上构成了悖论,"对责任的服从意味着对自我的反抗。"① 而要消解这一悖论,必须使道德变成真正的自觉自为,做到自律。宗教便是一种手段,它的"基本社会功能在于它能够在一定的社会历史条件下,通过确立神的威信来维护世俗道德,从而有利于社会稳定。宗教道德首先通过确立神在信仰者心目中的至高无上的地位,再通过神把世俗道德抬高为宗教的教义、信条、诫命和律法,一旦信徒认同了自己所崇拜的神,他就会因为对神的崇拜而听从神颁布的清规戒律。"② 故,正如柏格森所指出的:"道德行为中的担保和信任仅仅从伦理学中是不能获得的,而只有通过宗教对道德的论证才能获得。"③ "基督教的功能与价值在于对道德的促进。"④ 霍克海默也认为"至少在西方,任何与道德有关的事物最终都源自神学……若抽离了对圣经的上帝的信仰,

---

① 【法】亨利·柏格森著,王作虹、成穷译:《道德与宗教的两个来源》,贵州人民出版社 2001 年版,第 12 页。
② 吴倬:"宗教道德与世俗道德的融通与分殊",引自《宗教与道德之关系》,清华大学出版社 2003 年版,第 45—46 页。
③ 【法】亨利·柏格森著,王作虹、成穷译:《道德与宗教的两个来源》,贵州人民出版社 2001 年版,第 12 页。
④ 陈臣:《宗教的教育价值》,台北文景出版社 1988 年版,第 1 页。

过往一千五百年中培养的道德责任感，几乎是不可思议的。"① 由此不难看出，宗教正是借助于神圣性强化着道德的诉求，通过对上帝的信仰而转化为对道德遵守的自律，从而达成对现实世界的有效介入，"无论宗教以某种方式得到解释，无论宗教的社会性是因其本质还是因偶然因素，有一点却是确定的，即：它总是发挥着一种社会功能——首要作用便是维护和强化社会的种种要求。"不过，在基督教自身的体系中，道德是为宗教服务的，宗教虽然通过道德找到与社会秩序的联系，但它的指向却不在此在世界，而是彼岸的意义世界。由此，心灵秩序的建构便成为基督教的落脚点。

三、在人与自身的心灵秩序向度——上帝以道德之报成为意义的救赎者

基督教的终极目标是指向人的意义世界，即建构人与自身的心灵秩序，这是缘于基督教产生的意义指向。如果基督教在宇宙秩序的建构上是为了树立上帝的至高无上的权威；在社会秩序的建构上是为了拥有对人的行为的支配权的话，那么，前面所有的一切可谓都服务落脚于心灵秩序的建构上。如果说，在宇宙秩序上，上帝是以道德之善成就宇宙的造物主；在社会秩序上，上帝是以道德之爱成为律法的颁布者的话，那么在心灵秩序方面，上帝则以道德之报成为意义的救赎者，上帝满足了人的内在需要，以基督教的方式，重构人的意义世界：

1. 心灵秩序的产生是源于安顿生命心灵之需要

人与自身的心灵秩序的建立，是人类秩序的三大向度之一。它的产生是源于人类安顿身心的精神需要与心灵的追求。从人的本体

---

① 转引自《宗教与道德之关系》，清华大学出版社 2003 年版，第 37 页。

论而言，人类生命的本质在一定意义上是必然要寻求安全感、依赖感、稳定感与意义感的，这种心理机制与人类在产生自然神的崇拜、建立稳定的社会秩序是同出一辙的，具有相同的思维心理与机制，正可谓"人本身的软弱，是促使他去'信赖'的主因。"① 人在一定意义上便是"一种信仰的动物。在生活的历程中，总要把握住一些他肯全心去信赖的对象，以为心理的寄托，精神的泊宿。"② 所以，即便在人与自然、人与人的两大秩序的向度，宗教或是全面退场或是有限的介入，但在人与自身的心灵的秩序的向度，宗教的作用不仅未减，相反却恰恰因在其他秩序向度作用的改变而更加成为最后的落脚点与重心所在。信仰是宗教在人与心灵的秩序向度发挥作用的主要方式，这是从古到今在人与自身的心灵秩序的建构上以一贯之的，不同的是以往的人们曾因力求证明上帝的存在用以巩固信仰，而现在的人们已经不管上帝是否存在，只要个体自身认同相信就可；以往的人们信仰上帝更多的是为彼岸世界的再生考虑，而现在的人们则更多的是以对现实世界中生命的本体的关怀为重。宗教撇开社会、政治等因素的考量，它之所以在科学昌明的今天，在法律发达的当代社会依然存在，便在于宗教在一定程度上契合了人安顿生命心灵，寻求意义世界的终极需要。

2. 基督教在一定意义上满足了人之生命本体超越有限到无限的形而上的追求

生活在任何时代的人类整体或者个体都是有局限性的存在。从生命而言，人生是有限的，有限的生命时间必然限制人对世界的认识及认识的范围的广度与深度，限制了他自身生命的丰富与发展；

① 陈臣：《宗教的教育价值》，台北文景出版社 1988 年版，第 1 页。
② 陈臣：《宗教的教育价值》，台北文景出版社 1988 年版，第 1 页。

从时代的角度而言，任何一个时代都是人类社会发展的一个阶段而已，时代发展水平的限制，时代生活的广度与深度的限制，也必然给生活在一定的时代的个体与整体打上时代发展水平限制的烙印。所以，个体永远是有限的存在，人类整体也是有局限的存在，但可能正是因为人自身的有限性，人类本质上才是追求无限的形而上的存在物，理由在于：

（1）从人类发展的过程而言，人之所以能进化为今天这样的存在物，是原有物种质的飞跃的结果，生物进化的实证过程内在地培植了人这个物种具有的不断超越性。

（2）从人类生活的特性而言，人的意识的产生一方面使人具有了思想，成为自然界独一无二的"能够思想的苇草"，成为有意义的存在。人在自我意识上能够清晰到自身的有限，但它又不甘于这种有限，追求有限到无限、已知到未知、自身到他人便成为人类三大超越的渴望与追求，成为人自身特有的一种思维趋向。

（3）人创造了语言与文字，即创造了一个不同于实物的思想精神的世界，创造了一个符号的世界。符号世界的产生一方面使人类的进化拥有了文化进化的力量，为人类的经验与知识的代代相传提供了最有效的载体与工具；另一方面，它使人类的思维超越了与实物对应的思维，意识具有了创造性、思想性与主观性的特质，逐渐使人在思想与意义的领域追求无限成为可能。

（4）人类社会发展的实在过程，生产力水平的发展；生产关系的不断发展；社会物质生活的不断提高；社会关系的不断扩展；社会精神内容的不断丰富；科学技术的不断进步；科学知识的不断发展与人自身的不断发展等，皆从各个层面证明着人与社会能够不断打破原生样态，不断趋向无限的可能。人从可以看到的变化中强化着自身超越有限到无限的追求。宗教之所以能够满足信仰主体超越有限到无限的追求，则是因为它本身具备了超验性、绝对性与神秘

性的特质：

其一，超验性。人的主体所创造出来的值得信仰的对象应该具有超验性，才能成为终极或永恒。虽然人类不乏有对英雄人物的偶像崇拜，但英雄人物毕竟也是人，他也有局限，他的死亡也会在一定意义上显示出他与常人的相同，从而在一定程度上消解他存在的非凡性。所以，"真正信仰中的客体应该是无条件限制的绝对实在，投射在这些客体上的任何人世经验都会损害其价值的'终极性'。"①因为"从信仰产生的逻辑条件看，如果被信仰的客体人格带有人世经验，它势必会成为信仰活动的局限，使没有同类人世经验的主体不能够接受带有异质人世经验的被信仰客体，具有新的人世经验的主体也会反对旧的人世经验相关联的被信仰客体，这样信仰便会失去广泛而持久的认同价值。"②对此，西美尔在其著作《现代人与宗教》中深刻指出的："要求弥补零散的此在，要求调和人自身中以及人与人之间的矛盾，要求替我们周围一切飘忽不定之物找到可靠的基点，到严酷的生命之中和之后寻求正义，到生命纷杂的多元性之外寻求整合性，对恭顺以及幸福冲动的绝对对象的需求，等等，所有这一切都孕育了超验观念。"③

其二，绝对性。人的主体所创造出来的值得信仰的对象应该具有绝对性，基督教的上帝便是具有这一特征的符号象征。在基督教徒的心目中，上帝是全知、全能、全善的，是真、善、美的化身，是惟一的，具有不可动摇的至上性与权威性。基督教的上帝是全知的，他超越了人对世界认识的有限性，世界是上帝所创造的，创世主把握着世界所有的一切，它是无所不晓、无所不知、无所不能的；

---

① 单纯：《宗教哲学》，中国社会科学出版社 2003 年版，第 379 页。
② 单纯：《宗教哲学》，中国社会科学出版社 2003 年版，第 379 页。
③ 【德】西美尔著，曹卫东译：《现代人与宗教》，中国人民大学出版社 2003 年版，第 37 页。

基督教的上帝是至善的，他主张慷慨的自我牺牲精神，无条件的利他主义，为了让人类获得救赎，甚至让自己的儿子耶稣基督被钉死在十字架上；基督教的上帝是至美的，他的美在于至善，他的美在于唯灵，"人生意味最忌浅薄；反之，宗教上的贞洁禁欲主义和慷慨自我牺牲精神，正代表着人类生命力之高强，颇能吸引志趣不凡之人。"① 唯灵的精神追求在一定意义上超越了物质生活的浅薄，代表了人类对独有的精神世界的不断拓展的追寻，宗教通过其教义与主张，通过"庄严伟大的建筑、优美的雕刻与绘画，奥秘的音乐、雄深或婉挚的文学，无论其属于何教，而异教的或反对一切宗教的人，决不能抹杀其美的价值，是宗教上不朽的一点。"② 让空灵的精神得到飞扬，精神的追求得到满足与慰藉。

其三，神秘性。人的主体所创造出来的值得信仰的对象应该具有神秘性。从宗教的产生而言，神秘性是构成崇拜产生的不可缺少的构成要素，神秘性是不可知与不可把握性，它是产生敬畏与服从的心理基础。"宗教是人类社会发展到一定水平出现的一种社会意识形态和社会文化历史现象。其特点是相信在现实世界之外存在着超自然、超人间的神秘力量或实体。信仰者相信这种神秘力量超越一切并统摄万物，拥有绝对权威，主宰着自然和社会的进程，决定着人世的命运及祸福，从而使人对这一神秘境界产生敬畏和崇拜的思想感情，并由此引申出与之相关的信仰认知和礼仪活动。"③ 当人类对自然的认识能力有限时便自然而然产生对自然的敬畏，自然神崇拜由此产生；当人类对人类社会的秩序不解时便产生神圣王权的观念，政治合法性由此达成；当社会走向制度化法律化时，宗教因其

---

① 单纯：《宗教哲学》，中国社会科学出版社 2003 年版，第 474 页。
② 《蔡元培选集》（上卷），浙江教育出版社 1993 年版，第 304 页。
③ 任继愈主编：《宗教大辞典》，上海辞书出版社 1998 年版，"绪论部分"。

神秘性而退守到彼岸世界。一方面，人类认识世界的去神秘化的过程不断使宗教在现实领域的地盘越来越小，这一点发展趋势不可否认。但另一方面，我们也不得不承认由于彼岸世界的超验性的特质，人类永远无法达到彻底洞悉与把握的程度。因而，宗教的存在在一定意义上则是不可根除或消失的，而仅此一点也可窥见神秘性与宗教是如何不可分割、休戚与共的。

3. 基督教通过道德之报在一定程度上契合了人之生命本体
   的本质与内在需求

宗教之所以能够在人与自身的心灵的秩序的建构向度始终占据重要的一席之地，是因为它通过道德在一定程度上契合了人之生命本体的本质与内在需求，满足人类对安全感、依赖感、稳定感与意义感的追求，因为：

其一，基督教以道德之回报抚慰人死亡的苦痛。在生命之维，人是一个有限的存在物，人生在世，终有一死，死亡是个体生命无可逃脱的结局，在一定意义上死亡是对个体存在价值或意义的完结，它形成人生处境中不可消除的最大的畏。人们一是畏死，对生命的有限难以释怀；二是对死后的世界的无知产生害怕，彼岸的世界是不同于此岸的，超验的世界不同于经验的世界，人对死后世界的无知所带来的无可把握感，形成了人的不安全感与担忧，且这个死后的世界又恰恰是他无法不去的。所以，古往今来死亡一直是人类畏惧且希望超越的问题。基督教以对道德之善的回报，以对来世天堂的允诺，以上帝的救赎而获得永生的期盼，在一定程度上抚慰了人们对人生对死亡和死后世界的无知产生的恐惧。"我认为，像基督教这样的宗教，或者其他任何宗教，都是因为怕死才形成的宗教，或者说他们的形成对于死亡的恐惧而又期待死后还有其他的盼头。"①

其二，基督教以道德之回报给予人永恒的意义。在精神之维，人是一个有意义的存在物，人的一生会在自己编织的追寻希望与意义之网中生存。但现实的生活却难避失望，而死亡又终结了一切希望。正如梁漱溟先生所言"人常是有所希望要求，就借希望之满足而慰安，对着前面希望之接近而鼓舞，因希望之不断而忍耐勉励。失望与绝望于他是太难堪。然而怎能没有失望与绝望呢？恐怕人们所希求者不得满足是常，而得满足的不多吧！这样一览而尽，狭小迫促的世界谁能受得？于是人们自然就要超越知识界限，打破理智冷酷，辟出一超绝神秘的世界来，使他的希望要求范围更拓广，内容更丰富，意味更深长，尤其是结果更渺茫不定。一般宗教就从这里产生，……虽然这不过是世俗人所得于宗教的受用，了无深义；然宗教即从而稳定其人生，使得各人能以生活下去，不致溃裂横决。"② 基督教通过对道德之善的回报，进入天堂获得永生，用一个永恒的世界予人以希望，以展开与实现的无限的时间的可能，从而给人以生命追求的引领与勇气。

其三，基督教以道德之回报给予人公平的感受。在社会之维，人是一个社会的存在物，人在社会中生存，从社会的角度出发，社会必然产生一定的规则，要求个体必须遵守，道德是社会生活中自发产生的调节人与人关系的行为准则，是社会对于个体所提出的每个人应尽的责任与义务。个体在尽义务与责任的同时，他对于社会也必然产生权利的要求，因为权利与义务是不可分割的统一体，有应尽的义务就有应享的权利，他要求社会的平等与正义，但社会却在众多方面暴露出不平等的现实与弊端；他要求社会提供生活需要

————————

① 单纯：《宗教哲学》，中国社会科学出版社 2003 年版，第 458 页。
② 《梁漱溟学术论著自选集》，北京师范学院出版社 1992 年版，第443 页。

的基本条件，但社会却让众多的个体在苦难与不幸中折磨与挣扎。于是，他在对现实社会与生活的不满中把平等的寄托、正义的寻求，以及对现实苦难的抚慰转投向彼岸世界，转投向宗教。基督教的上帝用每个人皆是上帝的子民安抚了处于不平等社会的个体的苦痛；基督教的上帝用"上帝如父，人人如兄弟之相亲"消弭了现实社会人与人的各种利益之争，"生物生命原不限于其个体，人类生命尤见廓然恢通，其情乃无所不到。于是而有'上帝如父，人人如兄弟之相亲'，平等、博爱之教，其教恒能传播普于世界各方者在此。"①基督教的上帝用现世善、恶的积累分别与来世的天堂、地狱的报应连接，张扬了善良正义，行德为善，奖惩分明。

可见，在心灵秩序的建构方面，基督教思想体系一方面继续体现着宗教与道德密合的特质，道德作为回报机制，成就了上帝对于人的意义世界的建构。另一方面，也反映出基督教对于人的心灵安顿的意义。客观而言，在人的心灵的安顿方面，虽然宗教不是惟一的方式，但它对于人内心秩序的意义却是无可否认的。蒂利希认为"宗教是一种执著的终极关怀状态，它是人的其他关怀的前提并蕴涵着人的生命意义的答案。"②并指出"在所有地方，也就是说，在人类精神生活所有机能的深层，宗教都可以找到自己的家园，宗教是人类精神生活所有机能的基础，它居于人类精神整体中的深层。"③西方神学家孔汉思也认为："宗教的灵性力量可以提供一种基本的信

---

① 【美】保罗·蒂利希著，陈新权、王平译：《文化神学》工人出版社1988年版，第7页。

② 【美】保罗·蒂利希：《信仰动力学》，格林海文出版社1995年版，第52页。

③ 【美】保罗·蒂利希著，陈新权，王平译：《文化神学》，工人出版社1988年版，第7页。

赖感，一种意义的根基，终极的标准和精神的家园。"① 这样的评价也许是从西方文化的视角出发，但不管怎样，对现代化进程中的中国当代道德信仰的重建却不失却借鉴与反思的意义。

综上所述，在本章的论述中，我们以秩序为视角，对儒家与基督教两种利他主义伦理思想的理论焦点问题进行了展开与分析。可以说，儒家道德与政治的联姻和基督教宗教与道德的密合反映出中西两大思想的显著不同：从本质精神而言，儒家是人之本，基督教是神之本；从关注重心而言，儒家重视此在世界，基督教指向彼岸世界；从道德关系而言，儒家发展的是道德的现实性，基督教强调的是道德的神圣性，从伦理形态而言，儒家是伦理宗教，基督教是宗教伦理；从人生态度而言，儒家是入世，基督教却是出世；从思维方式而言，儒家是肯定思维，基督教却是否定态度……儒家思想与基督教思想可谓是对同一事物的不同两个方面的典型代表，两者既是中西文明路径与文化传统不同的产物，又以自身的思想体系发展了中西文化并影响了中西社会的不同的历史进程。从伦理道德的角度，儒家与基督教两种利他主义对于中国当代道德建构的借鉴与启发却是毋庸置疑的。

---

① 孔汉思、库舌尔编：《全球伦理：世界宗教议会宣言》，四川人民出版社 1977 年版，第 13 页。

第六章
儒家的"世俗性"与基督教的"神圣性"
——两种利他主义之反思与借鉴

当代中国在现代化的建设中，在全球化的浪潮中，在信息化的时代中，在世界文化冲突与融合的发展中，面临着许多新的发展机遇，但也存在诸多亟待解决的问题。就伦理道德而言，在市场经济的时代，中国社会一定范围的利己主义价值观的流行，造成当代中国社会在一定程度上"利他"精神的缺失，道德的现状不容乐观。如何从文化的向度在以人为本的理念之下，对长期各自在中西社会担当着道德世界的引领与人格塑造的儒家与基督教伦理道德，尤其是利他主义思想进行深刻的反思与借鉴，既是当前现实社会道德建设的需要，也是对传统价值进行现代转换有效途径。那么，儒家与基督教两种利他主义为我们提供的反思之处表现在哪些方面？二者值得我们借鉴的地方又在哪里？在当代社会又如何重建"利他"精神，这些便是本章研究的中心，也是本书对儒家与基督教两种利他主义进行比较的落脚点与现实意义所在。

第一节　建构人与人的和谐，
对儒家与基督教人际原则的借鉴与转换

"和谐"社会的一个重要向度就是人与人之间关系的和谐，因为社会就是由人构成。但在当今的中国社会，一些人片面认为市场经济的特点就是唯利性，认为"助人为乐"、"关爱他人"的价值观已经过时，人人都是为自己。于是，他们把利己主义价值观从经济领域，延伸到公共生活领域与人际交往过程中，出现了一些极端的唯利自私的不道德现象，形成人际关系的冷漠与无情，既影响着社会秩序的稳定，又败坏着社会风气，影响着人际关系的和谐与发展。对此，我们在坚持社会主义核心价值观的基础上，对儒家与基督教利他主义人际原则进行反思、借鉴与现代价值转换，以充分利用古今中外的伦理道德资源，使之为实现现代中国人与人和谐的目标服务。

一、在人际原则上、两种利他主义的各自特点与局限

利他主义是一种在人与己、自我利益与社会利益关系时，将他人或社会利益放在自身利益之前的一种伦理原则。在人际原则方面，儒家与基督教皆主张利他主义，儒家表现为"仁爱"原则，基督教要求"爱人如己"；儒家的"仁"与基督教的"爱"皆具有无私利他性质，这是二者的共同点，但儒家与基督教两种利他主义在人际原则方面仍然具有各自的特点，也各自存在弊端：

1. 儒家的差等利他主义及矛盾性

在人与人的关系上，儒家的"仁爱"原则具有自身的显著特点。"仁爱"原则的提出虽是人发展自身内在的善之端的诉求所致，但也具有维护现有的人伦关系和保持社会秩序稳定的功能。这一现实性的特点，使得儒家的人际原则从利他的普遍诉求出发，但落实到现实人与人的关系处理中却呈现出差等利他的特点，即就利他的对象来说，它呈现出因血缘或关系的亲密疏离的不同、等级辈分的不同而不同的特点。正如王海明先生在其著作《伦理学原理》中所提出的："儒家、墨家、康德、基督教伦理观的分歧，不过是利他主义内部之分歧：儒家与康德是差等利他主义，是爱有差等的利他主义或无私有差等的利他主义……这种利他主义的基本特征，是主张对他人应该因其与自己有远近之别而相应不同等地无私利他；反之，墨家和基督教则是同等利他主义，亦即爱无差等的利他主义……这种利他主义的基本特征，是主张对任何人都应该完全同等地无私利他。"

儒家差等利他主义形成的主要原因是中华文明在其发展的过程中，中国社会的血缘关系在文明发展的路径中不仅没有被打破，相反却通过家国同构的方式得到加强。人与人之间在天然的血缘关系亲疏基础上形成的天然人伦，与在家国同构的宗法制度相结合，形成了等级有别的宗法人伦，再加上自然经济与熟人社会的因素，决定了儒家差等利他主义的特点。"中国社会又长期处于小农经济或自然经济为主的经济形态中，生产力水平不高，社会发展缓慢，社会流动匮乏，人际交往熟人化，整个封建社会在专制统治和宗法伦理制度维护下，具有超常的同质性和稳定性，这使得大多数中国人在这样的社会中无法或难于发育成长为独立自主的个体，无法具有自主的独立地位，很难具有自足的自我确立的存在方式，相反，他只有在各种社会关系中才能确立自身。"① 个人的伦理道德行为难以摆脱熟人社会人际组织形态及其处事待人传统的制约，差等利他主义的产生是中国社会差等有序的社会格局的客观反映，实质上也是中国社会特质在道德领域尤其在儒家思想中的集中反映。

儒家差等利他主义一经形成，又以文化教化的力量传递、发扬与光大这一特征。儒家文化在漫长的中国封建社会中，长期占据其主导意识形态的地位，导致了中国传统的人生观教育的"关系本位"的显著特征。在中国传统的人生观教育中，其价值基础便是从关系本位的角度，对"什么是善"和"何以能善"、"何以为善"做了具有中国特色的价值判断和价值理想的阐释。这一关系本位的特征首先表现在对"善"的主体的定位的思维方法上。中国传统的人生观教育在对人是什么的回答上，是将人放在人我关系中进行定位，既传统人生观教育视野中的个人，并非西方文化通过思维还原方法所指的孤立绝缘的个体，而是在复杂的人际关系中所显现的中心点，是人际社会相互依存关系中的网结，"人与我对称，使人、我两称谓的意蕴显得十分明确。与'我'对称的人的'人'，是指我以外的、与我发生关系并具有与我具有同样意识的别人或他人。人与我总是相比较而存在，舍我无人，舍人无我。……在人我关系之中，我为一人为多，从而使我处于人我交往的轴心位置。"② 也就是先有人、我关系项的存在，然后才有关系，把我放在关系中界定。其次，表现在对"什么是善"的价值判断上。在中国传统的人生观教育体系中，由于占据主导地位的儒家人生观理论认为人与人之间需要协调的基本关系便是"五伦"，即父子关系、君臣关系、夫妇关系、长幼

---

① 李萍、林滨："生命教育的兴起与中国传统人生观教育的回应"，《香港的生命教育》，文林出版有限公司 2002 年版，第 98 页。

② 焦国成：《中国古代人我关系论》，中国人民大学出版社 1991 年版，第 11 页。

关系和朋友关系，故"善"便是对这些基本关系的价值判断，即能够做到"父子有亲，君臣有义，夫妇有别，长幼有序，朋友有信"便是符合道德，便是善，由此儒家道德学说从关系本位入手，围绕着五伦建立了一系列中国传统的道德规范和行为准则，如"孝"、"悌"、"礼"、"义"等。再次，表现在对"何以能善"也是从我与人的关系中加以阐释，因为我与人的天性是相同的，所以可以从我推己及人，将心比心，才能有共识的道德规范的认同、遵守，才能协调人与人的关系。最后，表现在"何以为善"方面也是从关系的角度着眼，例如孔子在其改编的《诗》、《书》、《礼》、《乐》、《易》、《春秋》等六书中，虽然涉及的范围广泛，但其主要内容都是围绕如何教化人以"明人伦"而展开。孟子也明确提出教育的目的便是"明人伦"，只有教人处理好人与人之间的各种伦常关系及掌握由此衍生的社会生活的规范与原则，才能使人"守礼"成为"善人"，并把"明人伦"作为"兴国"以致"王天下"的大法。因此，在传统人生观教育中，"明人伦"便是个体成为善人的关键，也是保证协调人与人的关系，达成社会秩序和政权的稳定的关键。[1] 儒家在人际原则上的差等利他主义的特点反映出中国文化的"关系本位"的特征，"无疑是在一定程度洞彻了人的本质的社会关系性的特点，看到个体人生的本质是社会性的存在，任何个体都必须以一定的社会及其关系作为存在的前提。无疑在理论层面有值得肯定的方面，而且在现实层面，长期以来对民族凝聚力的形成、对国家社会民族的认同与利益的维护、对人际关系的调整与和谐、对社会的稳定与发展，起过一定的积极作用。"[2]

---

[1] 李萍、林滨："生命教育的兴起与中国传统人生观教育的回应"，《香港的生命教育》，文林出版有限公司2002年版，第95—96页。

[2] 李萍、林滨："生命教育的兴起与中国传统人生观教育的回应"，《香港的生命教育》，文林出版有限公司2002年版，第99页。

但儒家理论上无私利他的"仁爱"原则，在现实社会中却呈现出如此典型的差等利他主义的特征，在一定意义上昭示着其人际原则理论与现实实践难于一致的局限，暴露出明显的"私德"的弊端，这与现代社会"人人平等"的理念与主张公德的诉求是不太契合的。

2. 基督教的同等利他主义及矛盾性

基督教人际关系"爱人"原则的提出，与儒家伦理道德建立在现实人伦关系基础上不同，它是来自上帝的神圣诫命与道德律法的绝对要求。基督教的伦理道德不是建立在现存的人际关系上，而是建立在人与神的关系之上，虽难免神秘性，但也不失为对现实人际关系的超越，在一定程度上为利他对象上同等利他创造了条件。基督教的同等利他主义有客观与思想的多重原因：西方的血缘关系在古希腊时期，在由打破贫瘠的自然条件限制中孕育产生的自由文化的推动下，随着航海、经商、海外殖民等逐渐被打破，社会的组织形式发生了从血缘关系到契约关系的质的变化，为同等利他主义提供了客观可能性；以信仰建构社会关系为同等利他主义提供了理论可能性。中国儒家的差等利他主义是以"自己"为中心点，以血缘关系中的血亲度、情感度的不同形成利他主义的差序有等的特点，而西方社会在打破了血缘关系之后，则产生了新的社会关系的建构方式。

信仰是基督教重建社会共同体的连接方式，"凡信耶稣是基督的、都是从神而生，凡爱生他之神的，也必爱从神生的。我们若爱神，又遵守他的诫命、从此就知道我们爱神的儿女。我们遵守神的诫命，这就是爱他了，并且他的诫命不是难守的。因为凡从神生的，就胜过世界；使我们胜了世界的，就是我们的信心。"（《约翰一书》1—5）信仰上帝是不分差异的，信仰上帝的人皆是平等的，没有差别，同等对待便成为顺乎其然的事情。基督教的同等利他正是因为

建立在信仰的基础上才有可能，上帝以其神圣性的命令为同等利他提供了道德的绝对命令，因为唯其无条件地服从上帝，人才有望通过上帝获得救赎，信仰是导致行为的强大的力量。不过将基督教"爱人如己"的原则运用到现实中，也同样发现其理论与现实有可能的的不一致性。基督教的"爱人如己"体现的无私、普遍的大爱精神，虽不可否认，但现实生活中的人并非全是基督徒，基督教徒能否超越教会的范围，而对异教徒同样遵行"爱人如己"？面对历史上的基督教会曾对异教徒实行血腥镇压的事实，如中世纪十字军东征过程中成千上万地屠杀异教徒；如通过宗教裁判所"把不可计数的异端或所谓'异端'送上火刑场或绞刑架；除此之外，还有无数的人受迫害、受压制。"① 基督教"爱人如己"的原则该怎样给出合理解释？现代社会宗教冲突出现的"人肉炸弹"、"宗教争斗"，为自身的目的而牺牲无辜者的生命，基督教"爱人如己"的律令又怎样现实演绎？这些难题的产生，固然不是"爱人如己"的基督教同等利他主义本身的过错，但却在一定程度上呈现基督教人际伦理原则理论与现实难以一致的局限。

由上可见，儒家的差等利他与基督教的同等利他一方面都存在着原则与现实的矛盾，儒家是缘于它的现实性而无法超越血缘关系等，而基督教则是出于它的超越性而无法在现实中真正做到。另一方面，在人际原则上，儒家提出的"仁者爱人"与基督教的"爱人如己"的原则，固然二者在一定程度上皆有利于人际关系的协调与发展，但儒家的"仁爱"原则归根到底还是为封建统治阶级政权的稳固服务，而基督教的"爱人"原则也根本上是为了获得灵魂的救赎与彼岸世界的永生服务。因而儒家与基督教人际原则的基础皆存在不太适合现代社会的局限，必须在肯定二者人际原则合理性的基

---

① 陈刚：《西方精神史》（上），江苏人民出版社 2000 年版，第 419 页。

础上，对儒家差等利他主义与基督教同等利他主义进行反思、借鉴
与现代价值的转换。

二、人与人和谐的现代建构，对两种利他主义合理性的现代价值转换

儒家与基督教建立人际原则的基础是不同的，儒家"仁爱"原
则的提出是出自人本身固有的仁之善端，是成人成性的需要；基督
教"爱人"原则的提出则是来自彼岸上帝的神圣诫命之要求。显然，
基督教将道德根基归于上帝是不符合道德产生的本质的，应该反思；
儒家的思想在一定程度上则显示出人之本的思想，但儒家的人是不
具有主体性的，是被家族、宗族乃至封建专制的整体主义压制与异
化的，因而也非真正的以人为本。因此，对儒家与基督教思想必须
给予其合理性的现代价值的转换，在现实与人之本的根基上，建构
人与人的和谐关系。

1. 人际和谐基础的现代建构

现代社会建构人际和谐的基础之一是出于建立人的生存与发展
需要。马克思曾经指出："人们为了能够'创造历史'，必须能够生
活。但是为了生活，首先就需要吃喝住穿以及其他一些东西。因此
第一个历史活动就是生产满足这些需要的资料，即生产物质生活本
身。"① 对于人的生存来说，满足生存的第一需要便是物质资料的生
产活动，在生产活动中必然形成生产关系，正是在满足人的生存需
要的物质生产实践的基础上产生各种各样的社会关系，"社会不是由
个人构成的，而是表示这些个人彼此发生的那些联系和关系的总

---

① 《马克思恩格斯选集》第 1 卷，人民出版社 1995 年版，第 80 页。

和。"① 这些社会关系"包括经济关系、政治关系、思想关系、血缘关系、伦理关系等，这是一个有机联系的社会体系，其中各种因素是按照特定的方式组合起来的，彼此形成一种固定的关系，表现出一定的秩序，从而使社会成为一个具有内在统一性的整体。"② 其中伦理关系也是重要的社会关系之一，它的作用也就是在社会有机体的系统里，通过对人与人之间关系的协调，从而构成社会有序与发展的一个向度的协调力量。伦理关系的协调其最终的目的是为了人的生存与社会的存在服务，人际原则的建立的基础归根到底也是为了满足人的生存与社会存在的需要，而一个和谐的人际关系无疑是有利于社会有机体的有序与稳定发展的，也是有利于个体的生存的。由此，人际和谐的基础首先是出自人的生存与发的需要。但生存并不是人类惟一的目的，人的生存是为了更好地发展，人的发展如马克思所言，是"个人的全部才能的自由发展"，"是不受阻碍的发展"，"而人的才能的施展和发展离不开他人，离不开社会关系。"③一个和谐的人际关系无疑是有助于人的健康发展的。

　　现代社会建构人际和谐的基础之二是出于人的认识需要。马克思指出"人的本质不是单个人所固有的抽象物，在其现实性上，它是一切社会关系的总和。"④ 对于人类整体来说，人的发展过程就是不断认识人之本质的过程，对人类来说，认识到人与动物的本质区别是将人类从自然界万物中区分出来，是人的社会性的特征。对个体来说，则是从人与人的区别之中，认识到自我的本质，也就是自我意识与自我认同的形成，因为自我的形成与认同在一定程度上是

---

　　① 《马克思恩格斯全集》第46卷（上），人民出版社1982年版，第220页。

　　② 陈先达主编：《马克思主义哲学原理》，中国人民大学出版社2000年版，第170页。

　　③ 陈先达主编：《马克思主义哲学原理》，中国人民大学出版社2000年版，第247页。

　　④ 《马克思恩格斯选集》第1卷，人民出版社1995年版，第60页。

个体成为其自己的最重要的标志，是区别与他人的质的规定性的内核，对于个体的成长是非常重要的，是个体成为其自己的显著标志。要达成自我的认识则必须借助于他人。这是因为没有他人，也就不可能形成自我。"人同自身的关系只有通过他同他人的关系，才成为对他说来是对象性的、现实的关系。"① 自我的形成恰恰是在与他人存在与比较的关联中凸显的，他人既是我的同类，从他人的身上既可以发现我作为与他人相同的人这一生命存在共同的特点，使人成其为人；同时也正是通过在与他人的比较区别中找到属于自身特有的属性，人们彼此都是一面镜子，映照着对方，从而成其为自身。故，自我是在与他人构成的社会关系中形成或确立的，一个和谐的人际关系无疑有助于人的自我意识的健康发展与自我认同的形成。相反，一个不和谐的，甚至是被扭曲的人际关系在一定意义上则是萨特所言的"他人就是地狱"，它对人的自由健康发展与自我形成无疑是有害的。

现代社会建构人际和谐的基础之三是出于人的情感需要。人的需要有维护生存与发展的物质需要，也有满足人的情感与心灵的精神需要。古希腊著名的哲学家伊壁鸠鲁曾经说过：快乐就是肉体的无痛苦与灵魂的无纷扰。利他主义则从肉体与心灵两个方面皆有助于快乐的获得。从肉体的角度而言，身体即是生命的物质载体，也是生命存在的前提，"近来在美国进展很快的新研究揭示，利他主义有益于人们的身心健康。最早提出'利他主义有益健康'这一结论的是美国密执安大学的流行病学家们。他们经过长期观察社会关系对死亡率的影响，发现与社会接触多、性格活泼开朗的人，身强体健，寿命较长。利他主义对病人、男人效果更显著。相反，孤独、寂寞、缺少社会交往、避开集体活动、不愿帮助他人的人、其死亡

---

① 《马克思恩格斯全集》第42卷，人民出版社1979年版，第99页。

率要高出前者两倍。利他主义何以能够增进人的身心健康,有关专家认为,以积极的态度投身于社会活动,自愿帮助别人做好事,会唤起人们对你的感激、喜欢和热情,由此而产生舒适和温暖的感觉,有助于使你免除精神紧张。这种温暖的感觉与脑部的内啡肽并存,是一种天然镇静剂。此外,科学家进一步发现,利他主义对于增强人体免疫能力、防止造成冠状动脉梗塞和心脏病及其他疾病都大有裨益。从心灵的角度来看,在20世纪,科学期刊上研究悲伤情绪的文章要比研究快乐的文章多得多,随着科学家不再回避研究快乐,以往未弄清楚的人们快乐的动因正在成为研究和关注的焦点。心理学家们找到了人们快乐的原因。宾夕法尼亚大学的心理学家马丁塞利格曼一直致力于探索人们快乐情绪的奥秘,他在自己的新书《真正的快乐》指出:物质主义是快乐的毒药。利他主义与快乐是紧密相联,帮助他人同时又能够给自身带来心理满足感。"[1] 人是在人际关系中生存与发展,良好的人际关系有助于缓解人的紧张感、安全感,归属感,温暖感,利他主义之所以有助于快乐,还在于帮助别人,在一定意义上则表现了自己被他人的需要,在一定程度上也体现了个体的价值。所以,我们的基本看法是,虽然我们知道要求每一个人都做到"先利他人"是一种道德的理想境界,不可能人人做到,但一个社会如果完全丧失了"利他"精神,这样的社会有可能会在缺少道德理想的引领中变成一个冷漠无情的社会。因此,宣扬"我为人人,人人为我"应是道德的底线,但人与人友好和谐相处的原则却是我们更高的诉求。

2. 从私德到公德的现代价值转换

杜维明先生在《现代精神与儒家传统》一书中曾深刻指出:

---

① "快乐的两大要素",百度搜索。

"在中国的传统社会中，人际关系的纽带以家庭的原初联系为典范。这种原初的联系，如果不经过创造的转化，它不可能成为现代价值的助缘，还有异化为扼杀个性的外在机制的危险"①。就利他对象的差异看，儒家的差等利他与基督教的同等利他，如果反映在道德对象的方面，则代表着熟人道德与陌生人的道德之分。儒家的差等利他反映的是一种"私德"，是与中国差序等级的传统社会相适应，而与现代社会不相匹配的，应该摒弃；基督教的同等利他在一定程度上反映了人人平等的"公德"的特点，但它却不是建立在现实的社会基础之上，而是出自上帝的命令与信仰的基础上，应该转换。因此，在中国现代化的进程中，在市场经济的基础上，现代伦理道德教育必须对此合理性进行现代价值的转换

现代社会的特质要求从私德到公德的现代价值转换。所谓"私德"，正如学者李萍在《现代道德教育论》中所言："是指人们在不直接涉及对社会整体的义务和责任的私人生活和私人交往中应遵循的道德准则，这种私人生活和交往常常是在血缘、亲情、熟人关系中发生的。在我国，与农业自然经济的生产关系与方式相联系，传统道德确实是以'私德'为主导的。"② 儒家差等利他主义便是中国传统道德"私德"之显著特征的另一种形式的反映，利他的对象、利他的程度是随着人际交往中血缘关系紧密度等不同而不同的。"私德所揭示的道德关系是一种具体的、相对的、缺乏普遍性意义的规范准则，这种道德体系是与农业文明的生产方式及其结构相联系的、相适应的。"③ 现代社会人们的交往是超出熟人交往的范围，尤其是在当今时代全球经济化的时代背景中，经济交往更是呈现出全球性的范围特点，人与人之间的交往从地方性场景中提离了出来，并在

---

① 杜维明：《现代精神与儒家传统》》，三联书店 1997 年版，第 142 页。
② 李萍：《现代道德教育论》，广东人民出版社 1999 年版，第 260 页。
③ 李萍：《现代道德教育论》，广东人民出版社 1999 年版，第 261 页。

一种无限可能的广泛空间中再联结或嵌入。这样，全新的生活空间得以开辟，人们的交往关系开始超越传统的熟人的社会交往方式，超越交往活动具体场所限制及渐次扩散的局限性，进入普遍交往的境地，自我和社会在人类历史中首次在全球性背景下交互联结了。因此，那种局限在熟人社会与农业文明相匹配的熟人道德或私德就明显地反映出与现代社会特质不相符合的弊端，现代社会对超越私德的要求就是呼之欲出、顺理成章的发展诉求了。"公德"是一种"指个人与社会整体、与陌生社会大众相互关系、交往中应遵循的道德准则"① 是对这一时代呼唤的回应。因此，对于处在巨大社会转型时期的我国现代道德教育来说，实现'私德'主导到'公德'优先的转变，"要在工业文明的基础上，扩展私德的视域，将私德的张扬依附在公德的基础上，通俗地说，则要把只对亲人熟人的道德性扩展到整个社会和所有的人，只有建立起这样的道德观念，才能与工业文明的发展相吻合，这样的道德才是符合科学理性的、正当的，合理的。"②

市场经济的发展要求从私德到公德的现代价值转换。中国当代社会是建立在市场经济基础上的，市场经济与自然经济的不同就在于它是建立在契约关系之上，"市场经济的产生和前提是个体能够以独立自主的身份，在平等自由的权利下，进行商品交换和贸易往来，追求自己的需要和利益的满足。因此、平等、公平与公正就是市场经济的发展要求。对于中国人而言，它要求中国人必须从传统的依附关系中逐渐摆脱出来，在真正的意义上，以独立自主的平等身份，在市场经济的广阔的舞台上自由自主地积极参与经济活动，在市场经济的竞争中，根据自身的需要和利益，自行选择、自我决策、自

----

① 李萍：《现代道德教育论》，广东人民出版社 1999 年版，第 261 页。
② 李萍：《现代道德教育论》，广东人民出版社 1999 年版，第 261 页。

主行动、自己负责，追求个体的正当合法的权益。"① 对于当代道德而言，体现平等、公平与公正的公德便成为市场经济的伦理诉求。对此，正如中国著名学者鲁洁教授所分析评价的："回顾 20 年中国社会变革的事实，不能不看到的一个最根本的变化就是市场经济的兴起，以及由此而引发的一系列社会生活方式的深刻变化，人们开始从自然经济、计划经济中走出来，从而也逐步挣脱了由血缘、地缘和由依附群体所连结起来人对人的依赖关系和隶属关系，他们开始可能以一种自由、平等、独立人格的身份参与到市场经济以及其他一切社会活动中来。由此说明市场经济孕育了新的人与人的关系，它为现代独立人格的发展开拓出了新的空间，这也是当代道德教育所面临的可能空间，在这样的空间中为道德教育培养出一代具有独立人格的公民，形成这种人格各种内在道德属性，诸如自主、自由、民主、平等、公正等品质，提供了它的选择的可能。"② 伦理道德从私德到公德也就成为市场经济发展的必然诉求。

不过，在对中国现代社会的人际道德准则进行现实的比照与理性的审视后，我们无奈发现当代中国社会的道德的私德的特征依然明显。当"助人为乐"的道德风气在利己主义价值观的冲击下呈现乏弱的态势之时，利他行为也愈来愈退守在亲属朋友等有限的范围，人际关系已然出现利己冷漠的弊端，影响了人际关系和谐的达成。因而，对儒家与基督教利他主义在人际原则上的反思、借鉴与现代价值转换也就显得愈发重要。

---

① 李萍、钟明华、林滨、张红娟："中国大陆德育的意识形态功能分析及发展的思考"，《基础教育学报》香港中文大学 2004 年第 13 卷。

② 鲁洁："转型期中国（大陆）道德教育所面临的选择"，21 世纪价值教育与公民教育国际学术研讨会交流论。

第二节　建构人与自身的和谐，
对儒家与基督教利益原则的借鉴与转换

在当代中国社会，随着经济基础从计划经济到市场经济的巨大转变，一些人片面认为市场经济就是唯利经济，在经济领域就是以利润的高低为追求杠杆，人生的目的则是追求物质利益等欲望，使得现代人的发展在一定程度被"物化"，丧失了对理想与精神的追求，陷入了"经济人"与"空虚人"的迷茫中，人与自身发展的和谐性也遭致破坏。对此，我们要在坚持社会主义核心价值的基础上，对儒家与基督教利他主义利益原则进行反思、借鉴与现代价值的转换，充分利用古今中外的伦理道德资源，使之为实现现代中国人与自身和谐的目标服务。

一、在利益原则上、两种利他主义的各自特点及局限

在利益原则上，儒家与基督教两种利他主义皆含有道德高于利益的思想，儒家是体现在"义大于利"的原则，基督教则通过用"禁欲主义"消弭利益问题。强调道德高于利益，这是二者的共同点，但儒家与基督教两种利他主义在利益原则方面仍然具有各自的特点，也各自存在着理论与现实的矛盾性。

1. 儒家的"义大于利"及矛盾性

就儒家而言，它的利益原则是处理现实社会中道德与利益谁为第一性的问题，具有现实性的基础。但也正因为具有现实性，当

现实生活中的人因生存的利益需要与道德的诉求发生冲突之时，儒家难以很好地解决这一问题，呈现出从孔孟的"义大于利"原则到宋明理学的"存天理，灭人欲"思想的转变，使得儒家道德在一定意义上便异化为扼杀人性的工具。这种理论与现实的矛盾性还表现在儒家思想虽然强调道德高于利益，可是当儒家学说变成为封建统治阶级服务的主导意识形态之时，儒家的"义"则蜕变为维持封建统治与秩序的道义。在中国封建社会的发展中，对于统治阶级而言，维持统治与政权就是他们的最大利益，遵守维持政权所需要的道德规范如"三纲五常"等便是最大的义。面对儒家仁政的道德诉求，他们往往在现实的利益面前将道德变成仅为统治阶级服务的工具，即道德政治化，不仅是维持政权的现实利益高于道德，违背儒家倡导的"义大于利"的原则，而且是利益之剑将道德再一次被异化，从人心为善的追求异化为统治阶级维持政权的工具。因而，儒家在利益原则上的矛盾性也是不可否认的。

不过，客观而言，儒家强调"义大于利"的原则，在一定程度上也体现了儒家伦理道德注重人的道德性的特点，也就是"道德本位"的特点。这样的特点贯穿于儒家的伦理道德教育中，主要集中在儒家人生观教育的宗旨、内容和目标等主要方面。首先，"儒家的伦理道德教育是以培养人的道德性为宗旨，因为孟子等思想家将人的道德性作为人的本质特性，作为人区别于禽兽的本质特征，由此他们将人的道德生活看成是人生的根本内容，道德既是人生的基本规范，又是全部人生的实质和意义，这样，人的道德性便成为人之为人的立身之本，据此，以培养人的道德性便理所当然成为人生观教育甚至是整个教育的出发点与宗旨所在。其次，表现在人生观教育的内容是以各种道德规范的阐释、传承与教化为主，如对'仁''义''礼''智''信'等。最后，表现

在人生观教育的目标是以道德理想人格作为人的最高目标，以道德人生作为人生的最高境界。这种思想在孔子的君子道德理想人格学说中都得到充分的阐释与表达，从而形成了儒家人生观教育的显著的道德价值的趋向。"①

可以说，儒家这种注重道德本位的思想，看到了道德对于人的存在与发展，对于社会秩序的维持与稳定的作用，因而长期以来对人际关系的调整与和谐、对社会的稳定与发展，对中国人的价值认同，道德传承和理想信念等方面起过巨大的积极作用。然而，当儒家的"道德本位"走向极端之时，便常常呈现"泛道德化"的倾向，"他们把世俗的一切问题都纳入道德的领域，不仅认为人生问题的解决依赖于个体的道德修养，而且把社会的、政治的、经济的、文化的诸种复杂问题都归结为个体道德的完善和践履"②，因而难免造成对人性、人的本质、人的价值与意义的片面理解，导致只注重人的道德性而忽略人的自然性；只将人看成道德主体，而忽略对生命本体的关注；过分强调人对精神与道德的追求，而贬低人对自然的欲望与自身利益的满足与要求；过分强调道德理想人格的思想追求与设置，而忽略它现实层面的可能与条件。③ 尤其是道德与政治联姻之后，道德政治化的弊端更是窒息着中国人精神的发展。儒家伦理道德的这一局限显然是与中国现代化进程中人的全面发展的要求不相适应的，因为道德固然是人的发展的一个重要的纬度，但绝对不是全部，那样的人也只能是有局限的单面人。

---

① 李萍、林滨："生命教育的兴起与中国传统人生观教育的回应"，《香港的生命教育》，文林出版有限公司2002年版，第97页。

② 郑晓江、程林辉：《中国人生精神》，广西人民出版社1998年版，第16页。

③ 李萍、林滨："生命教育的兴起与中国传统人生观教育的回应"，《香港的生命教育》，文林出版有限公司2002年版，第97页。

2. 基督教的"禁欲主义"及矛盾性

就基督教而言，它的利益原则的基础是具有虚幻性的，它的禁欲主义背后的基础是彼岸的世界，是精神高于物质；灵魂高于肉体；彼岸高于尘世。由于它的虚幻是对尘世生活的超越，使得基督教利他主义在价值层面上不牵涉具体个人利益之时比较容易坚守。可人是活生生的具体的人，在现实社会必然要处理物质利益等现实关系，使得在西方社会的个体在处理真实的物质利益等关系时，在基督教的信仰高于一切的教义主导下，往往导致灵与肉、物质与精神陷入深深对立的矛盾与痛苦，最后只能"上帝的归上帝，恺撒的归恺撒"，一定程度上存在着两张皮的价值观，在信仰领域遵从上帝的道德律法，在现实领域则在合法的前提下理直气壮地追逐着自我欲望和自我利益的满足。这样的"二分"，实际上也恰显示出基督教"禁欲主义"和贬低物质利益追求的思想在现实境域中的尴尬和局限。

不过，基督教的"禁欲主义"在精神高于物质、灵魂高于肉体的思想中，在对彼岸世界的追求中，我们不可否认它看到了精神生活在人生的作用，终极的意义与追求对于人的存在的意义。不过，这些思想的基础却是建立在对上帝的信仰与对彼岸世界的坚信上，因而当科学不断地对神去神秘化，当人们不再相信上帝时，建立在虚幻的上帝之上的意义之塔可能也会倒塌。正如现代西方非常著名的宗教学家西美尔在《现代人与宗教》一书中深刻指出的那样："启蒙文化使信仰的超验教义内容变得不可信了，但这又首先是因为信仰主体与信仰对象的分离，在原初文化中，信仰主体与信仰对象是一体的，主体文化与客体文化的分离是现代的特性，与此相应，信仰主体与信仰对象的分离是现代宗教的特性。信仰主体与信仰对象分离后，信仰对象成了抽象的规定，随

之，就被当做幻想排除了，只剩下信仰主体孤零零的憧憬。"① 西方社会在一定意义上陷入宗教退场的苦痛，"现代人既不会忠心耿耿地信奉某种现成的宗教，也不会故做'清醒'地声称宗教只是人类的黄粱美梦，渐渐地，人类便会从中苏醒过来。然而，就是面对这样一种事实，现代人却陷入了极度的不安。"② 因此，现代道德必须在肯定终极意义予人重要性的基础上，对神学基础进行批判与现代价值的转化，从而使人的意义性不是出自上帝的命令，而是人生命本体的需要；不是建立在对虚无飘渺的彼岸世界的寄托上，而是扎根于现实生活的土壤。

二、人与自身和谐的现代建构，对两种利他主义合理性的现代价值转换

儒家与基督教两种利他主义皆主张在利益的原则上道德高于利益或"精神高于物质"，儒家的利他主义是建立在道德是人与禽兽相区别的基础上，而基督教的利他主义是建立在对上帝的神圣道德诫命的服从与对彼岸世界追求的基础之上。在现代社会，在利益原则上，我们认为在市场经济为基础的社会，仍然应该注重道德精神的培育，但不是儒家片面的"道德本位"；仍然应该关注对人生终极意义的引领，但不是建立在上帝的基础之上，而是出自生命本体的需要，这就是现代伦理道德在对儒家与基督教两种利他主义进行现代价值转换的根本出发点。

---

① 【德】西美尔著，曹卫东译：《现代人与宗教》，中国人民大学出版社2003 年版，序第 25 页。

② 【德】西美尔著，曹卫东译：《现代人与宗教》，中国人民大学出版社2003 年版，序第 24—25 页。

1. 从生命本体需要出发，建立人的物质追求与精神追求的平衡

我们现代所处的时代，在人类历史发展的长河中，是一个以生命本体为中心的时代，正如西美尔在《现代人与宗教》一书中所言："在每一个重要的文化时代，人们都可以发现一种精神并由之发生与之相适应的核心观念。每一种核心观念都会无休无止地被修改、被搅乱和受到反对。然而它却代表着这个时代的'神秘的存在'。"① 西美尔以此回溯了西方社会历史的发展，指出在古希腊时代的核心观念就是"存在"；在中世纪，其核心观念是"上帝"；在近代，核心观念则是"自然"；而到现代，核心观念就是"生命"，他指出："只是到了这个世纪的末叶，一个新的观念才出现：生命的概念被提高到了中心地位。"② 换句话说，当今的时代是一个以人为本的时代，以生命为重的时代，因此，现代伦理道德教育必须以生命为尺度，对传统的伦理道德教育进行现代价值的转换。

生命之所以成为当今时代的核心，是建立在对近现代人类历史反思的基础之上的。从西方社会而言，在中世纪基督教神学一统天下的时候，人性是被神性所压制的，人的所有的一切均听命于上帝，上帝是人类生活至高无上的主宰，人的主体性消失在神的绝对权威性之中，本来上帝是人类所创造的，但却反过来以异己的力量支配着人；近代经过文艺复兴、启蒙运动与宗教改革，在工业革命开启现代化后，从上帝那里夺回的人的主体性在近代不断发展与彰显着，在中世纪被基督教禁欲主义所压抑的人对物质的正当需求则在近现代社会被极大地激发起来，但却从一个极端走向了另一个极端，即

---

① 【德】西美尔著，曹卫东译：《现代人与宗教》，中国人民大学出版社2003 年版，第 26 页。

② 【德】西美尔著，曹卫东译：《现代人与宗教》，中国人民大学出版社2003 年版，第 27 页。

由于人对物质欲望的过分追求，导致人被物化，在一定意义上成为金钱的奴隶，变成了畸形发展的单面人或经济人，生命的健康发展再一次受到阻滞。对此，以西方人本主义哲学家为代表开始了对人的存在的哲学的反思，哲学家海德格尔向全部以往的哲学发出了泣鬼神、惊天地的追问——"究竟为什么在者在而无反倒不在?"① 人的存在与发展成为探讨的主题。

就中国社会发展而言，如学者李萍所指出的"在中国传统人生理论与教育中，人与道德是相对的，甚至道德是高于人的，这样，人就降为道德的工具。因此，传统的人生道德教育往往缺乏对生命本体的关注。在这种理念下，道德逐渐演变为不是来自生命本体的需要，而是来自阶级的、统治的、管理的需要，这就使得道德这种依靠人的自觉理性而维系的规范失去了支撑的本体性基础，人生教育或道德教育不是'为人'的教育，而是'人为'的教育，这是另一种意义的人的迷失、教育本体的迷失。"② 的确，中国文化传统虽然有对物质与精神、义与利的不同态度，但总体上却存在着轻物质重精神的价值取向，"如孔子荀子主张'以义制利'，墨家主张'贵义贱利'，道家主张'超越义利'，但基本倾向是把'利'看作为'自利'、'私利'，是万恶之源，故普遍鄙视或轻视个人的利益、物质的追求。"③ 只将人看成道德主体，而忽略对生命本体的关注；过分强调人对精神与道德的追求，而贬低人对自然的欲望与自身利益的满足与要求。在新中国成立后，曾经在一段时期要求人们"政治挂帅"、"宁要社会主义的草，不要资本主义的苗"，可以看出这种

---

① 【德】海德格尔著，熊伟、王庆节译：《形而上学导论》，商务印书馆2005 年版，第 3 页。

② 李萍、林滨："生命教育的兴起与中国传统人生观教育的回应"《香港的生命教育》，文林出版有限公司 2002 年版，第 101 页。

③ 李萍、林滨："生命教育的兴起与中国传统人生观教育的回应"，《香港的生命教育》，文林出版有限公司 2002 年版，第 103 页。

观点在一定程度上是儒家思想的承接，同时也不难发现有把道德政治化的嫌疑，在一定意义上将人从儒家的"道德人"变为新中国社会主义时期的"政治人"。显然，无论是"道德人"，还是"政治人"，或是西方社会的"宗教人"、"经济人"都存在着把人性片面化极端化的弊端，是不符合人性的真实需要和人的全面发展的要求的。

因而，现代伦理道德就必须以生命本体为尺度，对儒家与基督教利他主义的合理内核进行现代价值转换。因为就人的生命生存来说，生命需要可以划分为两大类，一类是物质的需要，即满足人作为物质性的机体的存在的生存的需要，它是生命存在与生俱有的本能与前提；另一类即精神需要，这是人与动物的本质区别。正像马克思所言："一个种的全部特性、种的类特性就在于生命活动的性质，而人类的特性恰恰就是自由自觉的活动。"[①] 人的尺度就是人的精神之维，因为人之为人则在于人有思想，具有主体性，是追求意义的存在物。从物质需要与精神需要的关系来看，一方面两者是有所区别的，物质需要的满足，是人类生存和延续的首要条件，"是人类行为的基础动力，而人的精神需要、精神追求是人性高贵的体现。"[②] 另一方面，二者又是不可分割的，没有物质前提的满足与保障，人类的生存都无以为继，更何以奢谈精神需要，因为"最美的风景，对于忧心忡忡的穷人来说也是无动于衷。"但如果仅仅停留在物质的层面，人与动物的本质性的区别又无从体现，人的尊严与高贵也无法明证。所以，如何对待物质与精神，可以说是人生发展中的重大关系问题，也是任何一种文化无法回避的问题。事实上，"生命本体的价值与尊严并不在于二者

---

① 《马克思恩格斯全集》第 42 卷，人民出版社 1979 年版，第 96 页。
② 李萍、林滨："生命教育的兴起与中国传统人生观教育的回应"，《香港的生命教育》，文林出版有限公司 2002 年版，第 103 页。

的对立或排斥，而在于二者的平衡发展。"① 故，在利益原则上，我们主张道德虽是人性不可缺少的部分，但不能以道德取代一切；精神虽是人的最重要的特质，但不能把它作为否认人的正常物质需要的追求，生命的智慧就在于达成物质与精神的平衡，"人的生命和生命的发展是目的，但是我们说，生命不仅意味着饮食男女，或者生命的某一个方面，例如思想、感情、意志等，而是意味着与自然、社会的要求相一致的所有属于人的能力的展开。也就是说，人生的目的是肉体和精神都和谐地发展，所有适合生理和心理条件的体力和精神能力都充分发挥。"② 现代社会的文明就在于物质文明与精神文明的和谐发展。

2. 从生命本体出发，构建人的终极意义的追求

我们现在所处的时代，在一定意义上是一个终极意义迷失的时代，尤其是对于西方社会来说，如果说，在中世纪基督教虽然压制人的主体性的发展，但毕竟用彼岸世界的天堂与永生给予人们存在的追求与心灵的寄托。正如马克思所言："宗教是人民的鸦片。"③ 但它毕竟给予生活在尘世苦难中的生命以心灵的安顿，但是当西方社会通过科学理性祛除了对上帝的神圣性，当尼采以生命的名义对基督教压抑生命发展的道德进行鞭挞，用道德的批判封杀了上帝，发出了"上帝死了，价值重估"的呐喊之后，西方人从基督教的桎梏中解放出来，但一转身却又陷入了无意义的危机中。西美尔《现代人与宗教》中指出："中世纪有传教士的基督

---

① 李萍、林滨："生命教育的兴起与中国传统人生观教育的回应"，《香港的生命教育》，文林出版有限公司 2002 年版，第 103 页。

② 【美】弗兰克·梯利著，何意译：《伦理学导论》，广西师范大学出版社 2002 年版，第 168 页。

③ 《马克思恩格斯选集》第 1 卷，人民出版社 1995 年版，第 2 页。

教理想，文艺复兴时期有对世俗性的再发现，启蒙运动信奉理性的理想……但当代文化背后却是否定性的动力，这就是我们之所以不像以前所有时代的人们的原因，我们虽然没有共同的理想，甚至根本没有任何理想，但却生存一段时间了。"① 这种危机形成现代性的危机，"现代性危机与以前所有时代的文化危机之不同在于：生命因反对形式本身以致不再有形式可以用来表达自己。现代人不是没有共同理想，而是根本没有任何理想。生命的表现，不再是新的形式的形成，而只是生命的单纯原始表现。"② 即生命陷入到对肉体本能与物欲的追求之中，人的精神与意义的追求呈现迷失的状态。因此，20 世纪的西方社会在一定意义上如西方人本主义哲学家弗洛姆所宣称的那样："19 世纪的问题是上帝死了，20 世纪的问题是人死了。"③ 就中国社会而言，在传统社会，儒家的道德理想虽然引领着人的精神境界的追求，但因为道德政治化的特色，却往往导致成仁至善的终极性意义的追求半途夭折。因此，现代伦理道德教育必须在对儒家与基督教思想合理性的反思与借鉴基础上，对其道德给予人的终极意义的价值进行现代价值转换，让终极意义回归到生命本体需要的基础上。

"生命的意义是什么？它纯粹作为生命的价值是什么？只有这第一个问题解决了，才能对知识和道德、自我和理性、艺术和上帝、幸福和痛苦进行探索。它的答案决定一切。它是惟一能提供

---

① 【德】西美尔著，曹卫东译：《现代人与宗教》，中国人民大学出版社 2003 年版，第 26 页。
② 【德】西美尔著，曹卫东译：《现代人与宗教》，中国人民大学出版社 2003 年版，第 26 页。
③ 【美】弗洛姆著，孙恺祥译：《健全的社会》，贵州人民出版社 1994 年版，第 370 页。

意义和尺度、肯定或否定价值的生命的原初事实。"① 生命本身其实就是一个不断展开与丰富的过程。"生命,由于它的本性,总是向着完美和权力,向着从它自身涌现出来的力量和美而不断增长、丰富与发展。它获得更大的价值,不是通过达到事先计划好了的目标,而是通过它自身的发展,通过它越来越大的活力,通过它无限增长的价值。"② 著名的伦理学家包尔生认为:"每种动物所意欲的目标,都是那构成它本性的各种生命功能的正常运行。每种动物都希望过符合自己性质的生活,这种天赋性质在冲动中显示自己,支配着动物的行动。这个公式同样适合于人,他希望过一种人的生活,在这种生活里包含着人的一切,也就是说,过一种精神的、历史的生活,在这种生活里为所有属于人的精神力量和性格都留有活动的空间。"③ 显然,人之所以追求终极的意义或价值,是因为这是人类的特性,人类与动物的不同在于人的精神与思想,因而生命的过程理所当然要满足人类精神的发展,满足人类这物种特有的存在方式。马克思也曾说过"一个种的全部特征、种的类特性就在与生命活动的性质"。④ 总之,生命是一个过程,有意义的引领才能够使我们超越于仅仅是活着的存在状态;生命是一个展开,有终极的追求,人生才能尽可能地丰富与有价值。对终极意义的追求归根到底是出自生命本体的需要,出自人自身的需要,因为人就是追求意义的存在物,而道德的至善也是人类终极追求的一个目标。道德如儒家所言在一定意义是人之为人的

---

① 【德】西美尔著,曹卫东译:《现代人与宗教》,中国人民大学出版社2003 年版,第 28—29 页。

② 【德】西美尔著,曹卫东译:《现代人与宗教》,中国人民大学出版社2003 年版,第 28 页。

③ 【美】弗兰克·梯利著,何意译:《伦理学导论》,广西师范大学出版社 2002 年版,第 166 页。

④ 《马克思恩格斯全集》第 42 卷,人民出版社 1979 年版,第 96 页。

特点，它使人从生物的自然属性转化为人的社会性。作为人之一员，倘若没有最基本的道德之心，人无异于禽兽，但人本身是一个不断发展且具有一种超越的品质。如果说人类最初的道德是来自共同体或社会共同生活的需要，是一种外在的要求的话，那么人类在它追求自身的不断发展的过程中，则不断将原本是社会对其成员个体所提出的外在规范变成人自身发展的德性的内在诉求，也不断将原本只是对社会要求的道德规范的遵守转化为对道德的信仰。对于个体来说，一旦这样的转化得以达成的话，道德也才能由社会的他律变成个体的自律，个人也才能成为一个有德性的人，"当他是一个有德性的人的时候，他正在实现至善。"①

第三节　建构人与社会的和谐，
对儒家与基督教价值原则的借鉴与转换

在当代中国社会，随着市场经济的建立，契约精神的彰显，人的主体意识的增强，有的人就片面认为这是一个只注重个人利益的时代，什么社会利益为先，大公无私、先公后私的价值观统统已经过时，于是在社会生活中，个人为先、损公利己，挪用公款，破坏公共财物的现象也时有所见，败坏了社会风气。对此，我们在坚持社会主义和共产主义道德思想的同时，对儒家与基督教利他主义价值原则进行反思、借鉴与现代价值的转换，从而充分利

---

① 【美】弗兰克·梯利著，何意译：《伦理学导论》，广西师范大学出版社 2002 年版，第 168 页。

用古今中外的伦理道德资源，使之为实现现代中国人与自身和谐的目标服务。

一、在价值原则上、两种利他主义的各自特点及局限

在价值原则上，儒家与基督教两种利他主义皆有强调社会利益为先，整体为重的思想，儒家是体现在"大公无私，先公后私"的原则；基督教则反映在"为整体服务"和"为他人"的原则上，含有为社会存在与发展所需要的利他精神。但儒家与基督教两种利他主义在利益原则方面仍然具有各自的特点，也各自存在着理论与现实的矛盾性。

1. 儒家的"大公无私"及矛盾性

儒家的"大公无私"原则，在这一伦理原则与现实政治紧密关联之后，其思想的弊端开始凸显。儒家的"公"字的含义"实际上有两层，一是指君主特殊利益集团，二是指社会一般标准。这两种涵指在实际表述上显然是有区别的。但是，如果从传统社会君主政治的本质考察，这样的表述在认识的价值依据上是相通的：即'以君为本'，也就是说，区分公或私的价值标准是君主的利益、权威、意志和名誉。"① 与"公"的这两层含义相对应，儒家"大公无私"原则的第一个层面"涵指就比较明显，以君主及其特殊利益集体为公，当然是以君主的利益作为衡量公私的基准，明明是特殊政治集团的利益，此时却有了公利之名。"② 这样，儒家的"大公无私"的伦理原则在一定意义上被异化为封建统治阶级维持政权的道德工具，

① 刘泽华、张荣民等著：《公私观念与中国社会》，中国人民大学出版社2003年版，第333页。
② 刘泽华、张荣民等著：《公私观念与中国社会》，中国人民大学出版社2003年版，第333页。

使得"大公无私"伦理原则以对社会利益为重的出发点却导致了为特殊政治利益集团利益服务的落脚点,伦理道德从为社会的"大公"偷换为统治集团服务的"大私",其思想的理论与现实的矛盾不言自明。

"大公无私"的第二个层面是儒家伦理从社会利益出发,强调自我利益与社会利益选择时应以社会利益为重,这样的价值倡导虽可谓之"高风亮节",但也存在局限。表现为两方面:一方面是道德的"应然"与"实然"的矛盾。具体来说,在自我利益与社会利益的关系上,儒家一直倡导"大公无私"和"先公后私的"的价值原则,虽然在其思想中也存在"公私并存"的观念,但却被视为道德境界的最低层次,而不占其思想的主导。儒家在利益原则上提倡"大公无私"的价值原则,显然是一种道德的理想,在社会现实的层面难于落实,也许只有儒家所宣扬的"圣人"才能达至这一境界,一般人则难以企及。所以,长期以来这一价值原则在现实的社会生活中是难于得到真正贯彻的。另一个方面则是个体与群体的矛盾。由于在中国传统社会中,个体的存在是没有自足性的,正如李萍在《现代道德教育论》中所指出的,"群体不仅是个体的集合,而且是高于个体的,个体不仅是从属于群体的、整体的,而且是被整体所制约的。"① 因此,强调公为私先,实际上在一定程度上并非个体的自觉道德选择,而是被中国社会结构所预先决定的,而这里的"公"往往也并非是真正的社会利益,"不过是家族利益、宗法利益乃至君主利益的代名词而已。"② 实质是"大私"而已。

客观而言,儒家的"大公无私"的价值原则,如果说是作为一种人的道德理想境界的要求的话,无疑起着对人们道德的引领作用。

---

① 李萍:《现代道德教育论》,广东人民出版社 1999 年版,第 52 页。
② 李萍:《现代道德教育论》,广东人民出版社 1999 年版,第 52 页。

但如果是作为一般人在现实生活中处理自我利益与社会利益的基本准则之时，一是易于培养虚伪人格。道德从来就存在着"应然"与"实然"之分。道德的"应然"指的是道德追求的理想境界，是人的道德完善的终极目标，但倘若把这种标准扩及到对普通人的基本要求，就难免存在着把道德的"应然"与"实然"相混淆的嫌疑，更为严重的是当普通人在现实生活的层面无法做到这些要求时，又对之上纲上线严重忽略个体内心的真实需求、践履道德的实际水平时，极易导致"言行不一"、"表里有别"的双面人格。"理论上一味地提倡"立公灭私"，在事实上却极难做到，而人们又没有突破'立公灭私'的框架，于是就出现了大批的两面派，即阳公阴私、假公济私、化公为私、援私为公等等。这点先哲学们早有观察和揭露。如韩非说："阴相善而阳相恶，以示无私"（《备内》），'彼有私急也，必以公义示而强之'（《说难》）。如《管子》说'为人臣者援私以为公'，'行公道而托其私。'（《君臣上》）"① 以致本来道德是人的完善的需要，却在高压之下变成对人性的扭曲；本来道德的特质就在于主体的自律，但在强制之下变成违心的应对，使得道德丧失了它本真的意义与价值。它警醒我们在社会发展任何阶段的道德都应该与社会发展的实际水平相适应，道德固然要有理想境界的指向，蕴含"应然道德"的引领，但更应该注重"实然道德"的实现；它虽然不排斥"理想人格"、"圣人"境界的追求，但更强调基本规范和底线伦理。只有做到正确处理道德的"应然"与"实然"的辩证关系，才能使之适应人与社会发展的真正需要。二是易于产生"虚假集体"。儒家的伦理价值观在中国社会特有的人际形态、自然经济与政治制度下体现出整体主义的倾向，要求个体无条件为家族、宗

---

① 刘泽华、张荣明等著：《公私观念与中国社会》，中国人民大学出版社2003年版，第38页。

族等牺牲自我。在这样的价值取向指导下，极易将集体变成对个体
正当利益追求的否定力量，变成个体利益的对立面，从而违背个体
与社会的辩证关系。因为根据历史唯物论的原理，社会是由个体而
构成，没有个体就没有社会；另一方面，个体又离不开社会。因此，
个体既有自身的需要，又要以自己创造活动的成果满足自身、他人
和社会的需要。个体的权利与义务是不可分割，个人的利益与需要
也是不能否认的，否则就违背了个体与社会关系的辩证法，极易导
致把集体、社会的利益看做是个人利益的对立面，忽视或无视个人
利益，从而使集体变成个人的对立面，变成一种异己的力量压抑个
人的利益和个性。因此，在现代社会，在肯定儒家思想利益原则合
理性的基础上，必须对其自我利益与社会利益的被割裂的弊端加以
克服。

2. 基督教"为整体服务"原则及矛盾性

基督教在自我利益与社会利益的关系上，它是呈现出虚幻性的，
它用"禁欲主义"消弭了现实中的利益问题。因此，它的"为整体
服务"的原则并不是针对现实社会自我利益与社会利益关系的，而
是一个基督徒个体为基督徒整体服务的原则。对于基督徒个体而言，
整体高于个体是上帝的绝对命令，个体是必须遵行的，因而也非主
体自觉的选择；基督徒所服务的整体也非现实社会的利益，而只是
基督徒构成的信仰共同体的利益，即教会的利益，而对包括其他非
教徒或整个社会的利益往往也非基督教会所关心。正如汤普逊在
《中世纪经济社会史》中对基督教会的矛盾性揭示的那样："在中世
纪时代，教会行为的特征是：民主而又有贵族气派的，慈善而又剥
削人的、慷慨而又吝啬的，人道而又残暴的，放纵而又严厉压制有

些事情的，进步而又反动的，激进而又保守的……"①基督教价值原则与现实的不一致也是显而易见的。

基督教"为整体服务"的原则，虽然带有虚幻性，是超越了现实社会利益基础之上的，是为基督徒整体服务的。但撇开它的虚幻性，而将它转化为对社会生活公共领域的道德诉求，把为基督徒整体服务扩大到为全社会的人服务，还是值得我们反思与借鉴的。如果说，在市场经济的基础上倘若退回底线，认同经济领域中人人是注重自己利益的追求的话，但即使如此也并不代表就可以将利己主义作为冠冕堂皇的理由扩展到社会生活的众多方面。这是因为社会生活有一定的领域或空间是具有公共性的，它不具有私有性，也超越个体利益。个体作为生活在社会中的一员，必须以公共领域的公共利益为重，这是市场经济条件下个体道德的底线，也就是我们所言的公民道德。因为道德从来就是人类社会生活需要的产物，"道德规范的目的在于使个人和社会的生活成为可能，道德行为具有促进个人和社会利益的倾向。可以说，道德画了个圆圈，人们在圈内可以安全地追求各自的目的而不会相互损害。"②道德"并不是人类所有目的和愿望的体现，也并没有可以广泛到可以指导个人实现至善的一切努力"③，但"没有道德，人类不可能达到它的目的，道德是一个绝对必要的条件。"④所以，在社会生活的公共领域，应该有一种最基本的道德诉求在一定意义上超越利益的篱笆，具有一种绝对的至上性。

---

① 陈刚：《西方精神史》（上），江苏人民出版社 2000 年版，第 446 页。

② 【美】弗兰克·梯利著，何意译：《伦理学导论》，广西师范大学出版社 2002 年版，第 183 页。

③ 【美】弗兰克·梯利著，何意译：《伦理学导论》，广西师范大学出版社 2002 年版，第 182—183 页。

④ 【美】弗兰克·梯利著，何意译：《伦理学导论》，广西师范大学出版社 2002 年版，第 183 页。

二、人与社会和谐的现代建构、对两种利他主义合理性的现代价值转换

儒家与基督教两种利他主义皆主张在价值的原则上"社会利益为先"或个体"为整体服务"的原则，儒家的利他主义是建立在家族宗法结构与整体主义之上，而基督教的利他主义是建立在上帝的神圣道德诫命的服从与对个体救赎永生的希望上的。在现代社会，在价值原则上，社会利益为重却是人类社会生活的最基本的道德准则，但它必须建立在以人为本的基础之上。

1. 在人的主体性基础上，建构社会利益为重的价值观

在现代社会，在处理自我利益与社会利益的关系时，我们倡导的是以社会利益为重的价值观，即社会主义的集体原则。这种价值观表面上看，好像与儒家和基督教两种利他主义的价值观有相似之处，但究其实质却是显然不同的：一是与儒家与基督教利他主义价值观之下的社会利益指向不同，儒家思想在现实中归根到底是指向封建统治集团的利益，基督教则是指向基督教会，而当代中国社会主义的集体原则的价值观则真正指向代表广大人民群众的根本利益。二是儒家与基督教利他主义价值观之下的人在一定意义上皆是不具有主体性的。儒家的人依附于家族、宗族等，基督教的人则完全听命于上帝，人的主体性完全丧失。而当代中国社会主义的集体原则之下的人却是开始拥有主体性的人格，在此基础上才有可能真正辩证地处理自我利益与社会利益的关系，才有可能在真正的"集体"（与虚幻的"集体"相区别）基础之上做到真正的以社会利益为重，也才能达成人与社会的和谐。

在中国社会，具有主体性的人的发展经历了一个漫长而艰难的历程。在传统社会中，在封建政治、自然经济与人伦文化的多种力

量作用下，"大多数中国人个体存在不具有主体性的特点，即个体并没有发育成长为独立自主的个体，无法具有自足的自我确立的存在方式，相反，他只有在各种关系中才能确认自身"，"人是直接被巨大的封建纲常伦理制度所压制和湮灭着，人尤其是作为最真实存在的个人的主体性始终没有凸显出来。"① 因此，中国传统社会既没有内生出一种像西方文艺复兴运动那样影响遍及社会各个阶层的人性解放运动，也始终无法形成在主客二分的意义上所体现的人的主体性。因而，在人格方面，大多数国民或多或少地表现为依附性人格。

新中国的诞生，虽然"从政治上标志着广大劳动人民翻身做主，同时从法律上确立了劳动人民的地位。但在经济基础的层面并没有改变农业文明的形态，从而在计划经济体制上形成了一种特殊的社会组织形态：'统制社会'。其基本特征是：单一的经济模式、统一的思想意识形态和高度集中的政治体制。这一方面，使得传统社会的同质性仍然保持高度的稳定，并在社会生活中形成一体化的经济、一体化的思想和一体化的政治相偶合的统一机制。"② 在社会组织形式层面，个人依赖于社会组织或单位，单位决定人的一切，人的身份和社会角色的认同和确证完全依赖于单位，个体无法独立存在；在经济上，新中国实行国家公有制和集体所有制，取消私有制和私有财产，个体既然无法拥有经济上的财产权和自主权，而国家又实行大锅饭，平均主义。因此，在这样的社会存在情况下，当然不易形成个体的自主独立意识，使得新中国建立之后的中国人的个体的主体性没有充分发挥，自主意识无法成熟凸显，导致从传统社会形成的依附性人格便得到延续和大量存在，既使个体的生存与发展受

① 韩庆祥、邹诗鹏：《人学——人的问题的当代阐释》，云南人民出版社2001年版，第369页。

② 李萍、钟明华：《公民教育——中国学校德育改革的历史性转型》，第11届全国伦理学年会交流论文。

到压抑，又使社会整体缺乏生机和动力；既使个体的利益与权利无法得到真正保障，也使社会利益极大受损。①

在当代中国，人的主体性是在中国社会从计划经济到市场经济的巨大社会转型中产生和发展的。因为市场经济的前提是个体能够以独立自主的身份，在平等自由的权利下，进行商品交换和贸易往来，追求自己的需要和利益的满足，这就要求中国人必须从传统的依附关系中逐渐摆脱出来，在真正的意义上，以独立自主的平等身份，在市场经济的广阔的舞台上自由自主地积极参与经济活动，在市场经济的竞争中，根据自身的需要和利益，自行选择、自我决策、自主行动、自己负责，追求个体的正当合法的权益。对此，正如中国著名学者鲁洁教授所分析评价的："回顾 20 年中国社会变革的事实，不能不看到的一个最根本的变化就是市场经济的兴起，以及由此而引发的一系列社会生活方式的深刻变化，人们开始从自然经济、计划经济中走出来，从而也逐步挣脱了由血缘、地缘和由依附群体所连结起来人对人的依赖关系和隶属关系，他们开始可能以一种自由、平等、独立人格的身份参与到市场经济以及其他一切社会活动中来。由此说明市场经济孕育了新的人与人的关系，它为现代独立人格的发展开拓出了新的空间，这也是当代道德教育所面临的可能空间，在这样的空间中为道德教育培养出一代具有独立人格的公民，形成这种人格各种内在道德属性，诸如自主、自由、民主、平等、公正等品质，提供了它的选择的可能。"②

在市场经济的基础上，中国人的主体性开始逐渐形成与发展，从而也为现代社会真正辩证处理自我利益与社会利益的关系，真正

---

① 参看与引用林滨："从依附性人格到主体性人格——现代中国人发展的理性选择"，《晋阳学刊》2004 年第 5 期。
② 鲁洁："转型期中国（大陆）道德教育所面临的选择"，21 世纪价值教育与公民教育国际学术研讨会交流论文。

做到以社会利益为重创造了条件与可能。当然，我们也应该注意到市场经济与主体性对道德也有负面的作用，当人的主体性过度膨胀并将市场经济看成唯利经济之时，在对自然的关系上则很容易走向"人类中心主义"，导致人与自然和谐的破坏；在对国家的关系时，则易于产生强权政治与强权经济，凭借政治的强权与经济的优势对别国实行政治干涉与经济掠夺或者武力征服；在对他人与社会的关系上，则易于产生自私利己的价值观与个人中心主义等等，这是我们应该警惕与预防的，但这并不妨碍我们将建立在市场经济基础上的人的主体性作为建构人与社会和谐的基础。因为社会就是由人构成，社会的发展就是为了人的发展，没有主体性人的存在，社会利益的强调最终又会陷入到为"虚假集体"服务的沼泽陷阱之中，社会的真正利益也就会被虚化与损害。

2. 在社会制度的保障之基础上，建构社会利益为重的价值观

社会是人类个体生存与发展的空间，它是人们交互作用的产物。马克思认为"社会不是由个人构成的，而是表示这些个人彼此发生的那些联系和关系的总合。"① 在各种关系诸如经济关系、政治关系、思想关系等中，"各种因素按照特定的方式组合起来，彼此形成一种固定的关系，表现出一定的秩序"②，形成一定的规范。"交往规范化、制度化形成了交往的秩序和结构，从而形成了社会制度，人们之间的经济交往、政治交往和精神交往及其规范化，构成了社会的经济制度、政治制度和思想制度。"③ 这些制度虽然是人们自己

---

① 《马克思恩格斯全集》46 卷（上），人民出版社 1979 年版，第 220 页。
② 陈先达主编：《马克思主义哲学原理》，中国人民大学出版社 2003 年版，第 200 页。
③ 陈先达主编：《马克思主义哲学原理》，中国人民大学出版社 2003 年版，第 201 页。

创造的产物，但一旦形成，反过来又以客观存在的方式制约着人，特别是在现代社会当社会越来越呈现出有序化、规范化之时，制度对于个体的行为便产生越来越大的影响，因而社会利益为重的价值观在当代的建构也必须依靠好的制度：

其一，道德的奖励机制。在传统的道德观念与评价中，道德是纯粹精神性的，它一旦与物质利益发生关联，就丧失了其崇高性与纯洁性，"所以传统的道德观看来，良好的道德之应当用精神奖励，而且对于道德行为的奖励绝对不应当主动要求的，道德的行为者只能被动的等待组织或者机构的授予。"但这样的传统观念随着中国社会由计划经济向市场经济转变，当社会在很多方面一改精神奖励带来一切而在一定程度上出现物质利益在个体生活中呈现越来越重要之时，传统所宣扬的大公无私的纯粹的"利他"精神已经显示出有效性的不足。道德的理想固然需要精神的引领，固然离不开个体精神水平的提升，但道德氛围的形成、道德行为的发生，却是一个以社会利益为重的价值观长期不断被认同、不断内化的过程。因而，在现阶段当道德行为尚不可能内化为每个公民自觉行为的情况下，完善道德激励机制就显得很有必要。那些纠缠于道德是否应当和物质挂钩的做法，不利于我们现阶段道德水平的提高。因此，道德的奖赏机制的建立与完善就成为道德建设制度的一个重要向度，应该做到一点，让利他主义者除了享有道德的精神奖励外，还要尽量使道德的风险成本降低，就是"让我们的英雄流血不流泪"。这样，才能从正向促进个体对"利他"价值认同和行为的选择。社会担当着弘扬利他精神的职责与义务，如果一个社会整体上更有爱心，更强调对他人的关怀，就越容易倡导利他精神，社会也能够更好地和谐发展。

其二，道德的惩罚机制。道德的奖赏机制是从正向激励人的道德行为，但社会制度仅仅从正向鼓励是不够的，还必须双管齐下，

建立道德的惩罚机制，对自私自利损害他人或集体、社会利益的人，社会制度应该对其实行监督惩罚机制。社会不可能让每一个人都能够利他，但社会有责任尽可能地从制度方面防止或减少损人利己的人获取较大利益，并且必要时从制度方面让其受到惩罚，防止"劣币驱逐良币"。如信用制度，它是信任的保障体系，通过诸如法律等强制性手段的运用，替代和补充了信任的不充分，确保失信行为出现时，给予受损者追究和补偿的机会，社会机制通过影响失信行为的成本，驱使人们做出维持信任的行动选择，让守信得利，让失信受损，由此保证良好互动的秩序。

其三，道德的舆论宣传机制。社会制度还应该建立道德的舆论宣传机制。在现代传媒讯息发达的现代社会，现代社会应该利用现代传媒技术，建立广泛的舆论监督机制，弘扬利他精神，对损人利己行为进行舆论谴责与鞭挞，从而促使社会良好的道德风气的形成。同时，当代社会主义道德精神也应该积极培育文化市场，一方面根据当代文化产业发展的规律，制定我国文化产业的特殊发展战略，把文化产业纳入国民经济和社会发展的整体规划之中，使之成为新的经济增长点。另一方面建立与之配套的文化产品的生产，这种文化产品所负载传递的世界观、价值观与人生观，所宣扬的政治理念、道德原则与意义取向，既要与西方文化意识形态相区别，又要负载中华民族文化中的优良传统和当今社会主义先进文化的精神内核。文化产品在量的生产上还必须形成一定的规模才能占有文化市场，也要真正被广大人民所喜爱、接受，才能最大限度地满足人民群众日益增长的精神文化需求，既引导人民群众过健康向上、丰富多彩的社会主义文化生活，又要广泛促进社会主义道德的精神建设。

3. 在人的生存与发展之基础上，建构社会利益为重的价值观

在现代社会，建构社会利益为重的价值观的基础既不是儒家的

家族、宗族或封建政权的巩固，也非基督教的为获彼岸永生的实现，而是现实社会人的存在与发展的需要所致。因为没有社会的存在与发展，也就没有个体的存在与发展。在马克思历史唯物论的思想中，马克思认为社会是人们交互作用的产物，"个体通过生产实践及其交往活动创造了社会，并使社会成为一种有机体；社会作为有机体又反过来制约和规定着个体的创造活动，或者说，社会又创造着个体。"① 从而形成了人与社会相互依赖、共在共生的关系。

　　一方面，社会是人类赖以生存的空间，个体生存所有的一切均依赖于社会，"我们所说的语言不是我们所创造的；我们所用的工具不是我们发明的；我们所行使的权利不是我们确立的；知识的宝藏代代相传，也不是哪一代人独自聚敛的。全凭着社会，我们才享受到了这些绚烂多彩的文明，即使我们一般看不出我们得到这一切的根源，至少我们也会明白那不是我们的功劳。而正是这一切，才使人在诸多事物中拥有了自己的位置。人之所以为人，只不过是因为他有了文明。所以人不可避免地会感受到，在他之外存在着他从中获得人类本性特征的某种主动因素，它们作为仁慈的力量，帮助他、佑护他，确保他得到特许的命运。当然，就像对于美好的事物他要赋予他们重要的价值一样，他必定也要给这些力量以尊荣。"② 所以，社会在一定意义上对人具有一种神圣的值得推崇的力量，"一般说来，社会只要凭借它凌驾于人们之上的那种权力，就必然会在人们心中激起神圣的感觉，这是不成问题的……而社会也给我们永远的依赖感……所以它就会命令我们自甘做它的仆人，它听任我们蒙受种种烦恼、失落和牺牲，如果没有这些，社会就不可能有其生命。

---

① 陈先达主编：《马克思主义哲学原理》，中国人民大学出版社 2000 年版，第 171 页。

② 【法】埃米尔·涂尔干著，渠东等译：《宗教生活的基本仪式》，上海人民出版社 1999 年版，第 282 页。

正因为如此，我们每时每刻都被迫屈从于那些行为和思想的准则"①，这恰是社会利益为重的本体依据。

另一方面，人的道德则是社会存在与发展的需要，是出自共同体存在的需要，是出自对利己之心的遏止与对共同利益的维护。"一般而言，我们认为道德规范的特性在于它阐明了社会团结的基本条件。法律和道德就是能够把我们自身和我们与社会联系起来的所有纽带，它能够将一群乌合之众变成一个具有凝聚力的团体。任何社会团结的根源，任何促使人们去体谅他人的动力，任何对自身行为不带私心的规定，都可以称作道德，这些纽带的数量越多、力量越强、道德本身也就牢固。因此，人们经常通过自由来解释道德的做法是很不合适的。与其说道德的基础是一种自由状态，不如说道德是建立在依赖关系之上的，道德非但不会使个人获得解放，不会使个人从周遭环境中摆脱出来，相反，它的主要作用就在于把个人变成社会整体的整合因素，从而剥夺了个人的部分行动自由。"② 不过，如果说，道德因其规范性而对个体的自由是一种限制的话，那么这种限制既是社会存在的需要，更是个体存在与发展的需要，"假如所有社会生活都荡然无存了，那么道德生活也会跟着一同消失，因为它再也没有依托的对象了。"③

总而言之，正是因为社会在一定意义上对于个体有着神圣性的性质，没有社会的存在就没有个体的存在与发展，而道德则是出自社会共同体生活的需要。因此，在一定意义上，强调社会利益为重

---

① 【法】埃米尔·涂尔干著，渠东等译：《宗教生活的基本仪式》，上海人民出版社 1999 年版，第 276—277 页。

② 【法】埃米尔·涂尔干著，渠东译：《社会分工论》，三联书店 2000 年版，第 356 页。

③ 【法】埃米尔·涂尔干著，渠东译：《社会分工论》，三联书店 2000 年版，第 357 页。

则是人类生存与发展的神圣法则，伦理道德的绝对诉求，这也许就是人类社会在它漫长的发展过程中始终不渝地追求与张扬着"利他"精神的缘由所在……

结　语
期盼一个"和谐"的社会

　　有学者曾经指出："没有利他主义，就没有社会"，人类社会发展的历史进程在一定视角证明了此言深刻洞见与耐人回味。以理智与公正的眼光审视中西方社会历史发展的客观进程，不可否认分别构成中国和西方两大文化基石的儒家思想与基督教体系，以其各自长期在中西文化中的主脉地位，对中西方社会历史发展与文化传统的形成分别起着巨大而深远的影响。其中两大文化所共同内含的利他主义以仁爱、为善与无私的道德诉求不仅统摄着人的精神世界，而且长期担当着社会关系的协调器、维持社会秩序的稳压器等社会功能，在历史的漫长岁月中，儒家与基督教以文化之教化、精神之滋养与价值之引领型塑着中西文化的基本风貌，建构着中西社会的道德生活与人的意义世界，形成中西文化源远流长的精神血脉。

就利他主义而言，历史则以它自身深邃的魅力在儒家与基督教两种利他主义中演绎着事物发展的辩证法，中西两种文明路径的差异构成中西文化生长的不同土壤，人伦文化与自由文化的不同精神气质预制了儒家与基督教两种利他主义的不同轨迹，人性之善与人性之恶、仁之人性与爱之神性、修身在己与救赎在神，道德践履与精神信仰、伦理宗教与宗教伦理等织就了思想的不同经纬，彰显着人之本与神之本的本质区分，折射出道德由下往上与从上至下的不同轨迹，儒家与基督教两种利他主义伦理思想就以这样的方式展开了事物存在与发展的两极。因是两极，就各有存在的价值和意义，从不同方向追求着为善之道与生命超越之路，因是两极，就难免局限和片面，道德的现实性与道德的神圣性变成执著的一端。但两极却是在利他主义同一体中的两极，因此，儒家与基督教两种利他主义，在经过中西各自历史岁月的继续锻打之后，皆在时代的风云变幻中共同遭遇着利己主义价值观的逼仄与挑战。

就基督教利他主义发展来看，它在利他主义同一体中处于注重道德神圣性发展的单极，虽然借助道德律法的绝对命令介入现实社会秩序，但道德律法毕竟来自于彼岸的上帝，灵魂的救赎与超越尘世的天堂才是基督教的重心与指向所在。因此，当基督教将神之本的思想发展到极端之时，也就开始走入被颠覆的命运之中。人的主体意识的觉醒、人的理性能力的提高，经济利益杠杆的凸显，使长期被基督教思想统治与禁锢的西方社会在近代历经了文艺复兴、宗教改革、启蒙运动等新思想的历史涤荡与精神洗礼，资本主义社会对物质欲望的满足、对经济利益的追逐强烈冲击着基督教千年构筑的禁欲堤坝、利他的道德栅栏，以科学为主的现代理性又以人类认知领域的不断拓展消解着上帝的神圣性，可以说，在这些历史合力的共振冲击下，在西方社会曾经长期支撑着西方人的精神世界的基督教，终于在现代哲学家尼采

的"上帝死了,价值重估"的震撼世界的呐喊之中,越来越呈现出从社会领域逐渐退场的苦痛。在西方人丧失了对"为善"的上帝的敬仰、对彼岸世界天堂的期待之后,基督教利他主义也就被抽去了神圣的支撑,在一定程度上丧失了道德引领的力量与希望,利他的伦理原则在世俗的商品拜物教的兴起中愈显苍白无力,而人性的"原罪"说却在思想家的近现代演绎中变成利己主义的冠冕堂皇的依据。道德原有的对于社会秩序的协调功能一方面拱手交给了市场"看不见的手",另一方面只能基本依赖于他律的法律。西方社会基督教的危机并发着道德的危机,因为在基督教利他主义中,宗教与道德是密合连为一体的,因而二者的现代的命运也是休戚相关的。

就儒家利他主义发展而言,与基督教是在颠覆自然伦理基础之上运用逻辑先构的方法出场不同,人类社会在天然血缘基础上形成的人伦道德在纯朴自然的"乡土中国"的土壤里自然生长着。中国社会在几千年历史时光中的同质态的缓慢发展,狭窄的熟人交往圈、人口流动匮乏与自给自足的农业经济成就了血缘伦理与人伦道德的绵延承继,儒家利他主义所蕴含的对人性之善的肯定、仁爱的道德原则以及对内圣外王的理想的追求,经历千年岁月的浸润与时间的积淀,已然渗透到中华民族的血脉之中,伦理的力量道德的诉求弥补着法理缺失的局限支撑起社会发展的天空。历史是辩证的,社会的发展固然需要量的积累,但千年的等待却始终化不成质的突破,这一切的背后已经显现社会自身力量的孱弱。1840 年的中英鸦片战争成为中国社会历史进程的重大转折点,当西方的船坚炮利把腐败的清政府从封闭自大的虚妄中打醒时,近代的中国陷入了重重危机中。国家存亡的危机:国土被占,山河破碎,辱权条约、白银赔款;传统政治体制的危机:从 1840 年到 1895 年近半个多世纪的风雨飘摇,中国漫长的封建社会在西方的炮与火、中国的血与泪的阵痛中开始转型,从殷商时代延续几千年的传统政治秩序的基础——普世王权统治在 1911 年辛亥革命后终于彻底崩溃、寿终正寝，中国社会从此艰难开始了现代化进程的蹒跚学步。文化传统的危机：中国传统文化的核心"天人合一"的宇宙观和"三纲五常"的价值观在遭遇了西方文化的冲击后开始逐渐失落；长期担当中国人安身立命的精神支撑的儒家学说已经无法庇护饱受蹂躏的心灵，精神意义的危机窒息着中国文化的发展，儒家的人伦伦理道德学说在破旧立新中逐渐从中国人的道德世界退场。而从国破家亡的历史危机中，在"俄国革命的一声炮响，给我们送来了马克思主义"的新思想的激荡中成长的中国共产党完成了拯救中国解救民族的壮举，"大公无私"的道德理想境界在一定意义上将儒家利他主义提升到一个更高的理想境界。但随着中国市场经济的建立，西方文化与多元价值观的影响，信息传媒网络交通的便捷，人的主体意识的增强，现代中国社会的伦理变迁与中国现代化进程相伴相随，面对利己主义伦理价值观的挑战，当代中国开始了对传统道德与现代思想的理性审视与严肃反思。

儒家与基督教两种利他主义在近现代的共同命运可谓是内外双重原因所致。就内因而言，儒家与基督教利他主义因各执事物单极的发展，局限也就无可避免，因为事物本身是对立统一辩证发展的，善与恶、道德的现实性与神圣性、利己与利他等是无法被绝对分割的，基督教利他主义注重道德的神圣性固然没错，但却是建立在对人的否定的前提上，一个否定人的思想体系虽然有着予人的美好许诺，但在人的主体意识的形成与迸发之时，被颠覆的命运是早已在其思想前提中被预定的。基督教的利他主义落脚于彼岸的世界，可是当人的现代理性不断对宗教去化之时，建立在神秘性基础上的上帝的倒塌也就变得不可避免；基督教的利他主义是建立在禁欲的由上至下的命令基础上，可当物质的追逐成为西方人的主要目标之时，利他主义受到冷落也就顺乎其然了。这是基督教利他主义自身存在的局限所在，也是易于授人以柄的致命之处。儒家利他主义注重道

德的现实性无疑也是对的，道德最初的产生就是人与社会存在发展的需要，但道德也是具有超越性的，但儒家道德与政治的联姻又使道德的向上超越的力量却在中国特有的人治的政治权力的斗争中被异化消解，沦落为政治服务的工具，道德走向了功利的沼泽，肢解了超越力量，道德的自律也就难于做到，如果说基督教利他主义是起点预制了被颠覆的命运的话，儒家利他主义却是过程夭折了道德的理想。这就是儒家与基督教各执一端的内在弊端所致。而外在的原因二者却是共同的，因为儒家与基督教同在利他主义一体中，这便是现代西方著名学者西美尔在《现代人与宗教》一书中所指出的"传统社会的形式特性是，秩序没有出现分化的形式，道德、宗教和法律的认可是一体化的，人与人的关系受这种一体化的社会形式的支配。在现代社会中，'人际关系由单纯的传统状态过渡到宗教状态，由宗教状态过渡到法律状态，或由法律状态过渡到自由品德状态'，宗教的形式也发生了变化。……现代社会中的个体原则是自由，这意味着要摆脱社会整合性，摆脱社会约束。这就是宗教的现代性危机。"[1] 同时也是道德的危机，因为道德也是规范。

但儒家与基督教两种利他主义在现代的共同境遇却并不表示利他主义所包含的利他精神对于现代社会已是昨日黄花，不再需要；现代利己主义的盛行也并不代表它就是一种正确的价值观，因为现代西方社会已经从多维角度彰显着利己主义的弊端，人在物质的追逐中被异化，丧失了主体性的存在，人在利己的价值观导向中陷入冲突与孤独的境遇；现代社会也已经凸显文化传统丧失的代价，即现代人在传统被断裂后陷入精神无家可归的危机中，"它使人的内在需要站在空白的

---

① 【德】西美尔著，曹卫东译：《现代人与宗教》，中国人民大学出版社2003年版，第27页。

零点上。"① 这是宗教的危机，也是道德的危机，但在最本质的意义上却是文化的危机。"现代性危机与以前所有时代的文化危机之不同在于：生命因反对形式本身以致不再有形式可以用来表达自己。现代人不是没有共同理想，而是根本没有任何理想。生命的表现，不再是新的形式的形成，而只是生命的单纯原始表现。"② 人的物质欲望虽得到了极大的满足，但人的精神却陷入了了极度的空乏。对现代文化与伦理道德的反思也就成为人类最迫切要做的事情。

文化的危机缘自人的危机，当现代人以利己牺牲了道德，以功利挤兑了理想，现代人还有未来吗？因为丧失了人之为人的道德品性，丧失了生命向上超越的内在力量，人又何以走向远方？作为融入人的生命血脉，型塑人的道德品性，引领人的精神发展的当代文化必须义不容辞地担当起自身的使命与职责，从文化传统中汲取精华营养，赋予传统价值以现代转换便是文化发展的源泉所在。对于儒家与基督教两种利他主义也应如此，将基督教体系中对道德神圣性的思想进行现代转换，剔除神本思想，回归人之本体，保留道德的终极意义；将儒家思想中注重道德现实性的思想进行现代转化，避免工具化，回到人之需要，保留道德的社会价值，而将道德的社会价值与人的生命需要、将道德的现实性与道德的神圣性辩证地统一起来，也就成就了道德发展的张力与空间，具有了对立统一的内在力量。

期盼一个"和谐"的社会，是现代伦理道德建构的指向；在世俗和神圣之间，成就伦理道德的张力。无论历史怎样星转斗移，"我们头顶的星空和心中的道德律是至高无上的。"……

---

① 【德】西美尔著，曹卫东译：《现代人与宗教》，中国人民大学出版社2003年版，第25页。

② 【德】西美尔著，曹卫东译：《现代人与宗教》，中国人民大学出版社2003年版，第23页。

主要参考文献

一、中文文献

《马克思恩格斯选集》第 2 版，1—4 卷，人民出版社 1995 年版。

《马克思恩格斯全集》，人民出版社 1979 年版。

朱贻庭主编：《伦理学大词典》，上海辞书出版社 2002 年版。

朱贻庭主编：《伦理学小辞典》，上海辞书出版社 2004 年版。

宋希仁主编：《伦理学大辞典》，吉林人民出版社 1989 年版。

徐少锦、温克勤主编：《伦理百科辞典》，中国广播电视出版社 1999 年版。

徐兴海、刘建丽主编：《儒家文化辞典》，中州古籍出版社 2000 年版。

张岱年主编：《孔子大辞典》，上海辞书出版社 1993 年版。

卓新平主编：《基督教小辞典》，上海辞书出版社 2001 年版。

梁工主编：《圣经百科辞典》，辽宁人民出版社 1996 年版。

谭鑫田等主编：《西方哲学词典》，山东人民出版社 1992 年版。

尼古拉斯布宁、余纪元编著：《西方哲学英汉对照辞典》，人民出版社 2001 年版。

【英】安东尼·弗卢主编：《新哲学词典》，上海译文出版社1992年版。

王德有主编：《中国哲学小百科》，中国大百科全书出版社2001年版。

SimonBlackburn 主编：《牛津哲学辞典》牛津大学出版社2000年版。

VictoriaNeufeldt 主编：《韦伯新世界英语词典》，纽约1988年版。

《剑桥百科全书》，中国友谊出版公司1996年版。

《不列颠百科全书》，中国大百科全书出版社2002年版。

《论语》，文物出版社1997年版。

《新旧约全书》，中国基督教协会印发，1989年版。

姚新中著，赵艳霞译：《儒教与基督教——仁与爱的比较研究》，中国社会科学出版社2002年版。

阮炜：《西方与中国——宗教、文化、文明比较》，社会科学文献出版社2002年版。

秦家懿、孔汉思著，吴华译：《中国宗教与基督教》，三联书店2003年版。

陈建明、何除主编：《基督教与中国伦理道德》，四川大学出版社2002年版。

董小川：《儒家文化与美国基督教新教文化》，商务印书馆1999年版。

杨适：《中西人论的冲突——文化比较的一种新探求》，中国人民大学出版社1998年版。

【法】谢和耐著，耿昇译：《中国与基督教——中西文化首次撞击（增补本)》，上海古籍出版社2003年版。

【美】南乐山著，辛岩、李然译：《在上帝面具的背后——儒教与基督教》，社会科学文献出版社 1999 年版。

李承贵：《中西文化之会通》，江西人民出版社 1997 年版。

【美】阿尔奇·J. 巴姆著，巴姆比较哲学研究室译：《比较哲学与比较宗教》，四川人民出版社 1996 年版。

张应杭、蔡海榕主编：《中国传统文化概论》，上海人民出版社 2000 年版。

张岱年、方克立主编：《中国文化概论》，北京师范大学出版社 2003 年版。

朱贻庭：《中国传统伦理思想史（增订本）》，华东师范大学出版社 2003 年版。

唐凯麟、张怀承：《成人与成圣——儒家伦理道德精粹》，湖南大学出版社 2003 年版。

徐观复：《中国人性论史》（先秦篇），上海三联书店 2001 年版。

陈来：《古代思想文化的世界——春秋时代的宗教、伦理与社会思想》，三联书店 2002 年版。

陈来：《古代宗教与伦理——儒家思想的根源》，三联书店 1996 年版。

杨阳：《王权的图腾化——政教合一与中国社会》，浙江人民出版社 2000 年版。

李宪堂：《先秦儒家的专制主义精神》，中国人民大学出版社 2003 年版。

蒋庆：《政治儒学——当代儒学的转向、特质与发展》，三联书店 2003 年版。

颜炳罡：《当代新儒学引论》，北京图书馆出版社 1998 年版。

刘惠恕：《中国政治哲学发展史——从儒学到马克思主义》，上海社会科学院出版社 2001 年版。

于青松：《制度化儒家及其解体》，中国人民大学出版社 2003 年版。

刘晓竹：《思辨儒学引论》，中国妇女出版社 2003 年版。

何平：《中国传统政治思维探源》，天津人民出版社 2003 年版。

马庆钰：《告别西西弗斯——中国政治文化分析与展望》，中国社会科学出版社 2002 年版。

【美】墨子刻著，颜世安、高华、黄东兰译：《摆脱困境——新儒学与中国政治文化的演进》，江苏人民出版社 1995 年版。

【美】孙隆基：《中国文化的深层结构》，广西师范大学出版社 2004 年版。

余英时：《中国思想传统的现代诠释》，江苏人民出版社 2003 年版。

黄俊杰编：《传统中华文化与现代价值的激荡》，社会科学文献出版社 2003 年版。

苗润田：《解构与传承——孔子、儒学及其现代价值研究》，齐鲁书社 2002 年版。

杜维明：《儒家传统的现代转化——杜维明新儒学论著辑要》，中国广播电视出版社 1993 年版。

【美】列文森著，郑大华、任菁译：《儒教中国及其现代命运》，中国社会科学出版社 2000 年版。

朱汉民主编：《杜维明：文明的冲突与对话》，湖南大学出版社 2001 年版。

韦政通：《伦理思想的突破》，四川人民出版社 1988 年版。

任剑涛：《道德理想主义与伦理中心主义——儒家伦理及其现代处境》，东方出版社 2003 年版。

戴茂堂、江畅：《传统价值观念与当代中国》，湖北人民出版社

2001 年版。

刘泽华、张荣明等著：《公私观念与中国社会》，中国人民大学出版社 2003 年版。

杨国荣：《善的历程——儒家价值体系的历史衍化及其现代转换》，上海人民出版社 2000 年版。

樊浩：《中国伦理精神的现代建构》，江苏人民出版社 1997 年版。

李志刚、冯达文主编：《思想文化的传承与开拓》，巴蜀书社 2002 年版。

胡适：《中国哲学史大纲》（上、下卷），东方出版社 1996 年版。

刘长林：《中国人生哲学的重建》，华东师范大学出版社 2001 年版。

郑晓江、程林辉：《中国人生精神》，广西人民出版社 1998 年版。

钱穆：《人生十论》，广西师范大学出版社 2004 年版。

【美】杜维明：《东亚价值与多元现代性》，中国社会科学出版社 2001 年版。

【德】西美尔著，曹卫东等译：《现代人与宗教》，中国人民大学出版社 2003 年版。

【德】约瑟夫·拉辛格著，静也译：《基督教导论》，三联书店 2002 年版。

【法】欧内斯特·勒南著，梁工译：《耶稣的一生》，商务印书馆 1999 年版。

【澳】加里·特朗普著，孙善玲、朱代强译：《宗教起源探索》，四川人民出版社 2003 年版。

【日】池田大作、【英】B. 威尔逊著，梁鸿飞、王健译：《社会与宗教》，四川人民出版社 2003 年版。

【德】费尔巴哈著，荣震华译：《基督教的本质》，商务印书馆 1997 年版。

【美】G．F．穆尔著，郭舜平等译：《基督教简史》，商务印书馆 2003 年版。

【波兰】柯拉柯夫斯基著，杨德友译：《宗教：假如没有上帝……》，三联书店 1997 年版。

吕大吉：《西方宗教学说史》，中国社会科学出版社 1994 年版。

【英】E．E．埃文斯 – 普理查德著，孙尚扬译：《原始宗教理论》，商务印书馆 2001 年版。

【德】利奥·拜克著，傅永军、于健译：《犹太教的本质》，山东大学出版社 2002 年版。

【德】莫尔斯曼著，曾念粤译：《俗世中的上帝》，中国人民大学出版社 2003 年版。

【德】莫尔斯曼著，隗仁莲等译：《创造中的上帝——生态的创造论》，三联书店 2002 年版。

【德】卢克曼著，覃方明译：《无形的宗教：现代社会中的宗教问题》，中国人民大学出版社 2003 年版。

【美】迈尔威利·斯图沃德著，赵敦华等译：《当代西方宗教哲学》，北京大学出版社 2001 年版。

孙尚扬：《宗教社会学》，北京大学出版社 2001 年版。

【法】柏格森著，王作虹、成穷译：《道德与宗教的两个来源》，贵州人民出版社 2000 年版。

【英】约翰·希克著，陈志平、王志成译：《理性与信仰——宗教多元化诸问题》，四川人民出版社 2003 年版。

【法】爱弥尔·涂尔干著，渠东等译：《宗教生活的基本形式》，上海人民出版社 1999 年版。

【美】泰勒编写，李云路等译：《简明基督教全书》，中国社会科学出版社1999年版。

罗秉祥、万俊人：《宗教与道德之关系》，清华大学出版社2003年版。

卓新平：《基督宗教论》，社会科学文献出版社2000年版。

张庆熊：《基督教神学范畴——历史的和文化比较的考察》，上海人民出版社2003年版。

章雪富、石敏敏：《早期基督教的演变及多元传统》，社会科学文献出版社2003年版。

刘新利：《基督教与德意志民族》，商务印书馆2000年版。

田薇：《信仰与理性——中世纪基督教文化的兴衰》，河北大学出版社2001年版。

刘时工：《爱与正义——尼布尔基督教伦理思想研究》，中国社会科学出版社2004年版。

张志刚：《走向神圣——现代宗教学的问题与方法》，人民出版社1995年版。

单纯：《宗教哲学》，中国社会科学出版社2003年版。

吕大吉：《从哲学到宗教学》，宗教文化出版社2002年版。

黄振定：《上帝与魔鬼——西方善恶概念的历史嬗变》，湖南大学出版社2003年版。

【奥地利】雷立柏：《古希腊罗马与基督宗教》，社会科学文献出版社2002年版。

【荷兰】斯宾诺莎著，顾寿观译：《简论上帝、人及其心灵健康》，商务印书馆1999年版。

程世平：《文明之源——论广泛意义上的宗教》，四川人民出版社1994年版。

何光沪：《多元化的上帝观——20世纪西方宗教哲学概览》，贵州人民出版社 1999 年版。

王晓朝:《教父学研究:文化视野下的教父哲学》,河北大学出版社 2003 年版。

侯杰、范丽珠:《世俗与神圣:中国民众宗教意识》,天津人民出版社 2001 年版。

辛世俊:《人类精神之梦——宗教古今谈》,河南大学出版社 2001 年版。

【俄】H. A. 别尔嘉列夫著,安启念等译:《精神王国与恺撒王国》,浙江人民出版社 2000 年版。

【西】雷蒙·潘尼卡著,王志成、思竹译:《宗教内对话》,宗教文化出版社 2001 年版。

【美】大卫·雷·格里芬著,孙慕天译:《后现代宗教》,中国城市出版社 2003 年版。

陈刚:《西方精神史》(上、下卷),江苏人民出版社 2000 年版。

郑敬高编:《欧洲文化的奥秘》,上海人民出版社 1999 年版。

陈乐民、周弘:《欧洲文明的进程》,三联书店 2003 年版。

董小燕:《西方文明:精神与制度的变迁》,学林出版社 2003 年版。

【德】马克斯·韦伯著,黄宪起、张晓玲译:《文明的历史脚步》,上海三联书店 1997 年版。

【法】孟德斯鸠著,婉玲译:《罗马盛衰原因论》,商务印书馆 2004 年版。

【德】卡尔·雅斯贝斯著,魏楚雄等译:《历史的起源与目标》,华夏出版社 1989 年版。

陈恒:《古希腊——失落的文明》,华东师范大学出版社 2001 年版。

石敏敏：《希腊人文主义——论德性、教育与人的福祉》，上海人民出版社 2003 年版。

【法】让－皮埃尔·韦尔南著，秦海鹰译：《希腊思想的起源》，三联书店 1996 年版。

【美】依迪丝·汉密尔顿著，葛海滨译：《希腊精神：西方文明的源泉》，辽宁教育出版社 2003 年版。

【美】弗兰克·梯利著，何意译：《伦理学导论》，广西师范大学出版社 2002 年版。

【荷兰】斯宾诺莎著，贺麟译：《伦理学》，商务印书馆 1997 年版。

【英】乔治·爱德华·摩尔著，长河译：《伦理学原理》，上海人民出版社 2003 年版。

【英】休谟著，曾晓平译：《道德原则研究》，商务印书馆 2004 年版。

【德】康德著，邓晓芒译：《实践理性批判》，人民出版社 2003 年版。

【古希腊】亚里士多德著，廖申白译注：《尼各马可伦理学》，商务印书馆 2003 年版。

【英】休谟著，关文运译：《人性论》（上、下册），商务印书馆 2004 年版。

【英】边沁著，时殷弘译：《道德与立法原理导论》，商务印书馆 2000 年版。

【德】叔本华著，任立、孟庆时译：《伦理学的两个基本问题》，商务印书馆 2004 年版。

【法】卢梭著，李平沤译：《爱弥儿论教育》（上、下册），商务印书馆 2004 年版。

【英】达尔文著，潘光旦、胡寿文译：《人类的由来》（上、下册），商务印书馆 2003 年版。

【日】西田几多郎著，何倩译：《善的研究》，商务印书馆 1965 年版。

罗国杰主编：《伦理学》，人民出版社 2004 年版。

王海明：《伦理学原理》，北京大学出版社 2003 年版。

倪愫襄编著：《伦理学导论》，武汉大学出版社 2002 年版。

唐凯麟主编：《西方伦理学名著提要》，江西人民出版社 2003 年版。

万俊人主编：《20 世纪西方伦理学经典——伦理学限阈：道德与宗教》，中国人民大学出版社 2004 年版。

杨方：《第四条思路——西方伦理学若干问题宏观综合研究》，湖南大学出版社 2003 年版。

钟启泉总主编：《道德教育展望》，华东师范大学出版社 2002 年版。

【德】米歇尔·鲍曼著，肖君、黄承业译：《道德的市场》，中国社会科学出版社 2003 年版。

郑家栋：《断裂中的传统》，中国社会科学出版社 2003 年版。

【美国】A．麦金太尔著，宋继杰译：《追寻美德：道德理论研究》，译林出版社 2003 年版。

【英】齐格蒙·鲍曼著，郁建兴等译：《生活在碎片之中——论后现代道德》，学林出版社 2002 年版。

【美】拉瑞·P·纳希著，刘春琼等译：《道德领域中的教育》，黑龙江人民出版社 2003 年版。

肖群忠：《道德与人性》，河南人民出版社 2003 年版。

李萍：《现代道德教育论》，广东人民出版社 1999 年版。

章海山：《当代道德的转型与建构》，中山大学出版社 1999 年版。

檀传宝：《信仰教育与道德教育》，教育科学出版社 1999 年版。

王玄武等著：《比较德育学》（第二版），武汉大学出版社 2000 年版。

肖川：《教育的理想与信念》，岳麓书社 2002 年版。

张耀灿、郑永廷、刘书林、吴潜涛等著：《现代思想政治教育学》，人民出版社 2001 年版。

温世仁：《教育的未来》，三联书店 2000 年版。

郑金洲：《教育文化学》，人民教育出版社 2000 年版。

高兆明：《社会失范论》，江苏人民出版社 2000 年版。

【英】伯特兰·罗素著，肖巍译：《伦理学和政治学中的人类社会》，河北教育出版社 2003 年版。

【德】卡尔·曼海姆著，艾彦译：《意识形态与乌托邦》，华夏出版社 2001 年版。

【斯洛文尼亚】斯拉沃热·齐泽克著，季广茂译：《意识形态的崇高客体》，中央编译出版社 2002 年版。

孟登迎：《意识形态与主体建构——阿尔都塞意识形态理论》，中国社会科学出版社 2002 年版。

【德】尤尔根·哈贝马斯著，刘北成、曹卫东译：《合法化危机》，上海人民出版社 2000 年版。

【美】丹尼尔·贝尔著，张国清译：《意识形态的终结——五十年版。代政治观念衰微之考察》，江苏人民出版社 2001 年版。

【法】让－马克·夸克著，佟心平、王远飞译：《合法性与政治》，中央编译出版社 2002 年版。

【美】雷迅马著，牛可译：《作为意识形态的现代化——社会科学与美国对第三世界政策》，中央编译出版社 2003 年版。

【俄】谢·卡拉－穆尔扎著，徐昌翰等译：《论意识操纵》，社会科学文献出版社 2004 年版。

斯拉沃热·齐泽克、泰奥德·阿多尔诺等著，方杰译：《图绘意识形态》，南京大学出版社 2002 年版。

【美】弗里德里希·沃特金斯著，黄辉、杨健译：《西方政治传统——现代自由主义发展研究》，吉林人民出版社 2001 年版。

曹刚：《法律的道德批判》，江西人民出版社 2001 年版。

崔永东：《道德与中西法治》，人民出版社 2002 年版。

车玉玲：《总体性与人的存在》，黑龙江人民出版社 2001 年版。

【英】达尔文著，潘光旦、胡寿文译：《人类的由来》（上、下册），商务印书馆 2003 年版。

【德】黑格尔著，王造时译：《历史哲学》，上海书店出版社 1999 年版。

【德】威廉·魏特林著，孙则明译：《和谐与自由的保证》，商务印书馆 2004 年版。

【美】弗朗西斯·福山著，刘榜离等译：《大分裂——人类本性与社会秩序的重建》，中国社会科学出版社 2002 年版。

【德】诺贝特·埃利亚斯著，翟三江、陆兴华译：《个体的社会》，译林出版社 2003 年版。

【美】麦特·里德雷著，刘珩译：《美德的起源——人类本能与协作的进化》，中央编译出版社 2004 年版。

【法】阿兰·图海纳著，狄玉明、李平沤译：《我们能否共同生存？——既彼此平等又互有差异》，商务印书馆 2003 年版。

【俄】克鲁泡特金著，李平沤译：《互助论——进化的一个要素》，商务印书馆 1997 年版。

【美】查尔斯·霍顿·库利著，包凡一、王源译：《人类本性与社会秩序》，华夏出版社 1997 年版。

【法】埃米尔·涂尔干著，渠东译：《社会分工论》，三联书店

2000 年版。

【俄】C. 谢·弗兰克著，王永译：《社会的精神基础》，三联书店 2003 年版。

【英】赫伯特·斯宾塞著，张雄武译：《社会静力学》，商务印书馆 1996 年版。·

陈惠雄：《快乐原则——人类经济行为的分析》，经济科学出版社 2003 年版。

万俊人：《道德之维——现代经济伦理导论》，广东人民出版社 2000 年版。

【印度】阿马蒂亚·森著，王宇、王文玉译：《伦理学与经济学》，商务印书馆，2000 年版。

【美】加里·S. 贝克尔著，王业宇、陈琪译：《人类行为的经济分析》，上海三联书店，上海人民出版社 1999 年版。

尚永亮、张强：《人与自然的对话》，安徽教育出版社 2001 年版。

谭学纯：《人与人的对话》，安徽教育出版社 2000 年版。

谭桂林：《人与神的对话》，安徽教育出版社 2000 年版。

韩庆祥、邹诗鹏：《人学——人的问题的当代阐释》，云南人民出版社 2001 年版。

江怡主编：《走向新世纪的西方哲学》，中国社会科学出版社 1998 年版。

吴光远编：《听大师讲哲学——活着究竟为什么》，中国民航出版社 2003 年版。

苟志效、陈创生：《从符号的观点看——一种关于社会文化现象的符号学阐释》，广东人民出版社 2003 年版。

【美】塞缪尔·亨廷顿、劳伦斯·哈里森主编，程克雄译：《文化的重要作用——价值观如何影响人类进步》，新华出版社 2002

年版。

【法】埃德加·莫兰著，秦海鹰译：《方法：思想观念——生境、生命、习性与组织》，北京大学出版社 2002 年版。

司马云杰：《文化社会学》，中国社会科学出版社 2001 年版。

贺麟：《文化与人生》，商务印书馆 2002 年版。

司马云杰：《文化悖论——关于文化价值悖谬及其超越的理论研究》，陕西人民出版社 2003 年版。

邹广文：《人类文化的流变与整和》，吉林人民出版社 1998 年版。

孙晶：《文化霸权理论研究》，社会科学文献出版社，2004 年版。

魏明德：《全球化与中国———一位法国学者谈当代文化交流》，商务印书馆 2002 年版。

李晓东：《全球化与文化整合》，湖南人民出版社 2003 年版。

刘登阁：《全球文化风暴》，中国社会科学出版社 2000 年版。

【英】约翰·汤姆林森著，郭英剑译：《全球化与文化》，南京大学出版社 2002 年版。

【英】齐格蒙特·鲍曼著，邵迎生译：《现代性与矛盾性》，商务印书馆 2003 年版。

二、外文文献

Richard H. Hersh John P. Miller Glen D. Fielding：MODELS OF MORAL EDUCATION，Longman Inc. 1980

Barry I. Chazn and Jonas F. Soltis：MORAL EDUCATION, TEACHERS COLLEGE PRESS. 1974

Robert E. Carter: DIMENSIONS OF MORAL EDUCATION UNIVERSITY OF TORONTO PRESS, 1987

Peter Scharf: READING IN MORAL EDUCATION WINSTON PRESS. 1978

Colin Grant: THE ALTRUISTIS' DILEMMA BUSINESS ETHICS QUARTERLY 2004. VOLUME 14, ISSUE 2.

Nancy Folbre and Robert E. Goodin: REVEALING ALTRUISM REVIEW OF SOCIAL ECONOMY VOL. LX11, NO. 1. MARCH, 2004

后 记

　　著名的西方历史学家汤因比先生曾经指出，任何一个文明在它的发展过程中必然要遭遇挑战，挑战太强，文明不堪重负；挑战太弱，又不足以形成刺激，有效的挑战必须是适度的，文明才能在成功地应对中进步与发展，我想同样的理论也适于个体生命的成长。本书是在我 2005 年撰写的博士论文的基础上修改完成的。博士论文的写作对于求学求知者而言，无疑是一个极具难度但却极富意义的挑战。时光荏苒，回眸那段日子，虽不乏思考的艰难与写作的辛苦，但盈满心灵的却是生命在迎接挑战中成长的喜悦与感怀：

　　感谢那段岁月，让我可以享受读书的快乐与思想的滋养。虽然游弋在中西文化最具代表性的儒家与基督教思想的博大海洋里，常常因学术功力的乏弱而深感力不从心。但每一次静静地阅读，每一回苦苦地思索，在聆听先哲大师的教诲中，在与前辈学者的思想对话中，却也深感文化之花的芳香，受惠于精神之蜜的浸润，个人狭窄的视野被一点点拓展，思想的火苗被一寸寸点燃，滚滚红尘中的浮躁被一丝丝滤去，内心的宁静与生命的底蕴却在日子的流逝中悄悄地积淀。常常认为生命虽有限，但人类思想却可以穿越生死的界限、时空的阻挡而恩泽万代；时时觉得个体虽渺小，但通过阅读却可以回溯历史、直面现实与前瞻未来，在对历史脉络的梳理与社会发展规律的洞见中超越了自身与有限，读书与思考便是催开我们思想之花的一种力量。

感谢那段岁月，让我可以享受智慧的点拨与情感的感动。感谢我的导师李萍教授给予我学术之路的引领与人性之美的示范；感谢钟明华教授、郑永廷教授、叶启绩教授、王志康教授、郭文亮教授等给予我的学术熏陶与思想启迪；感谢资料室的姜东国老师与负责研究生管理的王沛老师等的热心服务与默默支持；感谢我的同窗学友欧阳永忠、万美容、龙柏林、石书臣、邓泽球、杨超、张青兰一路的相伴相行与相扶相持；感谢我的师姐师兄与师弟师妹们给予我的思想碰撞与学识促进；感谢我的同事与学生给予我的大力支持与无私帮助；感谢我的父母、我的丈夫的无尽关心与情感相助，感谢我的儿子的纯真善良与理解宽容，想起他一次次对我说:" 妈妈，你要坚持啊!" 的鼓励的声音；感谢所有为本书提供思想启迪的学界前辈与同行；感谢责任编辑林敏为此书付出的辛勤与努力；……感谢在我生命中遇到的所有善良与真诚的人们，支撑起我生命温暖的天空，让我的心灵能够葆有对生活的热爱与感恩。

生命在岁月的流逝中不断成长。面对自己 6 年前的作品，在今年暑假修改的过程中深感它的稚嫩和不足，虽尽自己所能，但还是力不从心，未尽如意。也许遗憾是生命成长过程中难以避免的结果；也许遗憾更是生命继续努力的一种动力。唯望在今后的日子里，我能一如既往地怀着对生活的热爱、对知识的渴求与对学术的敬畏，踏踏实实做好每一件事，认认真真过好每一天，快快乐乐享受每一次成长，让人生如年年生长的大树去拥抱更加广阔的蓝天，让自由的心灵诗意地高坐在云端，享受生命的阳光与精神的甘霖。为此，我永远在路上……

林 滨

2011 年 8 月 24 日于中山大学康乐园

责任编辑:林　敏
装帧设计:小辉设计

图书在版编目(CIP)数据

儒家与基督教利他主义比较研究/林滨 著.
　-北京:人民出版社,2011.9
ISBN 978－7－01－010318－1

Ⅰ.①儒…　Ⅱ.①林…　Ⅲ.①儒家-利他主义-对比研究
　-基督教　Ⅳ.①B222.05 ②B822.2 ③B978

中国版本图书馆 CIP 数据核字(2011)第 201559 号

儒家与基督教利他主义比较研究
RUJIA YU JIDUJIAO LITAZHUYI BIJIAO YANJIU

林　滨 著

人民出版社 出版发行
(100706　北京朝阳门内大街 166 号)

北京新魏印刷厂印刷　　新华书店经销

2011 年 9 月第 1 版　2011 年 9 月北京第 1 次印刷
开本:710 毫米×1000 毫米 1/16　印张:21.75
字数:250 千字

ISBN 978－7－01－010318－1　定价:45.00 元

邮购地址 100706　北京朝阳门内大街 166 号
人民东方图书销售中心　电话 (010)65250042　65289539